中国道路的成功密码

董振华 等◎著

北京联合出版公司
Beijing United Publishing Co.,Ltd..

图书在版编目（CIP）数据

中国道路的成功密码 / 董振华等著 . -- 北京 : 北京联合出版公司 , 2018.5（2019.5 重印）
ISBN 978-7-5596-2052-1

Ⅰ . ①中… Ⅱ . ①董… Ⅲ . ①社会主义建设模式 - 研究 - 中国 Ⅳ . ① D616

中国版本图书馆 CIP 数据核字（2018）第 077953 号

中国道路的成功密码
作　　者：董振华等
总 发 行：北京华景时代文化传媒有限公司
责任编辑：咎亚会　夏应鹏
封面设计：张　敏
版式设计：柳淑燕
责任审读：刘配书

北京联合出版公司出版
（北京市西城区德外大街 83 号楼 9 层 100088）
北京文昌阁彩色印刷有限责任公司印刷　　新华书店经销
字数 220 千字　　690 毫米 ×980 毫米　　1/16　　18 印张
2019 年 5 月第 2 版　　2019 年 5 月第 3 次印刷
ISBN 978-7-5596-2052-1
定价：49.80 元

序言

“问道”中国方案及其世界意义

党的十九大报告指出：“改革开放之初，我们党发出了走自己的路、建设中国特色社会主义的伟大号召。从那时以来，我们党团结带领全国各族人民不懈奋斗，推动我国经济实力、科技实力、国防实力、综合国力进入世界前列，推动我国国际地位实现前所未有的提升，党的面貌、国家的面貌、人民的面貌、军队的面貌、中华民族的面貌发生了前所未有的变化，中华民族正以崭新姿态屹立于世界的东方。”中国特色社会主义不断取得的辉煌成就，意味着中国特色社会主义道路、理论、制度、文化不断发展，拓展了发展中国家走向现代化的途径，给世界上那些既希望加快发展又希望保持自身独立性的国家和民族提供了全新选择，为解决人类问题贡献了中国智慧和中国方案。正是因为坚持解放思想、实事求是，我们党团结带领中国人民勇于改革开放，走出了一条不同凡响的中国道路，创造了世人瞩目的中国奇迹。

在中国这样一个拥有十几亿人口的农业国家如何实现现代化，这是一个重大的难题。在中国共产党的领导下，在改革开放以来短短的几十年之内，我国改革开放所取得的辉煌成就，已经证实中国道路是行得通的。但是，中国道路为什么行？这个问题不仅国际社会想知道答案，而且我们自己也迫切需要回答。因为如果我们不能找到中国道路成功背后的“所以然”，那么，即使我们实践上确实取得了巨大成就，但是，这个成功也可能会是偶然的。怎么保证这个成功是必然的，持续下去走向未来？关键在于能够发现背后的必然性，即找到规律性，也就是在纷繁复杂的现象背后找到中国道路的成功之“道”。只有“问道”，方能“悟道”，而后“明道”，也才能够从心所欲不逾矩而“行道”。只有找到了中国道路和中国方案背后的中国智慧，我们才能够明白哪些是根本的因素必须坚持，哪些是偶然的因素可以变通，这样我们才能够确保中国道路走得更宽更远，取得更大的成就，其他国家和民族的现代化道路才可以从中国道路中获得智慧和启示。唯有如此，中国道路才具有普遍意义和世界意义。

一、中国道路蕴含着科学精神，遵循发展的规律性

中国道路所遵循的发展理念，在总结发展的历史经验、批判吸收传统发展理论的基础上，对“什么是发展”进行了本质追问，从真理维度深刻揭示了发展的规律性。发展本质上是指前进的变化，即事物从一种旧质态转变为新质态，从低级到高级、从无序到有序、从简单到复杂的上升运动。在发展理论中，“发展”本质上是指一个国家或地区由相对落后的不发达状态向相对先进的发达状态的过渡和转变，或者由发达状态向更加发达状态的过渡和转变，其内容包括经济、政治、社会、科技、文化、教育以及人自身等多方面的发展，是一个动态的、全面的社会转型和进步过程。发展不是一个简单的增长过程，而是一

个遵循自然规律、经济规律和社会规律基础上，通过结构优化实现的质的飞跃。

（一）中国道路的新发展理念强调，发展本质上是一个遵循经济规律、不断创新的过程

发展问题表现形式多种多样，例如人与自然关系的紧张、贫富差距过大、经济社会发展失衡、社会政治动荡等，但就其实质而言都是人类不断增长的需要与现实资源的稀缺性之间的矛盾的外化。我们解决发展问题，不可能通过片面地压抑和控制人类的需要这样的方式来实现，而只能通过不断创造和提供新的资源以满足不断增长着的人类需要的路径来实现，这种解决发展问题的根本途径就是创新。坚持创新发展，是我们遵循经济发展规律、应对发展环境变化、增强发展动力、实现持续健康发展的根本路径。改革开放40年的实践启示我们：解放和发展社会生产力，增强社会主义国家的综合国力，是社会主义的本质要求和根本任务。只有牢牢扭住经济建设这个中心，毫不动摇坚持发展是硬道理、发展应该是科学发展和高质量发展的战略思想，推动经济社会持续健康发展，才能全面增强我国经济实力、科技实力、国防实力、综合国力，才能为坚持和发展中国特色社会主义、实现中华民族伟大复兴奠定雄厚物质基础。改革开放40年来，我们正是因为遵循经济发展规律，实施创新驱动发展战略，积极转变发展方式、优化经济结构、转换增长动力，积极扩大内需，实施区域协调发展战略，实施乡村振兴战略，坚决打好防范化解重大风险、精准脱贫、污染防治的攻坚战，才不断推动中国经济更高质量、更有效率、更加公平、更可持续的发展。

（二）中国道路的新发展理念强调，发展本质上是一个遵循社会规律、不断优化结构、实现协调发展的过程

协调既是发展手段又是发展目标，同时还是评价发展的标准和尺度，是发展两点论和重点论的统一，是发展平衡和不平衡的统一，是发展短板和潜力的统一。坚持协调发展，学会“弹钢琴”，增强发展的整体性协调性，这是我国经济社会发展必须遵循的基本原则和基本规律。我们要善于“弹钢琴”，处理好局部和全局、当前和长远、重点和非重点的关系，着力推动区域协调发展、城乡协调发展、物质文明和精神文明协调发展，推动经济建设和国防建设融合发展。40年来，正是因为我们遵循社会发展规律，才推动经济、政治、文化、社会、生态协调发展，促进区域、城乡、各个群体共同进步。

（三）中国道路的新发展理念强调发展本质上是遵循自然规律、实现人与自然和谐共生的过程

人类社会发展活动必须尊重自然、顺应自然、保护自然，遵循自然发展规律，否则就会遭到大自然的报复。新发展理念告诉我们，生态环境没有替代品，用之不觉，失之难存。环境就是民生，青山就是美丽，蓝天也是幸福，绿水青山就是金山银山；保护环境就是保护生产力，改善环境就是发展生产力。在生态环境保护上，一定要树立大局观、长远观、整体观，不能因小失大、顾此失彼、寅吃卯粮、急功近利。我们要坚持节约资源和保护环境的基本国策，像保护眼睛一样保护生态环境，像对待生命一样对待生态环境，推动形成绿色发展方式和生活方式，协同推进人民富裕、国家强盛、中国美丽。正是遵循自然规律，我们始终坚持保护环境和节约资源，坚持推进生态文明建设，生态文明制度体系加快形成，主体功能区制度逐步健全，节能减排取

得重大进展，重大生态保护和修复工程进展顺利，生态环境治理明显加强，积极参与和引导应对气候变化国际合作，中国人民生于斯、长于斯的家园更加美丽宜人。

正是基于对发展规律的遵循，中国人民沿着中国道路不断推动科学发展，创造了辉煌的中国奇迹。正如习近平同志在庆祝改革开放40周年大会上的讲话中所指出的：“中国特色社会主义迎来了从创立、发展到完善的伟大飞跃！中国人民迎来了从温饱不足到小康富裕的伟大飞跃！中华民族正以崭新姿态屹立于世界的东方！”

二、中国道路蕴含着人文精神，坚守发展的价值性

中国道路的成功是因为具有价值的合理性作为根本支撑。近代以来，随着现代化的进程不断推进，人们越来越关注一个核心问题，这就是“何谓发展”。人们对发展本质的理解，包括整个世界和中国都走过了这样的过程：从工具理性走向价值理性。在发展的现实实践中，各个国家也走过了大致相似的发展道路，最初总是从工具理性的角度来考虑“怎么才能够发展得更快”以取得更大的发展成就，而往往忽视对价值理性的追问，即思考“为什么要发展”这个根本问题。中国人民在改革开放的不断探索和创新实践中，通过总结自己的经验教训，借鉴别人的成败得失，深刻地认识到了发展的根本之道，找到了中国道路的价值理性，赋予中国道路以深厚的人文精神，使得中国的现代化走上了合道顺德的光明大道。

（一）现代化遇到的问题，其深层原因在于价值理性的缺失

可以说，现在所遇到的所有的发展问题，包括全球性问题、生态问题、和平问题、贫困问题等，其根源主要在于人们对于发展价值的

曲解和无视。正如胡塞尔在《欧洲科学危机和超验现象学》中所指出的："在19世纪后半叶，现代人让自己的整个世界观受实证科学支配，并迷惑于实证科学所造就的'繁荣'。这种独特现象意味着，现代人漫不经心地抹去了那些对于真正的人来说至关重要的问题。只见事实的科学造就了只见事实的人。"人们在经验世界的工具理性追求中，忽视了对理念世界的价值理性的追问。从客观上来讲，这样的发展短期看来确实对于解决人类物质性的需要具有一定的意义，但是如果把这个当成终极目的，那么就必然会带来各种各样的陷阱、各种各样的赤字，例如和平赤字、发展赤字、治理赤字等。西方发展道路造成的"和平赤字、发展赤字、治理赤字"，实际上是因为发展背离了价值理性。"和平赤字、发展赤字、治理赤字"所表达的意思不是一个工具性问题，而是价值问题。整个世界进步的根本衡量标准不是技术理性和工具理性，而是"为什么发展"的价值理性。脱离了价值理性引领和规约的发展，在欲望的驱使下，在资本逻辑的控制下，在强大工具理性的帮助下，人们也许是在自掘坟墓。这实际上就是形成发展陷阱的根本原因所在。

（二）中国道路的成功之道，很重要的在于坚守共享的价值理性

中国共产党和伟大的中国人民在改革开放和现代化建设的伟大实践中，深刻地认识到中国道路取得成功，必然要超越这种纯粹工具主义的发展路径，走向价值理性的引领。"牢牢把握人民群众对美好生活的向往"，就是我们的发展要遵循的根本价值理性，也是克服西方发展道路弊端的不二选择。

公平正义是千百年来人类不懈追求的一种美好社会理想和愿望，也是马克思主义的核心价值追求。在马克思、恩格斯看来，资本主义社

会中种种不公正、不合理的现象产生的根源在于资本主义制度本身所具有的不平等、不自由以及人与人之间剥削与被剥削的关系，生产条件和发展成果都不能由人民共享，因此，马克思主义自诞生之日起，就以推翻资本主义制度，建立共同富裕、人人共享的新社会为目标。在马克思、恩格斯看来，共享发展成果，每个人自由全面发展是理想社会的核心价值追求。通过革命性实践摆脱社会中阶级的奴役和压迫，使人成为“自己的社会结合的主人”，让人民大众共享改革和发展的成果，实现个人的全面发展。这两个解放互相贯通、互相交织，最终统一到社会主义运动和共产主义实践中。对此，马克思在《1844年经济学哲学手稿》中曾指出：“这种共产主义，作为完成了的自然主义，等于人道主义，而作为完成了的人道主义，等于自然主义，它是人和自然界之间、人和人之间的矛盾的真正解决，是存在和本质、对象化和自我确证、自由和必然、个体和类之间的斗争的真正解决。它是历史之谜的解答，而且知道自己就是这种解答。”

只有坚持自然主义和人道主义的统一、工具和价值的统一、目的和手段的统一、科学和人文的统一，才能够实现发展为了人民的根本价值追求。发展为了人民、发展依靠人民、发展成果由人民共享的发展理念，正是马克思主义核心价值追求在当代中国特色社会主义的伟大实践。

共享发展理念体现了中国特色社会主义的本质要求和以人民为中心的发展思想。只有实现共享发展，才能最终实现共同富裕。共同富裕，是社会主义的根本原则，是社会主义的根本目的，也是社会主义与资本主义的根本区别。共享是中国特色社会主义的本质要求，发展为了人民、发展依靠人民、发展成果由人民共享，这是坚持和发展中国特色社会主义的根本目的。

也正是因为始终坚持以人民为中心的根本价值理性，我们的事业才能够凝聚起源源不断的磅礴力量，我们的发展才能够不断续写奇迹，我们的国家才能够不断地跟上时代和引领时代。正如习近平总书记在庆祝改革开放40周年大会上的讲话中所指出的："我们党来自人民、扎根人民、造福人民，全心全意为人民服务是党的根本宗旨，必须以最广大人民根本利益为我们一切工作的根本出发点和落脚点，坚持把人民拥护不拥护、赞成不赞成、高兴不高兴作为制定政策的依据，顺应民心、尊重民意、关注民情、致力民生，既通过提出并贯彻正确的理论和路线方针政策带领人民前进，又从人民实践创造和发展要求中获得前进动力，让人民共享改革开放成果，激励人民更加自觉地投身改革开放和社会主义现代化建设事业。"

（三）中国道路以人民为中心的发展思想，引领旨向造福人民的伟大发展实践取得了历史性进步

我们着力解决人民群众所需所急所盼，让人民共享经济、政治、文化、社会、生态等各方面发展成果，使得人民不断获得更多、更直接、更实在的获得感、幸福感、安全感，不断促进人的全面发展、全体人民共同富裕。

习近平总书记在庆祝改革开放40周年大会上的讲话中指出："40年来，全国居民人均可支配收入由171元增加到2.6万元，中等收入群体持续扩大。我国贫困人口累计减少7.4亿人，贫困发生率下降94.4个百分点，谱写了人类反贫困史上的辉煌篇章。教育事业全面发展，九年义务教育巩固率达93.8%。我国建成了包括养老、医疗、低保、住房在内的世界最大的社会保障体系，基本养老保险覆盖超过9亿人，医疗保险覆盖超过13亿人。常住人口城镇化率达到58.52%，上升40.6个百分点。居民预期寿命由1981年的67.8岁提高到2017年的76.7岁。我国社会大局保持长期稳定，成为世界上最有安全感的国家之一。粮票、布票、肉票、鱼票、油票、豆腐票、副食本、工业券等百姓生活曾经离不开的票证已经进入了历史博物馆，忍饥挨饿、缺吃少穿、生活困顿这些几千年来困扰我国人民的问题总体上一去不复返了！”发展成果由人民共享是中国特色社会主义的出发点和终极目标，是中国特色社会主义的本质要求，也充分反映了我们党在中国特色社会主义道路上的探索和实践中，对社会发展和社会建设科学规律认识的不断深化。

中国共产党以马克思主义作为自己的行动指南。实现每个人的自由全面发展，是马克思主义一以贯之的最高理想、价值追求和逻辑起点。这个价值理性也一直处在人类共同价值的制高点。坚持人民至上和“以人民为中心”的发展理念，是中国共产党人谋划和推动中国特色社会主义伟大事业的价值旨向。这也就决定了中国道路遵从价值的合理性，因而确保了发展方向的正确。

三、中国道路蕴含着创新精神，坚持发展的辩证法

实现人类解放和造福人民是马克思主义的根本价值追求，也是人类社会发展的根本价值旨向。科学的指导思想并不是理论教条，而是行动指南，每一个国家、每一个民族，应该选择什么样的道路、采用什么样的方略，实现这一崇高的价值追求，没有一个放之四海而皆准的固定模式，都必须按照唯物辩证法的要求，一切从实际出发，把基本原理和本民族的具体实际相结合，具体问题具体分析，发扬创新精神，

选择最适合自己的道路。

（一）中国道路是以唯物辩证法的逻辑作为根本方法

马克思主义始终站在时代前沿，具有革命性的理论品格。马克思主义的革命性在于它把唯物辩证法作为根本方法，不把任何现存事物看成永恒的、神圣的不可侵犯的东西，不对任何迷信和谬误让步。正如马克思所指出的："辩证法对每一种既成的形式都是从不断的运动中，因而也是从它的暂时性方面去理解；辩证法不崇拜任何东西，按其本质来说，它是批判的和革命的。"有人认为，西方文明是世界上最好的文明，西方的现代化道路是唯一可行的发展"范式"，西方的民主制度是唯一科学的政治模式。但是，经济持续快速发展、人民生活水平不断提高、综合国力大幅提升的"中国道路"，充分揭开了这些违背唯物辩证法的"独断论"的迷雾。正如习近平总书记在庆祝改革开放40周年大会上的讲话中所指出的："在中国这样一个有着5000多年文明史、13亿多人口的大国推进改革发展，没有可以奉为金科玉律的教科书，也没有可以对中国人民颐指气使的教师爷。鲁迅先生说过：'什么是路？就是从没路的地方践踏出来的，从只有荆棘的地方开辟出来的。'"我们正是因为始终坚持解放思想、实事求是、与时俱进、求真务实，坚持马克思主义指导地位不动摇，坚持科学社会主义基本原则不动摇，勇于推进理论创新、实践创新、制度创新、文化创新以及各方面创新，才不断赋予中国特色社会主义以鲜明的实践特色、理论特色、民族特色、时代特色，形成了中国特色社会主义道路、理论、制度、文化，以不可辩驳的事实彰显了科学社会主义的鲜活生命力，社会主义的伟大旗帜始终在中国大地上高高飘扬！

（二）中国道路只是提供了中国方案和中国智慧，说明现代化道路不可能定于一尊

每个国家、每个民族由于历史文化传统不同，所处的历史发展阶段不同，面临的形势和问题不同，人民群众的需要和要求不同，因此实现发展造福人民的具体道路当然可以不同，而且必须不同。中国道路的成功也并不是说，我们在某一个历史时期针对一定时代问题的所有具体做法都是正确的、适合于任何国家和民族的、必须照抄照搬唯一正确的选择，只能说明每个国家和民族根据自己的情况可以具体问题具体分析，选择适合自己的道路，我们只不过提供了中国智慧和中国方案。中国特色社会主义本身的发展道路也不是一成不变的，而是随着时代变化、主题转移、问题转换而不断呈现新的形态。中国道路的成功启示人们，每个国家、每个民族要避免照抄照搬教条主义和经验主义，还要根据自己的情况选择自己的路。只要坚守追求国家发展和人民幸福的“道”不变，至于具体走什么样的发展道路都要按照唯物辩证法的方法论，具体问题具体分析，适合的才是最好的。这也就是说，现代化道路不可能定于一尊。

（三）中国道路的成功说明，一个国家实现持续健康发展必须辩证理性看待发展过程中的得与失、大与小、远与近等问题

几十年的发展，中国特色社会主义道路所取得的成就不仅令我们自己振奋，也让世界瞩目。怎么在一个人口如此众多、贫穷落后的国家实现现代化？世界上没有过，我们没有现成的经验可以借鉴。从发展的资源来看，中国虽说地大物博、人口众多，但是资源按照人口数量一平均，就显得严重匮乏了。我们并没有发展的优势。但是，我们用事实证明确实创造了中国奇迹，这个不能否认，也否认不了。正如习近平总书记所指出的："中国特色社会主义是不是好，要看事实，要看中国人民的判断，而不是看那些戴着有色眼镜的人的主观臆断。"可能有人会指责我们说，贫富差距拉大了，生态恶化了，精神家园失落了，等等。但是，西方国家发展过程中没有经历过吗？那各种各样的陷阱，说明了什么？说明成长都是有烦恼的，发展都是有代价的。我们只是经历了发展的辩证法的过程而已，并没有陷入什么陷阱。只不过是由于发展阶段不同，发展起来以前的问题和发展起来以后的问题呈现出不同的特征而已。每一个国家和民族在确定自己的发展战略的时候，既不要为一时的繁荣而盲目自大，也不要为一时的挫折而妄自菲薄，只要经过实践证明自己的道路不是离经叛道的邪路，就要大胆地试验，大胆地闯，要有"咬定青山不放松"的精神和"乱云飞渡仍从容"的定力。中国方案里面就有中国的"道"，即发展的根本价值和信仰。这个"道"具有共性和普遍性，但是每个国家、每个民族由于自己的历史文化传统不同，面临的形势和任务不同，人民的需要和要求不同，也就是说具体的"势"不同，他们可以而且必须根据自己的情况选择不同的"术"，也就是走不同的道路去实现发展的价值。

古人云："理一分殊。"中国经验证明，马克思主义造福人民的基本价值追求不能丢，唯物辩证法的基本逻辑不能违背，至于每一个国家和民族的具体道路、方略和方法不能定于一尊，必须因时而异、因地制宜、因势而变，才能够充分彰显真理和道义的力量。

四、中国道路蕴含着实干精神，坚持发展的实践性

2019 年是中华人民共和国成立 70 周年。习近平总书记指出："70 年前，中国人民历经几代人上下求索，终于在中国共产党领导下建立了

新中国，中国人民从此站了起来，中国人民的命运从此掌握在了自己手中。”“历经70年艰苦奋斗，中国人民立足本国国情，在实践中不断探索前进方向，开辟了中国特色社会主义道路。今天的中国，已经站在新的历史起点上。”中国道路的成功是因为以求真务实的实践作为根本路径。马克思主义立足于改造世界，具有实践性的理论品格，要求坚持实践第一，保持不懈奋斗的精神。马克思主义哲学不是远离社会生活和脱离社会实践的书斋理论，而是深深地植根于实践、服务于实践又在实践中不断发展的活生生的理论。它在指导无产阶级革命实践的过程中实现自己的历史使命，又在这种实践的过程中使自身不断经受检验，获得丰富和发展。

（一）中国道路是在革故鼎新的改革开放伟大实践中走出来的

艰难困苦，玉汝于成。中国的今天，是中国人民干出来的。改革开放40年来，中国共产党带领人民大胆地试、勇敢地改，闯出了一片新天地，探索出前无古人的中国特色社会主义道路。从实行家庭联产承包到农村承包地“三权”分置，从兴办经济特区到设立自贸区，各项便民、惠民、利民举措持续实施，使改革开放成为当代中国最显著的特征、最壮丽的气象。改革开放事业就是在不断解放思想、开拓创新中从无到有发展起来的。

（二）中国奇迹是在中国人民不懈奋斗的伟大实践中创造出来的

正如习近平总书记在庆祝改革开放40周年大会上的讲话中所指出的：“40年来取得的成就不是天上掉下来的，更不是别人恩赐施舍的，而是全党全国各族人民用勤劳、智慧、勇气干出来的！我们用几十年时间走完了发达国家几百年走过的工业化历程。在中国人民手中，不可能成为了可能。我们为创造了人间奇迹的中国人民感到无比自豪、无比骄傲！”40年来，我国国内生产总值由3679亿元增长到2017年的82.7万亿元，年均实际增长9.5%，远高于同期世界经济2.9%左右的年均增速。我国国内生产总值占世界生产总值的比重由改革开放之初的1.8%上升到15.2%，多年来对世界经济增长贡献率超过30%。我国货物进出口总额从206亿美元增长到超过4万亿美元，累计使用外商直接投资超过2万亿美元，对外投资总额达到1.9万亿美元。我国主要农产品产量跃居世界前列，建立了全世界最完整的现代工业体系，科技创新和重大工程捷报频传。我国基础设施建设成就显著，信息畅通，公路成网，铁路密布，高坝矗立，西气东输，南水北调，高铁飞驰，巨轮远航，飞机翱翔，天堑变通途。现在，我国是世界第二大经济体、制造业第一大国、货物贸易第一大国、商品消费第二大国、外资流入第二大国，我国外汇储备连续多年位居世界第一，中国人民在富起来、强起来的征程上迈出了决定性的步伐！

（三）中国道路是在求真务实的伟大实践中行稳致远的

中国共产党人坚持唯物论牢牢把握我国发展的阶段性特征，科学判断我国所处的历史方位，坚持价值论牢牢把握人民群众对美好生活的向往，科学判断发展的价值理性，坚持解放思想，实事求是，一切从实际出发，根据中国特色社会主义的总依据，旨向中国特色社会主义的总目标，提出新的思路、战略和举措，绘制实现伟大梦想的宏伟蓝图。习近平总书记在党的十九大报告中根据“中国特色社会主义进入了新时代”的科学判断指出：“我国社会主要矛盾已经转化为人民日益增长的美好生活需要和不平衡不充分的发展之间的矛盾。”我国社会主要矛盾的变化是关系全局的历史性变化，对党和国家工作提出了许多新要求。我们要在继续推动发展的基础上，着力解决好发展不平衡不充分问题，大力提高发展质量和效益，更好满足人民在经济、政治、文化、社会、生态等方面日益增长的需要，更好推动人的全面发展、社会全面进步。我们党站在新的历史起点上，面对前进道路上的各种艰难险阻，凝聚全国各族人民的智慧和力量，带领和团结全国各族人民以敢于斗争的精神状态，在坚持和发展中国特色社会主义的历史进程中攻坚克难，为建设富强民主文明和谐美丽的社会主义现代化强国、实现中华民族伟大复兴而顽强奋斗、艰苦奋斗、不懈奋斗。正是这种基于科学性和价值性相统一基础上的实践性，我们走出了中国道路，成就伟大的中国奇迹，沿着中国特色社会主义道路不断续写新的篇章。

《周易》有云：“形而上者谓之道，形而下者谓之器。”揭示中国道路的成功密码，就是问“道”中国道路，也就是挖掘中国道路之中蕴含的中国智慧。这个“道”不是一个具体的手段、具体的方法和具体的方略，而是可以为每个国家和民族选择“行道”之“器”提供必须坚守的价值和基本原则。这个“道”是具有共通性的普遍智慧，可以启发其他国家和民族据此选择适合自己的发展道路，因而它具有世界意义。

董振华

2019 年 3 月

目 录

第一章
思想的威力

如果仅从自身的成长发展历程而言，中国共产党的历史算不上悠久，但是，若就其所组织的人口规模、所解决的历史难题、所克服的现实困难、所取得的辉煌成就和所期许的历史愿景而言，中国共产党完全有资格担当得起“伟大”和“光荣”的评价，在此过程中，中国道路得到了历史性开拓和实践性创新。因而，中国共产党与中国道路的实践性对应关系是理解中国问题的基本准则，在此问题框架下，我们必须看到中国共产党的思想路线建设及其所坚持的科学思想方法对于中国道路的指导性和推进性意义。

总体而言，中国共产党所坚持的思想方法主要体现在三个互为联系的层面：（1）将实事求是作为根本的思想方法，这个方法聚焦于“为什么事”，它解决的是“是与非”的问题，与此同时，我们始终强调要与主观主义和教条主义作斗争，其目的是确保思想认识的一致性；（2）将群众路线作为根本的工作方法，这个方法聚焦于“为什么人”，它解决的是执政基础和依靠力量问题；（3）将唯物辩证法作为分析和解决问题的基本方法，这个方法聚焦于“怎么办”，它解决的是实践层面的问题，从而避免了政策执行过程中的偏离甚至极端化问题，有利于科学规范的执政和自我纠错能力的形成。这三个层面体现了世界观与方法论、理论高度与实践要求、思想方法和工作方法的有机统一，可以称得上是中国共产党人思想上的“传家宝”。

一、实事求是进行正确判断

做任何事情，首先要解决一个出发点问题，这是形成统一认识的基本前提。实际上，思想本身没有力量，只有立足实际的思想才会有力量。实事求是，是马克思主义的根本观点和根本方法，是中国共产党思想路线的核心内容，是中国共产党人统一思想认识的根本方法，所以，习近平同志指出，这四个字“集中体现了马克思主义唯物的、辩证的认识论，是我们党始终坚持的根本思想方法”〔1〕。这一方法包含以下三个层次的内容。

（一）坚持实事求是，反对主观主义

从思想来源上看，作为共产党人老祖宗的马克思主义最讲实事求是。“坚持唯物主义，反对唯心主义”是马克思进行思想革命的基本原则。正是在这个原则的指引下，他对德国的意识形态家们进行了无情的批判，特别是针对费尔巴哈那种“半截子唯物主义”，马克思专门指出：“人的是思维是否具有客观的真理性，这不是一个理论的问题，而是一个实践的问题。人应该在实践中证明自己思维的真理性，即自己思维的现实性和力量，自己思维的此岸性。”〔2〕“全部社会生活在本质上是实践的。凡是把理论引向神秘主义的神秘东西，都能在人的实践中以及对这种实践的理解中得到合理的解决。”〔3〕由此可见，马克思主义既不是直观唯物主义，

〔1〕《深入学习中国特色社会主义理论体系　努力掌握马克思主义立场观点方法》，《求是》2010 年第 7 期。

〔2〕马克思：《关于费尔巴哈的提纲》，《马克思恩格斯文集》第一卷，人民出版社 2009 年版，第 500 页。

〔3〕马克思：《关于费尔巴哈的提纲》，《马克思恩格斯文集》第一卷，人民出版社 2009 年版，第 501 页。

也不是机械唯物主义，既不是经验主义，也不是实用主义，而是基于对人的“实践—认识—再实践—再认识”的系统总结的基础上形成的辩证唯物主义，这种唯物主义是一种新的世界观和方法论，它首先强调社会实践的第一性，其次重视在实践基础上的主观世界和客观世界的互动作用。在此意义上，马克思主义终结了全部的旧形而上学，它明确反对孤立、静止、片面地认识事物，因为这种认识方法只会导致主观主义，这种“主义”只会让我们的思想脱离实际，在此情况下，我们的思想认识就会丧失针对性，缺乏生命力，甚至指引自己走向错误的方向，最终付出巨大的代价。

如果说马克思主义创始人通过自己的理论批判实现了对实事求是精神的理论清理，那么，中国共产党艰苦卓绝的革命斗争则为这一精神的落地生根提供了实践平台。翻阅党史可见，尽管马克思主义传入使中国革命的面貌焕然一新，但是，马克思和恩格斯都没有来过中国，他们所揭示的只是人类社会历史发展的一般原理，至于这个原理如何应用，需要各国共产党根据自身的实际来进行创造性应用，这一认识也是我们经过艰苦卓绝的革命斗争，付出了相当惨痛的革命代价之后才取得的。所以，1936 年 12 月，在《中国革命战争的战略问题》一文中，毛泽东同志不无感慨地说道：“我们固然应该特别尊重苏联的战争经验，因为它是最近代的革命战争的经验，是在列宁、斯大林指导之下获得的；但是我们还应该尊重中国革命战争的经验，因为中国革命和中国红军又有许多特殊的情况。”〔1〕“这些过去的战争所留给我们的血的教训，应该着重地学习它。这是一件事。然而还有一件事，即是从自己经验中考证这些结论，吸收那些用得着的东西，拒绝那些用不着的东西，增加那些自己所

〔1〕毛泽东：《中国革命战争的战略问题》，《毛泽东选集》第一卷，人民出版社 1991 年版，第 172 页。

特有的东西。这后一件事是十分重要的，不这样做，我们就不能指导战争。”[1]俗话说，实践出真知，可是，说起来容易做起来难，个人坚持容易集体坚持较难，难就难在每个人都有自己所认为的合理性实际有巨大的差异性，所以，在看到最大实际的前提下如何发挥自己的主观能动性既是一个认识论问题，也是一个实践论问题，在此意义上，实践决定认识，认识也决定实践，但是，归根结底，还是实践决定认识，实事求是的根本目的就是为了实现主观认识和客观实际的有机统一。

除了从正面强调实事求是的重要性之外，毛泽东同志还十分注重对主观主义和本本主义的批判，这也是一条确保实事求是落到实处的基本经验，这一点，从中国革命开始之初，毛泽东同志就非常重视。1927 年大革命失败之后，毛泽东同志痛定思痛，明确认识到了党内和

〔1〕毛泽东：《中国革命战争的战略问题》，《毛泽东选集》第一卷，人民出版社 1991 年版，第 181 页。

军内诸多错误思想对于革命的危害性。1929年12月，在为红四军第九次代表大会所写的决议中，毛泽东同志列举了八种错误思想，其中就包括主观主义。为此，必须采取三种方式予以克服，一是要用马克思列宁主义方法去作政治形势的分析和阶级势力的估量，以代替主观主义的分析和估量；二是要进行社会调查和研究，以避免堕入空想和盲动；三是要展开有效的党内批评，以防止主观武断和把批评庸俗化。

在后来的革命、建设、改革实践中，中国共产党始终在维护和巩固实事求是的思想路线，这为我们从胜利走向胜利提供了重要的思想基础。对此，习近平同志特别指出："回顾我们党90多年的历史可以清楚地看到，什么时候坚持实事求是，党就能够形成符合客观实际、体现发展规律、顺应人民意愿的正确路线方针政策，党和人民事业就能够不断取得胜利；反之，离开了实事求是，党和人民事业就会受到损失甚至严重挫折。"〔1〕我们甚至可以说，敢不敢坚持实事求是，既是对中国共产党人政治立场和道德品质的考验，也是衡量一个领导干部党性纯不纯、强不强的一个重要指标。质言之，"在认识和改造客观世界中不断推进认识和改造主观世界，通过认识和改造主观世界不断推进认识和改造客观世界，这是中国共产党人推动党和人民事业前进的规律，也是领导干部成长进步的规律"〔2〕。

党的十一届三中全会重新恢复和确立解放思想、实事求是的思想路线，把人们的思想从长期"左"的禁锢和教条主义的束缚中解放出来，把党和国家工作中心转移到经济建设上来、实行改革开放的历史性决策。改革开放是我们党的一次伟大觉醒，正是这个伟大觉醒孕育了我们党从

〔1〕习近平：《坚持实事求是的思想路线》，《学习时报》2012年5月28日。

〔2〕习近平：《在中央党校2012年秋季学期典礼上的讲话》，《学习时报》2012年9月10日。

理论到实践的伟大创造。40 年来，我们党团结带领人民，艰苦奋斗、顽强拼搏，开辟了中国道路，释放了中国活力，凝聚了中国力量，实现了从赶上时代到引领时代的伟大跨越，书写了国家和民族发展的壮丽史诗。“中国特色社会主义道路是当代中国大踏步赶上时代、引领时代发展的康庄大道，必须毫不动摇走下去。”[1]中国特色社会主义进入新时代，我国社会主要矛盾已经转化为人民日益增长的美好生活需要和不平衡不充分的发展之间的矛盾。我国社会主要矛盾的变化，没有改变我们对我国社会主义所处历史阶段的判断，我国仍处于并将长期处于社会主义初级阶段的基本国情没有变。坚持实事求是，就要牢牢把握社会主义初级阶段这个基本国情，牢牢立足社会主义初级阶段这个最大实际。既要避免任何超越现实、超越阶段而急于求成的倾向，又要坚决反对任何落后于实际、无视深刻变化着的客观事实而因循守旧、固步自封的观念和做法。

（二）多做调查研究，反对主观臆断

实事求是的实质要求是主观认识与客观实际要相符合，当然，这更多强调的是思想方法，如果落实到工作方法上，它要求我们必须做到“调查”与“研究”的结合。在此，调查是为了全面系统地掌握感性材料，研究则是对诸多材料进行由此及彼、由表及里、去粗取精、去伪存真的梳理和研究，进而为讲实话、办实事、出实招、求实效奠定基础。

在《反对本本主义》一文中，毛泽东同志专门对调查研究的必要性和技术细节做了论述。他指出，“没有调查，没有发言权”，调查就是解决问题，调查就像“十月怀胎”，解决问题就像“一朝分娩”，“共产党的正确而不动摇的斗争策略，决不是少数人坐在房子里能够产生的，它

---

〔1〕习近平：《在庆祝改革开放 40 周年大会上的讲话》，《人民日报》2018 年 12 月 19 日。

是要在群众的斗争过程中才能产生的，这就是说要在实际经验中才能产生。因此，我们需要时时了解社会情况，时时进行实际调查”[1]。实际上，早年所形成的这种调查研究的习惯基本贯穿于毛泽东同志的一生，调查研究是他制定大政方针之前惯用的基本工作方法。1956 年毛泽东同志所写的《论十大关系》可谓这一方法论精神的集中表现。为了写这篇讲话，毛泽东同志花了几个月时间，先后听取了中央三十四个部门的工作汇报，在此基础上，他提炼出了社会主义革命和建设中所要处理好的十大关系，这些关系既是问题，也是矛盾，我们的任务就是处理这些矛盾。现在看来，这些矛盾对于我们认清今天的中国现实还有某种启示意义。

作为新时代中国特色社会主义事业的领导人，习近平同志也一贯重视调查研究。2011 年，在中共中央党校，他专门对中国共产党的中高级领导指出，调查研究是做好领导工作的一项基本功，调查研究的能力是领导干部整体素质和能力的一个组成部分。就重要性而言，调查研究不仅是一种工作方法，而且是关系党和人民事业得失成败的大问题，重视调查研究，是我们党在革命、建设和改革各个历史时期做好领导工作的传家宝。就目的性而言，调查研究的根本目的是解决问题，是为了把事情的真相和全貌调查清楚，把问题的本质和规律把握准确，把解决问题的思路和对策研究透彻。就技术性而言，调查研究包括“调查”和“研究”两个环节，一方面，调查要讲究全面性，我们既要调查机关，又要调查基层；既要调查干部，又要调查群众；既要解剖典型，又要了解全局；既要到工作局面好和先进的地方去总结经验，又要到困难较多、情况复杂、矛盾尖锐的地方去研究问题，其中，基层、群众、重要典型和

〔1〕毛泽东:《反对本本主义》,《毛泽东选集》第一卷，人民出版社 1991 年版，第 115 页。

困难的地方，应成为调研重点，要花更多时间去了解和研究。此外，调研可以有“规定路线”，也可以有“自选动作”，看一些没有准备的地方，搞一些不打招呼、不作安排的随机性调研，避免出现“被调研”。另一方面，研究是关键。习近平同志指出：“有的同志下去，只调查不研究，装了一兜子材料，回来汇报一下写个报告就了事；有的领导干部连调研汇报也不听，调查材料也不看。这种调查多、研究少，情况多、分析少，不解决什么问题的调查研究，是事倍功半的。”“调查研究的根本目的是解决问题，调查结束后一定要进行深入细致的思考，进行一番交换、比较、反复的工作，把零散的认识系统化，把粗浅的认识深刻化，直至找到事物的本质规律，找到解决问题的正确办法。”[1]

调查研究，是知事之本、谋事之基、成事之道，是我们党制定和实施正确路线方针政策的重要前提，是我们党的传家宝，是我们党一贯坚持的工作方法，更是党员领导干部的必修课、基本功、看家活。为此，一定要坚持从群众中来，到群众中去，俯下身来当小学生，拜群众为师，向人民学习，放下架子、扑下身子，接地气、通下情学习，开展深入细致的调查研究，抓住老百姓最急最忧最怨的问题，解决好群众最关心最直接最现实的利益问题，真正把功夫下到察实情、出实招、办实事、求实效上，使调查研究在全党蔚然成风。

（三）坚持真抓实干，反对形式主义

实事求是是态度，调查研究是方法，真抓实干是目的。如果没有持之以恒的“钉钉子精神”，那么，再充分的前期调研也于事无补，再科学的决策结果也只是个轻飘飘的说法。只有把务实的态度、科学的决策

---

〔1〕习近平：《谈谈调查研究》，《学习时报》2011 年 11 月 21 日。

和坚定的行动贯通起来，才能既发挥思想对现实的引领作用，又能推动问题的解决、维护党中央权威和集体统一领导、把中央决策部署落到实处，进而避免形式主义弊病。2019 年是新中国成立 70 周年，是全面建成小康社会、实现第一个百年奋斗目标的关键之年。中共中央办公厅印发的《关于解决形式主义突出问题为基层减负的通知》(以下简称《通知》)，深入贯彻落实习近平总书记关于加强作风建设，力戒形式主义、官僚主义的一系列重要讲话和指示批示精神，回应广大基层干部的关切，明确提出将 2019 年作为“基层减负年”，具有重大意义。《通知》明确要求，将力戒形式主义、官僚主义作为全党开展的“不忘初心、牢记使命”主题教育重要内容，教育引导党员干部牢记党的宗旨，坚持实事求是的思想路线，树立正确政绩观，把对上负责与对下负责统一起来。

《论语》有言：“言必行，行必果。”这句话的含义是，做人一定要言行一致，对于说过的话一定要见诸行动，而且行动也要有始有终，不能半途而废，草草了事。西安事变之后，毛泽东同志在《关于蒋介石声明的声明》中专门援引这句话指出：“今后的问题是蒋氏是否不打折扣地实行他自己‘言必行，行必果’的诺言，将全部救亡条件切实兑现。全国人民将不容许蒋氏再有任何游移和打折扣的余地。”[1] 在此，古典儒家文化中的诚信原则实际上成了毛泽东同志逼迫蒋介石共同抗日的一个重要条件，当然，这只是一个例子。我们甚至可以想象，在那种炮火纷飞的年代，如果中国共产党不注重调查研究，并进行彻底的批评与自我批评，那么，中国共产党和中国工农红军能不能存在都是个问题，因为革命是一种生与死的考验，这种考验容不得半点形式主义和弄虚作假，否则只能自讨苦吃并最终被人民所抛弃。

---

〔1〕毛泽东：《关于蒋介石声明的声明》，《毛泽东选集》第一卷，人民出版社 1991 年版，第 247 页。

人民性是马克思主义最鲜明的品格。马克思说，“历史活动是群众的活动”。中国共产党“始终把人民立场作为根本立场，把为人民谋幸福作为根本使命，坚持全心全意为人民服务的根本宗旨，贯彻群众路线，尊重人民主体地位和首创精神，始终保持同人民群众的血肉联系，凝聚起众志成城的磅礴力量，团结带领人民共同创造历史伟业”[1]。正因如此，每个中国共产党党员所讲的党性和人民性具有高度的一致性。坚持党性就是坚持人民性，坚持人民性就是坚持党性。党性说到底是立场问题。可能有人会问：为什么党性和人民性要保持一致？共产党人也是人，就不能有自己的私心私利吗？党性和人民性就不会发生冲突吗？如果发生冲突，我们应该怎么办？表面上看起来，这些问题似乎问得“很符合人性”，但是，若深究下去，我们就会发现，这些提问其实把党性和人民性对立起来了，如果基于这个前提去想问题、办事情，那么就必然会出现形式主义、官僚主义和个人主义。所以，坚持真抓实干，反对形式主义，既是保证工作效果、提高工作效率的基本要求，也是考验党性强不强、纯不纯的一把尺子。反对形式主义，重在解决作风漂浮、工作不实，文山会海、表面文章，贪图虚名、弄虚作假等问题。党的十八大以来，以习近平同志为核心的党中央从制定和执行中央八项规定破题，整治“四风”问题，真抓实干，不断激励干部担当作为，人民群众获得感、幸福感、安全感显著增强。习近平总书记指出：“各级领导干部要带头发扬劳模精神，出实策、鼓实劲、办实事，不图虚名，不务虚功，坚决反对干部群众反映强烈的形式主义、官僚主义、享乐主义和奢靡之风‘四风’，以身作则带领群众把各项工作落到实处。”[2]党的十九大描绘了我

---

〔1〕习近平：《在纪念马克思诞辰200周年大会上的讲话》，《人民日报》2018年5月5日。

〔2〕习近平：《实干才能梦想成真》，《习近平谈治国理政》第一卷，外文出版社2018年版，第48页。

国发展今后30多年的美好蓝图。九层之台，起于累土。党员干部只有不驰于空想、不骛于虚声，一步一个脚印，踏踏实实干好工作，才能把这个蓝图变为现实。

作为中国共产党思想路线的精髓，实事求是具有管总的意义，它是确保中国共产党有效实现执政为民和执政兴国的根本思想方法。只有从思想上和人民保持一致，中国共产党才能从根本上防止主观主义和形式主义，只有避免这两个“主义”，我们才能真正抓准中国的问题，才能真正把中国的事情办好，才能真正赢得人民的拥护，进而与人民一道开拓出中国特色社会主义道路。

二、群众路线实现群策群力

习近平同志指出：“坚持实事求是，必须始终坚持一切为了群众、一切依靠群众，从群众中来、到群众中去的群众路线。群众路线是我们党的根本工作路线，它同党的实事求是的思想路线是相辅相成、在本质要求上是完全统一的。”[1]如果说实事求是侧重于“事”，那么，群众路线则侧重于“人”，这里的事是群众的事，这里的人是人民群众。对于中国共产党来说，坚持实事求是与走群众路线并不矛盾，因为这是体现共产党人党性原则的两个基本方面。

（一）群众那里有丰富多样的思想方法

以工人和农民为主体的广大人民群众是中国共产党的执政基础和力量之源；反之，离开了这个基础，我们就会面临人亡政息的危险。作为

〔1〕习近平：《坚持实事求是的思想路线》，《学习时报》2012年5月28日。

马克思主义大众化的第一代卓越理论家，毛泽东同志对这一点看得最清，用心最重，也正因如此，他至今在千千万万的中国人心中仍拥有至高无上的威望。

重视群众首先要从思想上做起，思想上与群众保持一致是做好所有工作的基本前提。毛泽东同志强调指出："群众观点是共产党员革命的出发点与归宿。从群众中来，到群众中去，想问题从群众出发就好办。部队中的负责同志要替士兵着想，机关、学校的负责同志要替大厨房着想，替杂务人员着想，所有的共产党员要替人民着想。"[1]思想是行动的先导。思想上与群众保持一致，行动上才能与群众打成一片。正是基于这种认识，毛泽东同志概括了做好群众工作的基本方法。他指出："在我党的一切实际工作中，凡属正确的领导，必须是从群众中来，到群众中去。这就是说，将群众的意见（分散的无系统的意见）集中起来（经过研究，化为集中的系统的意见），又到群众中去作宣传解释，化为群众的意见，使群众坚持下去，见之于行动，并在群众行动中考验这些意见是否正确。然后再从群众中集中起来，再到群众中坚持下去。如此无限循环，一次比一次地更正确、更生动、更丰富。这就是马克思主义的认识论。"[2]正是因为有这个深入认识，所以，毛泽东同志才将共产党与群众的关系比喻为"学生和老师的关系""鱼和水的关系"，只有保持这种关系，我们的工作才会找准针对性，我们的队伍才会提升战斗力，我们的事业才会蕴含生命力，从胜利走向新的胜利。

---

〔1〕毛泽东：《切实执行十大政策》，《毛泽东文集》第三卷，人民出版社 1996 年版，第 71 页。

〔2〕毛泽东：《关于领导方法的若干问题》，《毛泽东选集》第三卷，人民出版社 1991 年版，第 899 页。

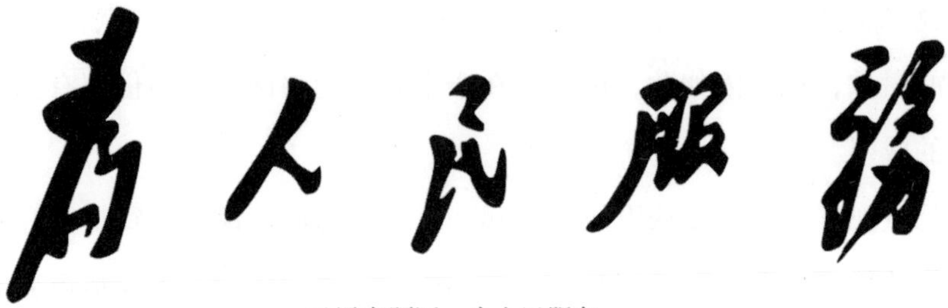

毛泽东题词：为人民服务

中国问题在先，中国共产党在后。中国共产党从成立到壮大始终与对中国问题的分析、担当和解决休戚相关。当然，中国问题必然是中国人的生存和发展问题，这里的人是一个集群性概念，而非个体性概念。实践证明，中国共产党是一个完全经得起考验的马克思主义政党。之所以能够经得起考验，根本原因在于一代又一代的中国共产党人都把群众路线作为自己的生命线和根本工作路线。毛泽东同志曾经说：“全心全意地为人民服务，一刻也不脱离群众；一切从人民的利益出发，而不是从个人或小集团的利益出发；向人民负责和向党的领导机关负责的一致性；这些就是我们的出发点。”〔1〕

群众的问题是我们执政兴国的方向所指，群众的智慧是我们解决问题的方法之源，所以，走群众路线不是一句空话，而是有实实在在的要求。对此，邓小平同志曾经说：“凡涉及人民群众生活的事情，应当和群众商量，不能凭主观愿望办事。”〔2〕无论是战争年代还是和平时期，我们始终把人民群众放在自己心中最高的位置，这是每位共产党员基本的政治修养。

---

〔1〕毛泽东：《论联合政府》，《毛泽东选集》第三卷，人民出版社 1991 年版，第 1094—1095 页。

〔2〕邓小平：《在中共八届六中全会上对〈关于人民公社若干问题的决议（草案）〉所作的说明》，《邓小平年谱（1904—1974）》（下），中央文献出版社 2009 年版，第 1473 页。

经过40年的发展，中国的发展成就世所公认，在成就面前，我们并没有骄傲自满，而是作出了改革开放再出发、再深入的政治判断，之所以有这个判断，是因为决胜全面建成小康社会的艰巨任务、实现中华民族伟大复兴的历史使命对我们党提出了前所未有的新挑战新要求，新时代坚持和发展中国特色社会主义提出了新任务新使命。解决前进道路中的问题，就需要从人民实践创造和发展要求中获得前进动力，汲取蕴涵在人民群众中的智慧。作为党中央的核心、全党的核心，习近平总书记特别强调，不忘初心，牢记使命，这个初心就是为人民谋幸福，这个使命就是为民族谋复兴，说到底，就是要把人民摆在主体地位。2012年，在当选中共中央总书记之际他就明确强调，“人民对美好生活的向往，就是我们的奋斗目标”[1]。这句话道出了中国共产党人的初心，切中了中国共产党人的使命。此后，党中央制定和执行中央八项规定、整治“四风”，之后开展群众路线教育实践活动、“三严三实”专题教育、“两学一做”学习教育以及“不忘初心、牢记使命”主题教育，其实都是对党的宗旨意识和思想原则的有力回应。更为重要的是，习近平总书记不是单纯地就人民讲人民，而是把这一思想原则与当代中国的发展结合在了一起，进而提出了以人民为中心的发展思想，这一思想已经被写入党章，成为全党的共同意志，成为中国全面建成社会主义现代化、实现民族复兴的新征程的思想密码。

（二）坚持群众路线意味着必须防止和反对官僚主义

坚持群众路线意味着必须防止和反对官僚主义，这与“坚持实事求是必须防止和反对主观主义”是一个道理，只有这样，党的思想路线才

〔1〕习近平：《人民对美好生活的向往，就是我们的奋斗目标》，《习近平谈治国理政》第一卷，外文出版社2018年版，第4页。

能落到实处，党的思想方法才能结出硕果。

中国自古就有对官民关系的讨论。中国的封建皇帝也知道，民为邦本，统治者只有俯首为民，才能坐稳江山，成就基业。可是，话虽这么说，中国历代的统治者在根本上无法改变其与广大农民的阶级结构，在这种具有对立性质的阶级结构的作用下，尽管统治阶级十分重视对其阶级成员的道德教化，但是，这种道德教育无法改变社会的经济政治结构，所以，农民起义是导致统治阶级走向覆亡的经常性原因，这便是民主人士黄炎培在延安的窑洞中对毛泽东同志所谈论的中国历史发展的周期律。中国共产党最伟大之处在于从根本上解决了与广大人民群众的利益矛盾，我们所谓的"全心全意为人民服务"实际上真正解决了这个历史难题，从而在理论和实践上真正做到了人民民主。

纵观毛泽东同志的一生，毛泽东同志最痛恨脱离群众的官僚主义作风。早在根据地斗争时期，他就指出，官僚主义领导方式，是任何革命工作所不应有的，要把官僚主义这个极坏的家伙抛到粪缸里去，因为没有一个同志喜欢它。抗日战争时期，毛泽东同志在陕甘宁边区高级干部会议上指出，从事经济和财政业务的工作人员，必须克服官僚主义，例如贪污现象，摆空架子，文牍主义等等。经过民主革命进而取得全国胜利之后，毛泽东同志更加重视对官僚主义的防范。1949 年，在党的七届二中全会上，针对即将夺取全国胜利而滋生的骄傲情绪，毛泽东同志指出："中国的革命是伟大的，但革命以后的路程更长，工作更伟大，更艰苦。这一点现在就必须向党内讲明白，务必使同志们继续地保持谦虚、谨慎、不骄、不躁的作风，务必使同志们继续地保持艰苦奋斗的作风。"〔1〕新中国成立后的历史（尤其是"三反""五反"斗争）证明，毛泽东同志对破坏

〔1〕毛泽东：《在中国共产党第七届中央委员会第二次全体会议上的报告》，《毛泽东选集》第四卷，人民出版社 1991 年版，第 1438—1439 页。

干群团结的官僚主义始终持警醒和惩治态度。

实际上，在整个改革开放的过程中，中国共产党几代领导集体都非常重视反对官僚主义，尤其是进入中国特色社会主义新时代以来，习近平总书记更加注重这一问题。2013 年 7 月 11 日、12 日，习近平总书记在河北调研指导党的群众路线教育实践活动时指出："官僚主义实质是封建残余思想作祟，根源是官本位思想严重、权力观扭曲，做官当老爷，高高在上，脱离群众，脱离实际。有些领导干部爱忆苦思甜，口头上说是穷苦家庭出身，是党和人民培养了自己，但言行不一，心里想的是自己当上官了，终于可以扬眉吐气了，要好好享受一下当官的尊荣，摆起官架子来比谁都大。"仔细分析可见，这些现象其实都是个别领导干部脱离群众的新表现，之所以会产生这些现象，官僚主义是一个很重要的原因。所以，党的十八大以来，全面从严治党是新时代中国共产党加强自身建设的浓墨重彩的一笔，与之相应，旗帜鲜明地反对和惩治腐败更是将这一工作推向了深入。我们理解，这便是习近平总书记的"进行具有新的历史特点的伟大斗争"的重要内容，这场斗争首先是刀口向内，体现的是我们党自我净化和自我革命的政治自觉，达到了回归本心、敬畏法纪、俯首为民的治理效果，从而赢得了国内外的一致好评，这为巩固党的执政基础和群众基础，实现中华民族伟大复兴的中国梦提供了坚强的政治保证。

（三）干群关系好不好，领导是关键

社会主义制度在中国建立之后，所有的问题都是发展中的问题，所有的矛盾都是人民内部矛盾，基于这样一个判断，我们认为，要正确处理好干群关系，走好群众路线，领导干部必须带好头。简言之，干群关

系好不好，领导是关键。

对于如何处理好干群关系，毛泽东同志早就在延安时期提出了“团结——批判——团结”的工作方法，这是有效处理人民内部矛盾的一个法宝。1956年，在《给黄炎培的信》中，毛泽东同志又明确指出，在阶级矛盾已经基本解决的前提下，“人民内部的问题仍将层出不穷，解决的办法，就是从团结出发，经过批评与自我批评，达到团结这样一种方法”〔1〕。实际上，团结群众与领导群众并不矛盾，我们团结群众的目的是为了实现群众利益，我们领导群众的目的也是为了实现群众利益，这就要求我们，一方面，要对纷繁复杂的群众意见去关注、调查、研究和梳理；另一方面，要在群众中宣传党和政府所制定的各类路线、方针和政策，要团结广大人民群众去实践这些路线、方针和政策，而不能仅凭激情和权力去办事。当然，对于群众的意见和建议，我们从不主张无原则地吸收，而是要在照顾到绝大多数人意见的基础上进行科学有序的集中、筛选和论证，然后再去实施，从而确保科学执政、民主执政、依法执政。

作为一名从基层实践成长起来的杰出政治领袖，习近平同志对群众有着深厚的感情，他在不同时期、不同场合都表达着他对人民的挚爱。从这种浓厚情感出发，习近平同志从哲学的高度点透了领导与群众的关系。2005年，时任浙江省委书记时，习近平同志指出，领导与群众是一对矛盾统一体，领导是问题的主要方面。如果领导是错误的，群众是正确的，领导就是矛盾的主要方面；如果群众是错误的，领导是正确的，矛盾的主要方面也在领导，原因在于领导对群众的说服教育工作没到位，在于领导的工作措施不适应于群众。因此，领导与群众产生矛盾时，领导要想方设法去做好教育转化工作，而不能因为群众错了，你就站到群

〔1〕毛泽东：《给黄炎培的信》，《毛泽东文集》第七卷，人民出版社1999年版，第164页。

众的对立面，把人民内部矛盾当作敌我矛盾。[1]这段论述切中了干群关系的实质，点明了处理好干群关系的基本方法，对于做好各项工作、推进各项改革都很有益处。

当然，影响干群关系的一个重要障碍是权力的运行和监督问题。既然行使的是人民赋予的权力，那么，让人民群众来监督权力的运行就是顺理成章的事情。习近平同志指出："各级领导干部都要牢记，任何人都没有法律之外的绝对权力，任何人行使权力都必须为人民服务、对人民负责并自觉接受人民监督。……加强对权力运行的制约和监督，会影响到领导干部的舒适度。问题是领导干部手中的权力都是党和人民赋予的，领导干部使用权力，使用得对不对，使用得好不好，当然要接受党和人民监督。不想接受监督的人，不能自觉接受监督的人，觉得接受党和人民监督很不舒服的人，不具备当领导干部的起码素质。"[2]这段话其实从根本上明确了权力的性质和运行机理，它对于铸就马克思主义服务型政党具有深远的理论指导意义。

习近平同志说："一切为了群众，一切依靠群众，从群众中来，到群众中去的群众路线，是马克思主义历史唯物主义基本原理在实际工作中的具体体现，也是我们党始终坚持的根本工作路线和根本工作方法。"[3]无论在任何情况下，我们都必须明确："为什么人"的问题是治国理政的首要问题，事是跟着人走的，对象搞错了，事情必然办不好，这是"经济增长要与民生改善保持同步"问题的背景，所以，走好群众路线、走

---

〔1〕常光民、王传志：《如何做好新形势下的群众工作——访中共浙江省委书记习近平》，《求是》2005 年第 17 期。

〔2〕习近平：《依纪依法严惩腐败，着力解决群众反映强烈的突出问题》，《十八大以来重要文献选编》（上），中央文献出版社 2014 年版，第 136 页。

〔3〕习近平：《深入学习中国特色社会主义理论体系 努力掌握马克思主义立场观点方法》，《求是》2010 年第 7 期。

准群众路线、走深群众路线决不是一句空话，这是决定我们事业兴衰成败的一条基准线。

三、科学思维确保决策科学

中国道路的成功是因为有中国共产党的领导，但是，这种领导不是一种随机性、事务性和暂时性领导，而是一种基于马克思主义才可能的系统化、有机化和科学化领导。更进一步说，马克思主义世界观蕴生的是实事求是的世界观，马克思主义群众观蕴生的是群众路线的价值观，马克思主义唯物辩证法蕴生的是辩证主义方法论。当然，前两个层面也具有方法论的色彩，只不过它们更多指向的是宏观层面，唯物辩证法则指向微观层面和具体领域，这三个层面构成了中国共产党人构建和开拓中国道路的方法论图景。

从原理体系上分析，唯物辩证法包含三大规律和五大范畴，但是，在这个体系中，矛盾的对立统一规律最为核心和根本，原因是事事有矛盾，时时有矛盾，矛盾的存在和发生作用不以人的主观意志为转移，矛盾的这种普遍性特点要求我们必须紧随事物矛盾的存在和演化状况来调整认识，完善机制，进而推动中国特色社会主义事业的发展。

（一）辩证思维与统筹兼顾的能力

“照辩证法办事”既是马克思主义哲学的理论要求，也是提高工作效能的实践要求，共产党人讲的“知行合一”主要指的是按照辩证思维来解决好思想认识和实际行动之间的关系。在中国共产党的历史上，凡是卓越的马克思主义政治家，基本上都与教条主义和本本主义不沾边，都是原则性和灵活性、理论性和实践性结合得比较好的人。正是在这种优良的思想传统的作用下，中国的社会主义事业才未走向停滞和僵化，而是迈过了一道道沟坎，赢得了新的生机与活力。

讲到辩证法，毛泽东同志是当之无愧的代表，除了《实践论》和《矛盾论》这两篇脍炙人口的名篇之外，他还写了《关心群众生活，注意工作方法》《论持久战》《集中优势兵力，各个歼灭敌人》《关于领导方法的若干问题》《党委会的工作方法》和《党内团结的辩证方法》等著作，在这些著作中，他还用很多清新明快的语言表达了自己对马克思主义方法论的创造性理解和阐释。如，“一分为二”的方法，强调的是看问题要看优点，也要看缺点，不能“只知其一，不知其二”，当然，对于优点和缺点之间的关系，不能静止地判断和处理，因为条件变了，优点和缺点也可以互相转化，这对于培养革命乐观主义精神有积极意义；又如，“不同质的矛盾，只有用不同质的方法才能解决”，这强调的是“具体问题具体分析”的方法，这对于广大领导干部和工农群众区分“敌我矛盾”和“人民内部矛盾”很有指导意义；再如，“不是扯高补低，而是克服落后”的方法，强调的是要鼓励先进性，保护积极性，落后要向先进看齐，而不是先进向落后看齐，这对于杜绝平均主义、抑制懒汉思想很有鞭策意义；还如，“从事物内部，从一事物对他事物的关系中去研究事物的发展”，强调的就是内因对于事物发展的根本决定作用以及外部条件对事物发展的影响，这对于我们形成“去粗取精、去伪存真、由此及彼、由表及里”的科学认识论很有教育意义。实际上，每个人在生活和工作中所面对的矛盾都不是一个两个，这就要求我们辩证处理好中心工作和其他工作的关系，对此，毛泽东同志提出了“学会弹钢琴”的主张，它强调的是我们既要抓紧中心工作，凸显主旋律，也要做好其他工作，使其他工作能够与中心工作和主旋律相配合、相协调，这体现了统筹兼顾的能力要求。

在极端艰难复杂的情况下，毛泽东同志的辩证思维对于中国革命的成功起到了莫大的指导作用，这一点，被后来的共产党人所珍视和继承。作为新时代中国特色社会主义事业的领导人，习近平总书记特别重视辩证思维对于全面深化改革的方法论意义。他概括指出，“辩证思维能力，就是承认矛盾、分析矛盾、解决矛盾，善于抓住关键、找准重点、洞察事物发展规律的能力。”[1]领导干部只有强化辩证思维，才能“正确分析矛盾，在对立中把握统一、在统一中把握对立，克服极端化、片面性”[2]。在此，“在对立中把握统一”和“在统一中把握对立”体现了对辩证思维的新理解，体现了“两点论”和“重点论”的统一。

关于“在对立中把握统一”，侧重点是对立，它限定的是事物之间发生联系，实现统一的前提，这就意味着在促成矛盾转化或者看到和谐稳定局面的时候，一定不能忽视这种统一其实包含着差异性甚至对立性，这种统一具有暂时性和相对性，只是矛盾对立的双方暂时达成和解或者没有发生冲突的情况下的一种结果，不能看见统一性，忘了对立性。关于“在统一中把握对立”，侧重点是统一，这要求我们在看到对立性的同时不能忘了统一性，因为不同的矛盾和矛盾的不同方面往往从属于一个更大的整体，所以事物之间或事物内部不同方面的不平衡是常态，但是，这种不平衡因为其矛盾存在条件的变化必然会走向新的平衡。

此外，习近平总书记还结合新闻舆论工作谈了自己对“两点论”与“重点论”的认识。他指出，新闻工作者根据事实来描述事实，既准确报道个别事实，又从宏观上把握和反映事件或事物的全貌。“如果只看到黑

---

〔1〕中共中央宣传部：《习近平总书记系列重要讲话读本》，学习出版社、人民出版社2016年版，第287页。

〔2〕中共中央宣传部：《习近平总书记系列重要讲话读本》，学习出版社、人民出版社2016年版，第280—281页。

暗、负面，看不到光明、正面，虽然报道的事情是真实发生的，但这是一种不完全的真实。一叶障目、不见泰山，攻其一点、不及其余，尽管这一叶、这一点确实存在，但从总体上看却背离了真实性。同时，除了一因一果，更要注意一因多果、一果多因、多因多果、互为因果、因果转换等复杂情况，避免主观片面，以偏概全。”[1]

2015年，习近平总书记强调指出，我们的事业越是向纵深发展，就越要不断增强辩证思维能力。当前，我国社会各种利益关系十分复杂，这就要求我们善于处理局部和全局、当前和长远、重点和非重点的关系，在权衡利弊中趋利避害、作出最为有利的战略抉择。所以，在艰难繁重的改革任务面前，我们要反对形而上学的思想方法，不能盲人摸象、坐井观天、揠苗助长、削足适履、画蛇添足，要在调查研究的基础上，坚持发展地而不是静止地、全面地而不是片面地、系统地而不是零散地、普遍联系地而不是单一孤立地观察事物，准确把握客观实际，真正掌握规律，妥善处理各种重大关系。[2]我们坚信，借助这一方法，新时代的共产党人一定能审时度势，运筹帷幄，进而开创实现民族复兴的新局面。

（二）战略思维与总揽全局的能力

“战略”一词最初起源于军事，是指对战争全局的谋划和指导。毛泽东同志曾专门分析过这一问题。他指出，战略问题是研究战争全局的规律的东西，“只要有战争，就有战争的全局。世界可以是战争的一全局，一国可以是战争的一全局，一个独立的游击区、一个大的独立的作战方面，也可以是战争的一全局。凡属带有要照顾各方面和各阶段的性

---

〔1〕参见胡靖：《论习近平新闻舆论思想的科学逻辑》，《新闻战线》2018年第1期。

〔2〕参见习近平：《坚持运用辩证唯物主义世界观方法论 提高解决我国改革发展基本问题本领》，《人民日报》2015年1月25日。

质的，都是战争的全局”〔1〕。“研究带有全局性的战争指导规律，是战略学的任务。研究带局部性的战争指导规律，是战役学和战术学的任务。”〔2〕在此，毛泽东同志结合军事斗争需要把战略与战术、整体和局部之间的关系讲得很清楚，也正是因为有战略思维做支撑，毛泽东同志成功指挥了多次以少胜多、以弱胜强和反败为胜的军事斗争，从而为壮大人民军队，夺取中国革命的最终胜利发挥了重要作用。

对于中国共产党的战略思维方法，习近平总书记非常看重。对此方法，他发表了一系列重要讲话。如，“战略问题是一个政党、一个国家的根本性问题。战略上判断得准确，战略上谋划得科学，战略上赢得主动，党和人民事业就大有希望”〔3〕。“战略思维能力，就是高瞻远瞩、统揽全局，善于把握事物发展总体趋势和方向的能力。”〔4〕只有强化了这一思维，我们才能“站在战略和全局观察和处理问题、从政治上认识和判断形势、透过纷繁复杂的表面现象把握事物的本质和发展的内在规律，才能视野开阔、胸襟博大，紧跟时代前进步伐，才能既抓住重点又统筹兼顾，既立足当前又放眼长远，既熟悉国情又把握世情，克服和避免只见现象不见本质、只见树木不见森林以及急功近利、目光短浅等现象，不断提升战略思维能力”〔5〕。

结合党的领导人关于战略思维的相关论述，我们认为，战略思维有两个要求，一是要用“过程思维”统筹时间上的各阶段，二是要用“全

〔1〕〔2〕毛泽东：《中国革命战争的战略问题》，《毛泽东选集》第一卷，人民出版社1991年版，第175页。

〔3〕习近平：《在纪念邓小平同志诞辰110周年座谈会上的讲话》，《人民日报》2014年8月21日。

〔4〕中共中央宣传部：《习近平总书记系列重要讲话读本》，学习出版社、人民出版社2016年版，第286页。

〔5〕习近平：《学习和掌握马克思主义立场观点方法是深入学习中国特色社会主义理论的根本要求》，《学习时报》2013年4月28日。

局思维”协调空间上的各方面。在此，强调过程思维意味着我们要将事物作为一个发展过程来认识，既要立足当前，也要放眼长远；既要分清主流，也要分清支流；既要看其存在的问题，也要看其发展的方向，要养成善抓机遇的能力，使事物朝着有利于我们的方向发展。强调全局思维意味着要从照顾全局的视野出发理顺全局与局部、局部与局部、目的和手段、大事和小事的关系，养成总揽全局的能力，防止“只见树木，不见森林”“只抓一点，不及其余”的片面主义。归根结底，战略思维的根本要求就是要胸怀大局看局部、把握大势观大势、着眼大事谋大事。

党的十九大明确提出了习近平新时代中国特色社会主义思想，这一思想是马克思主义中国化的最新成果，是中国特色社会主义理论体系的重要组成部分，是全党全国人民为实现中华民族伟大复兴而奋斗的行动指南。在这一思想体系中包含两大战略，一个是“五位一体”总体布局，一个是“四个全面”战略布局，这两个布局既有区别也有联系。区别在于，“四个全面”战略布局服务于“治理体系和治理能力现代化”这个治理目标，“五位一体”总体布局服务于“全面建成社会主义现代化强国”这个发展目标。联系在于，二者都服务于实现中华民族伟大复兴的中国梦这个长远目标，都是这一战略目标的有机内容。它充分体现了中国共产党在新的历史条件下的战略谋划、战略部署和战略定力，我们一定要运用战略思维进行深入领会。

（三）历史思维与久久为功的意识

历史思维是上述战略思维中的“过程思维”的另一种鲜明表达。实际上，战略思维是对时间和空间的双重统筹。所谓“空间”，强调的无非是当下性。所谓“时间”，强调的无非是历史性。我们的思想认识和行为实践总是离不开这两个维度，因而，尊重历史、理解历史、改变历史实际上包含着对当下历史的认可，也包含着对过往历史的继承。

从学理上讲，历史思维就是基于历史经验对过去、现在和未来的贯通性思考。其一般原则和思想特点主要是：（1）不能歪曲历史，要尊重客观发生的历史事实。这是因为，“史实”是历史对我们发生意义的首要前提，没有历史事实，对历史任何形式的价值讨论和意义辩论都无从谈起。（2）不能隔断历史，要尊重历史发展的总体过程。人的活动是一种目的性活动，历史的发展包含着人的愿望和目的，尽管有时候历史会有停滞和倒退，但是，总体来看，人类的历史发展是一种由低级阶段向高级阶段的跃进过程，我们要善于将事件放在历史的长河中去定位和分析。（3）不能鼠目寸光，要看清历史发展的总体趋势。每个人的知识、能力、眼光都受时代条件的制约，但是，按照唯物辩证法，运动是绝对的，静止是相对的。同样，放眼历史，尽管有停止甚至倒退，但是，进步和发展是历史的总体趋势，只有着眼大势谋大事，我们才会做出顺应时代潮流和历史趋势的判断和成就。〔1〕

中国共产党是一个责任型和使命型政党，这个责任就是为中国人民谋幸福，这个使命就是为中华民族谋复兴。当下的中国正处于“两个一百年”奋斗目标的历史交汇期，当然，两个百年目标的实质都是为了实现社会主义现代化。现代化包含着中国人对有尊严的幸福生活的基本渴望以及国家治理体系和治理能力现代化的基本追求，因此，实现中华民族的伟大复兴是一个历史命题。在此问题上，尽管我们也走过一些弯路，但是我们的实践探索从未停止。正如马克思和恩格斯所指出的那样：“历史不外是各个世代的依次交替。每一代都利用以前各代留下来的材料、资金和生产力；由于这个缘故，每一代一方面在完全改变了的环境

〔1〕参见焦佩锋：《民族复兴的历史逻辑》，知识产权出版社 2018 年版，第 10—11 页。

下继续从事所继承的活动，另一方面又通过完全改变了的活动来变更旧的环境。”[1]可以看出，历史本身就是人类不同世代之间前后相继的发展过程，时间性是历史之为历史的基本属性，但是，在这个时间性之内，受人类活动的特殊性的影响，历史并不是一个随意发生或者按部就班的发展过程，而是内含着人的动机、目的、欲望和意志，只不过这些不同的精神要素最终要和社会的现实条件结合和对冲，进而产生一股历史的合力，这便是主观能动性和客观规律性之间的关系，归根结底历史活动体现的是人的意志，但是，人的意志必须与历史的唯物主义基础发生作用，这便是历史的前进性和曲折性、必然性和偶然性之间的关系。

习近平总书记有鲜明的历史思维。例如，针对那种将改革开放前后视作两个相互对立的阶段的观点，习近平总书记在 2013 年新进中央委员会的委员、候补委员学习贯彻党的十八大精神研讨班开班式上专门指出：“我们党领导人民进行社会主义建设，有改革开放前和改革开放后两个历史时期，这是两个相互联系又有重大区别的时期，但本质上都是我们党领导人民进行社会主义建设的实践探索。中国特色社会主义是在改革开放历史新时期开创的，但也是在新中国已经建立起社会主义基本制度并进行了 20 多年建设的基础上开创的。虽然这两个历史时期在进行社会主义建设的思想指导、方针政策、实际工作上有很大差别，但两者决不是彼此割裂的，更不是根本对立的。不能用改革开放后的历史时期否定改革开放前的历史时期，也不能用改革开放前的历史时期否定改革开放后的历史时期。”又如，在致第 22 届国际历史科学大会的信中，他指出：“历史是人类最好的老师。”“历史研究是一切社会科学的基础，承担着‘究天人之际，通古今之变’的使命。世界的今天是从世界的昨天发展而

---

〔1〕马克思、恩格斯：《德意志意识形态》，《马克思恩格斯选集》第一卷，人民出版社 2012 年版，第 168 页。

来的。今天世界遇到的很多事情可以在历史上找到影子，历史上发生的很多事情也可以作为今天的镜鉴。”“每个国家、每个民族都有自己的发展历程，应该尊重彼此的选择，加深彼此的了解，以利于共同创造人类更加美好的未来。”中国人自古重视历史研究，历来强调以史为鉴。“中国有着5000多年连续发展的文明史，观察历史的中国是观察当代的中国的一个重要角度。不了解中国历史和文化，尤其是不了解近代以来的中国历史和文化，就很难全面把握当代中国的社会状况，很难全面把握当代中国人民的抱负和梦想，很难全面把握中国人民选择的发展道路。中国人民正在为实现中华民族伟大复兴的中国梦而奋斗，需要从历史中汲取智慧，需要博采各国文明之长。”足可见，历史思维对于我们理解“历史的中国”以及在此基础上诞生的中国共产党的身份和使命具有多么重要的意义。因此，我们必须久久为功，要在历史的逻辑中理解和推进中国特色社会主义事业，使实现中华民族伟大复兴的中国梦在历史的接力奋斗中变成现实。

（四）法治思维与遵规守纪的意识

对于作为执政党的中国共产党来说，依法治国和依规治党是必然的政治选择，这是因为，我们所致力追求的现代化事业天然包含着对法治思维和法治社会的要求，因而，从传统的等级化的“人治社会”向“法治社会”的转变是从传统中国向现代中国转变的必然要求。此外，社会主义建设时期“文革”的历史教训与改革开放之后所滋生和蔓延的腐败现象更加坚定了我们依法治国和依规治党的决心。对于党史和党情，习近平总书记看得非常清楚，理解得非常透彻。他专门撰文指出：“法律是成文的道德，道德是内心的法律，法律和道理都具有规范社会行为、维护社会秩序的作用。治理国家、治理社会必须一手抓法治、一手抓德治，既重视发挥法律的规范作用，又重视发挥道德的教化作用，实现法律和道德相辅相成、法治和德治相得益彰。”[1]与此同时，他还将法治问题上升到国家治理体系和治理能力现代化的高度进一步强调，法治是国家治理体系和治理能力的重要依托。全面推进依法治国的总目标是建设中国特色社会主义法治体系、建设社会主义法治国家。我们认为，这个总目标的提出和实施，必将会为中国特色社会主义法治体系的形成产生深刻而久远的影响。

“天下之事，不难于立法，而难于法之必行。”良法善治是和谐社会的显著标志。实际上，中国特色社会主义法律体系已经基本形成，我们相信，随着新时代中国特色社会主义法治事业的持续深入推进，我们在科学立法、民主立法、依法立法，增强法律法规的及时性、系统性、针对性和有效性方面，还有很多工作要做。但是，无论怎么讲，法治思维的真正巩固不是因为我们有多少现成的法律，而是在于法律权威的树立和法治实践的推进。换言之，法律的生命力在于实施，这是全面依法治国的难点和重点。

因此，深入推进依法治国的实践就显得尤为重要，这是遏制甚至消除腐败问题、净化社会环境、营造政治生态的根本抓手。十分明显，党的十八大以来，以习近平同志为核心的党中央在此问题上的态度是明确而坚定的，党的十九大对深化依法治国的实践作出了新部署、提出了新要求，这就是：“坚持依法治国、依法执政、依法行政共同推进，坚持法治国家、法治政府、法治社会一体建设。”在此，法治国家是法治建设的目标，法治政府是法治国家的主体，法治社会是法治国家的基础。

---

〔1〕习近平：《加快建设社会主义法治国家》，《求是》2015年第1期。

需要进一步明确的是：一方面，能不能做到依法治国，关键在于党能不能依法执政，各级政府能不能依法行政。依法治国是我们党治国理政的基本方式，要求必须坚持党领导立法、保证执法、支持司法、带头守法；依法行政是各级政府活动的基本准则，要求各级政府必须依法全面履行职能，加快建设职能科学、权责法定、执法严明、公正公开、廉洁高效、守法诚信的法治政府。另一方面，法治社会是法治国家的基础，社会民众的法治思维、法治素养和法治习惯是化育法治社会的宏观环境，因此，我们既要对广大民众进行普法宣传和教育，也要注重规范公正文明执法，要努力让人民群众在每一个司法案件中感受到公平正义。

此外，在所谓的“党大还是法大”的问题上，习近平同志直接给出了立场和观点。他指出，这个问题是个伪问题，是个政治陷阱。在我国，法是党的主张和人民意愿的统一体现，党领导人民制定宪法法律，党领导人民执行宪法法律，党自身必须在宪法法律范围内活动。这说明，党和法、党的领导和依法治国是高度统一的，我们不能抛开这个统一性前提把两者对立起来，否则我们必然会得出将党的领导和依法治国对立起来的结论。当然，我们说不存在“党大还是法大”的问题，是基于把党作为一个执政整体而言的，是对党的执政地位和领导地位而言的，具体到每个党政组织、每个领导干部，就必须服从和遵守宪法法律，不能以党自居，不能把党的领导作为个人以言代法、以权压法、逐利违法、徇私枉法的挡箭牌。这界限一定要划清楚。

（五）创新思维与敢为人先的能力

从整体上看，当代中国正处于从传统的农业国家向现代化的工业国家转变的历史进程中，并且，这个工业化也已经不是初级阶段，而是中高阶段，与之相应，传统中国的体制机制、文化传统、思维习惯、生活方式也必然发生相应的改变，对此，有些人是主动地接受，有些人是被动地迎合，有些人是消极地抵制，我们认为，当代中国的创新主要集中于科技和体制领域，但更多是一种关乎经济、政治、文化和社会等多个层面的整体创新，而对于创新问题的不同认识和社会心理是影响创新驱动发展的内在因素，说到底，意识到创新对于现代化中国的巨大意义是创新思维形成和巩固的基本前提。

历史地看，中华民族之所以在近代遭遇欺辱、践踏、封锁和制裁，主要就是我们不重视科学技术及其广泛应用，所以，在历史的中国，我们不是不善于学习和研发，也不是没有创新意识，而是没有意识到创新成果的广泛应用对于经济繁荣、社会发展和政治巩固的根本重要性，我们更多是在技术与器物层面把创新理解为“奇技淫巧”，这便是大量的小工业者在传统的中国社会没有经济、政治和社会地位的文化学根由。

正是因为对历史有深入而彻底的思考，所以习近平总书记曾经饱含深情地指出：“历史记述了前人的成功和失败，重视、研究、借鉴历史，了解历史上治乱兴衰规律，可以给我们带来很多了解昨天、把握今天、开创明天的启示。重视吸取历史经验是我们党的一个好传统。”[1]我们认为，习近平总书记有鲜明的历史感，历史思维是提出并协调推进“四个全面”战略布局和贯彻新发展理念的基本背景，这对于我们理解建设创新型政党和现代化的经济体系和创新体系有鲜明的启示意义。

当然，生产力是社会发展和变革的最根本因素，谈创新必须首先从生产力（尤其是经济层面）谈起，正因如此，习近平总书记多次强调，

---

〔1〕习近平：《努力造就一支忠诚干净担当的高素质干部队伍》，《求是》2019年第2期。

要将创新作为引领发展的第一动力，而创新之所以能够被置于新发展理念之首也正是说明了这层意思。早在 2015 年起草“十三五”规划时，习近平总书记就指出，理念是行动的先导，发展理念是战略性、纲领性、引领性的东西，是发展思路、发展方向、发展着力点的集中体现，发展理念搞对了，目标任务就好定了，政策举措跟着也就好定了。2016 年 1 月，他专门在省部级主要领导学习十八届五中全会专题研讨班上的讲话中就指出，对我国这么大体量的经济体来讲，如果动力问题解决不好，要实现经济持续健康发展和“两个翻番”是难以做到的。协调发展、绿色发展、开放发展、共享发展都有利于增强发展动力，但核心在创新。抓住了创新，就抓住了牵动经济社会发展全局的“牛鼻子”。与此同时，他还强调，要用好辩证法，对新发展理念进行科学的设计和施工；要善于通过改革和法治推动贯彻落实新发展理念。

（六）底线思维与防突处变的能力

从哲学上讲，事物量的增长会引起质的变化，质和量之间实现转化的临界点叫“度”，这个“度”便是事物的性质和形态发生变化的“底线”，这里的区别只在于，这个“底线”是“好的底线”还是“坏的底线”，也可以说，对量变和质变的判断是一种事实判断，而对底线的判断其实已经隐含着一种价值判断。人类不同于动物之处在于，人有丰富发达的理性和趋利避害的天性，因此，人会对客观环境和自己思想言行的风险性进行考量，所谓的“度”和“底线”其实指的就是这种对风险的预估和预判。

作为一个有着现实责任担当、鲜明历史使命以及经过了战争和挫折考验的马克思主义政党，中国共产党也十分重视底线和底线思维，并且，这种底线在不同时期、不同领域和不同的工作重点也有所区别。例如，国共合作有国共合作的底线，打仗行军有打仗行军的底线，对外合作有对外合作的底线。但是，归根结底，维护和实现最广大人民的根本利益是共产党人革命、建设和改革的政治底线。

作为中国共产党和中华人民共和国的缔造者之一，毛泽东同志就有鲜明的底线思维，这便是他所谓的“坏的可能性”。毛泽东同志曾经指出，“从最坏的可能性着想，总不吃亏。不论任何工作，我们都要从最坏的可能性来想，来部署。”[1]实际上，毛泽东的底线思维形成于严峻残酷的革命环境，尤其是中国工农红军和中国共产党一次次转危为安的现实教训促发了毛泽东同志的底线意识，这使得我们党每一次对政治路线的调整、对思想路线的纠偏和对工作作风的改进都具有与时俱进的意义。例如，古田会议很好地解决了思想建党和政治建军的问题，它对于纠正“左”倾盲动主义、单纯军事主义和实现党的团结产生了重大影响，此后不久，毛泽东就提出了“没有调查就没有发言权”的论断和“农村包围城市”的革命道路；遵义会议结束了王明“左”倾冒险主义在中央的统治，确立了以毛泽东同志为核心的党中央的正确领导，这次会议在极端危险的时刻，挽救了党和红军，是中国共产党历史上一个生死攸关的转折点。像这样的例子，在中国共产党的历史中还可以举出很多，应该说，革命的环境造就了革命的政党，中国共产党的革命性既是一种对敌斗争意义上的他者革命，也是一种自我批评和自我纠错意义上的自我革命，而这种革命意识的养成源于对人民利益的根本重视和维护。因而，从总体上说，实事求是、群众路线和独立自主既是毛泽东思想活的灵魂，也是毛泽东本人进行政治和军事斗争的三道政治底线，基于这三道底线，他在思想认识上始终注意反对教条主义和本本主义，在军事行动中反对

〔1〕毛泽东：《在中国共产党全国代表会议上的讲话》，《毛泽东文集》第六卷，人民出版社 1999 年版，第 404 页。

盲动主义和自由主义，在国共合作和统一战线中始终坚持共产党要有自己的军事力量以及党对军队的绝对领导。

经过 40 年的改革开放，中国的经济总量和开放程度都已经不同往日，中国社会的繁荣、发展和进步有目共睹，但是，成绩不能掩盖问题。与巨大的经济总量和体量相比，道德滑坡的问题、信仰体系真空的问题、民生领域欠账较多的问题、区域和行业之间发展不平衡的问题、总体国家安全面临挑战的问题、党的建设依然存在诸多薄弱环节等问题依然不同程度地存在，对于这些问题，如果不注意分析、防范和化解，那么，中国特色社会主义事业的整体进程就会受到影响。

例如，面对当前中国经济的转型和新发展理念的落实，习近平总书记又一次运用底线思维进行了鞭辟入里的阐释。他指出："守住底线，在贯彻落实新发展理念中及时化解矛盾风险。"〔1〕这是因为，新发展理念的落实必然伴随着矛盾、风险、挑战甚至斗争。"当前和今后一个时期，我们在国际国内面临的矛盾风险挑战都不少，决不能掉以轻心。各种矛盾风险挑战源、各类矛盾风险挑战点是相互交织、相互作用的。如果防范不及、应对不力，就会传导、叠加、演变、升级，使小的矛盾风险挑战发展成大的矛盾风险挑战，局部的矛盾风险挑战发展成系统的矛盾风险挑战，国际上的矛盾风险挑战演变为国内的矛盾风险挑战，经济、社会、文化、生态系统领域的矛盾风险挑战转化为政治矛盾风险挑战，最终危及党的执政地位、危及国家安全。"〔2〕说到底，没有安全，发展就没有意义，我们既要迎难而上，也要压实责任，以此实现问题的解决和能力的提升。

---

〔1〕习近平：《把新发展理念落到实处》，《习近平谈治国理政》第二卷，外文出版社 2017 年版，第 222 页。

〔2〕习近平：《把新发展理念落到实处》，《习近平谈治国理政》第二卷，外文出版社 2017 年版，第 222 页。

当然，中国特色社会主义最本质的特征是中国共产党领导。办好中国的事情关键在党，关键在党要管党，关键在从严治党。一个宽、松、软、虚、浮、飘的党是很难承担并完成自己的历史使命的。因此，对以习近平同志为核心的党中央来说，要迎接“四种考验”，化解“四种危险”，就必须在增强忧患意识的前提下从底线上考虑和处理问题。正是基于对“四种考验”和“四种危险”的底线思考，2013 年年初，习近平总书记在一次中央工作会议上首次提出了底线思维。他解释道，所谓底线思维就是指凡事要从坏处准备，努力争取最好的结果，做到有备无患、遇事不慌，牢牢把握主动权。底线思维体现为两个方面的要求：一方面，我们要有忧患意识，凡事要有坏的打算和准备，不要以为天下太平，犯盲目主义和乐观主义错误。另一方面，我们要有进取精神，要敢于主动出击，要努力争取好的结果，要相信事在人为。

十八大以后的五年多时间里，中国共产党之所以能够解决许多长期想解决而没有解决的难题，能够办成许多过去想办而没有办成的大事，无不与这种底线意识有关。应该说，以习近平同志为核心的党中央对中国社会尤其是中国共产党多年累积的痼疾和顽症的治理是党的十九大胜利召开的现实基础，正是这五年时间的自我锤炼和锻造，中国共产党与中国人民一道迎来了中国特色社会主义事业发展的新时代，在这个时代，我们比历史上任何时期都更接近、更有信心和能力实现中华民族伟大复兴的历史目标，但是，在此种情况下，我们依然需要提倡底线思维。习近平总书记在党的十九大报告中明确指出：“中华民族伟大复兴，绝不是轻轻松松、敲锣打鼓就能实现的。全党必须准备付出更为艰巨、更为艰苦的努力。”我们理解，这个努力首先要落脚在对“必须进行具有许多新的历史特点的伟大斗争”的理解和落实上，换言之，我们必须更加自觉地坚持党的领导和我国社会主义制度，坚决反对一切削弱、歪曲、否定党的领导和我国社会主义制度的言行；更加自觉地维护人民利益，坚决反对一切损害人民利益、脱离群众的行为；更加自觉地投身改革创新时代潮流，坚决破除一切顽瘴痼疾；更加自觉地维护我国主权、安全、发展利益，坚决反对一切分裂祖国、破坏民族团结和社会和谐稳定的行为；更加自觉地防范各种风险，坚决战胜一切在政治、经济、文化、社会等领域和自然界出现的困难和挑战。应该说，这“五个自觉”充分体现了我们党对新时代中国特色社会主义事业所面临的困难、风险和挑战的底线思考和应对。

综合历史和现实，我们认为，对于习近平同志所提倡的底线思维，我们要做更为全面深入的理解。当然，无论怎么讲，坚持和巩固中国共产党对于中国特色社会主义事业的核心领导和长期领导是首要的问题，这也是最根本的政治底线，这一点既需要通过“五位一体”建设与治理体系和治理能力的现代化得到加强和巩固，也需要我们在思想上政治上行动上拥护和巩固以习近平同志为核心的党中央的领导，在此基础上，我们必须学会和运用防突处变的底线意识和能力，要敢于同与此相悖的思想和言行做坚决斗争，从而确保我们党长期执政，确保我们国家的长治久安。

总之，学哲学、用哲学是中国共产党的一个优良传统。基于这个传统，中国共产党总是能够把准中国革命、建设和改革的主要矛盾以及这一矛盾与其他矛盾之间的基本关系，进而确保思想路线的科学性、干部队伍的纯洁性和中国特色社会主义事业的开拓性，这是整个中国道路得以开拓的思想密码。

第二章
正义的事业

放眼世界，解码中国道路俨然已经成为国际社会的共同课题。2018年庆祝改革开放40周年大会，空前吸引着中外媒体的目光。回顾40年来我们党和人民走过的历程，可谓“神女应无恙，当惊世界殊”。从“泥足巨人”到“东方巨轮”，从“摸着石头过河”到“道路自信”，40年来，中国特色社会主义事业以其蓬勃的生机在中华大地上创造出一个又一个中国奇迹。2019年是新中国成立70周年。70年砥砺奋进，我们的国家发生了天翻地覆的变化，中华民族迎来了从站起来、富起来到强起来的伟大飞跃。无论是在中华民族历史上，还是在世界历史上，这都是一部感天动地的奋斗史诗。在中国几千年的历史上，改革开放40年、中华人民共和国成立70年，这都是伟大的。与此同时，中国共产党人也从当初那个怀揣着“幸存者”心态的试验者，成为今日满怀“胜利者”信心的开拓者。可以说，中国的成就，在于道路的成就；中国共产党人的成功，在于选择的成功。对于单个的人而言，道路决定命运，道路改变命运。常言说，选择了什么样的道路，就选择了什么样的人生，对于一个国家亦然。古今中外，兵强马壮、国泰民安的国家，往往都是选择了一条适合自身发展的正确道路；而人亡政息的国家，往往都败在了发展道路的错误选择上。

为什么？

质而言之，选择了一条道路就等于选择了一种价值观。对于国家的发展而言，道路和制度的背后是这条道路所承载的价值理念。可以说，价值理念是一个国家发展道路的内核。解码中国道路，绕不开其价值维度。“天若有情天亦老，人间正道是沧桑。”在迈向社会主义现代化强国和中华民族伟大复兴的漫漫征途中，中国共产党领导中国人民最终选择了中国特色社会主义道路这条光明之路、活力之路、正义之路。人有善愿，天必佑之；国有正义，天必佐之。什么是正义?《现代汉语词典》的解释是："公正的、有利于人民的道理。"中国道路的正义如何体现？中国道路是一条全心全意为人民服务的道路。中国道路始终秉持尊重人民、依靠人民、为了人民，以最广大人民的根本利益为一切工作的根本出发点和落脚点。回首改革开放以来的40年历史进程，正是由于中国共产党始终坚持心向人民的正义之路，才充分调动起人民群众投身改革开放和社会主义现代化建设的积极性、主动性和创造性；正是由于中国特色社会主义事业所内含的正义价值的力量，才广泛争取到人民群众的积极认同、衷心拥护与全力参与。可以说，中国道路之所以具有攻坚克难、所向披靡的能力，坐视群雄、笑傲东方的实力，以及"取之不尽，用之不竭"的潜力，就在于两个字——正义。

一、造福人民彰显道义力量

马克思、恩格斯在《共产党宣言》中指出："过去的一切运动都是少数人的，或者为少数人谋利益的运动。无产阶级的运动是绝大多数人的，为绝大多数人谋利益的独立的运动。"[1]这段话指明了社会主义的本质和无产阶级政党的宗旨。"为绝大多数人谋利益"是社会主义的本质。无产阶级政党代表的是工人阶级和劳动人民的利益，无产阶级的事业，无论是在革命、建设、改革的任何阶段上，都必须是人民的事业。始终坚持

〔1〕马克思、恩格斯：《共产党宣言》，《马克思恩格斯选集》第一卷，人民出版社2012年版，第411页。

以人民为中心、一切为了人民，才能反映人民群众的意志和愿望，才能体现生产力发展的客观要求，进而不断推动社会向前发展。作为无产阶级政党，中国共产党自成立起就将全心全意为人民服务作为自己的唯一宗旨。90 多年来，我们党在人民群众中萌芽、成长和壮大；我们的事业从小到大、由弱到强，取得了一个又一个伟大胜利。中国共产党及其事业的全部发展历程告诉我们：始终为人民群众的利益而奋斗是我们党的最大政治优势和成功秘诀。中国共产党是人民利益的代言人，中国特色社会主义事业是为人民谋利益的事业。我们的党、我们的中国特色社会主义道路之所以能够取得事业的成功，靠的是人民，靠的是始终保持同人民群众的血肉联系，靠的是始终代表最广大人民的根本利益。什么时候，我们坚守了这一宗旨，我们的事业就会呈现出攻无不克、战无不胜的蓬勃活力。相反，什么时候，我们遗忘了、弃守了，或者背离了这一宗旨，我们的事业要么陷入茫然，要么四处碰壁，总之，就会出现这样那样的问题。因此，中国特色社会主义事业在任何时候和任何情况下，与人民群众同呼吸、共命运的立场不能变，全心全意为人民服务的根本宗旨不能丢，人民群众是历史的创造者的观点不能忘，永远把人民对美好生活的向往作为奋斗目标不能变，人民群众的支持和拥护是中国特色社会主义事业成功的根本保证的路线不能弃。

“民惟邦本，本固邦宁。”古今中外的实践都表明，一个政党，一个政权，乃至一个国家，其事业成败最终取决于人心向背，因为人民才是历史的主体。人民是社会物质财富和精神财富的创造者，是推动事业成功、社会发展和社会变革的决定性力量。在这一意义上，可以说，任何时代、任何社会形态的社会历史活动都是人民的事业。哪项事业中所承载的人民的成分越多，哪项事业所蕴含的正义的含量越高，进而汇聚的能量也就越大。反之，一个缺少人民成分的事业，必败。

据《淮南子》记载，中国第一个封建王朝“夏”建立后，国王大禹创立了“五音听治”的治国方法，广泛听取民意。大禹在其住地附近置设了五种乐器，供来访的百姓使用。大禹通过倾听百姓所敲不同乐器发出的声音来判断何人以何事相告：传道的人击鼓，谕义的人敲钟，告事的人振铎，讲忧的人敲磬，诉冤的人摇鞀。《淮南子·汜论训》记载：“当此之时，一馈而十起，一沐而三捉发，以劳天下之民。”意思是：大禹吃一顿饭的工夫，居然要停顿十次，起身接见来访百姓。大禹洗一次澡的时间，就要把头发擦干打结三次，出去接见来访的百姓。由于大禹重视民声民意，因而得到百姓的真心拥护，顺利传位给儿子启。启即位后，继续沿用“五音听治”的做法，巩固了夏王朝。但是，自孔甲以后，“桀不务德而武伤百姓，百姓弗堪”，迫使百姓发出了“时日曷丧，予及汝皆亡”的愤怒呐喊，最终夏王朝土崩瓦解。

这个故事告诉我们两个道理：其一，治国有常，而利民为本。无论是在中国文明刚刚起源不久的大禹时代，还是中国特色社会主义新时代，民心向背决定国家兴亡的道理是超越时空、永不过时的。自夏王朝开始，历代中国王朝的兴亡更迭都烙着“得民心者得天下，失民心者失天下”的印记。其二，圣人无常心，以百姓心为心。人民是国家的根基，是执政的根本，所以执政者要想把事业做大做强做久，必须察民意、体民情、顺民心。

以此为基础，传统儒家提出了著名的仁政思想。《礼记·礼运篇》更是提出“人不独亲其亲，不独子其子，使老有所终，壮有所用，幼有所长，鳏、寡、孤、独、废疾者皆有所养”的思想，以大同世界的儒家理想，勾勒出一幅为整个人类的事业而奋斗的宏伟蓝图。无论这个理想在当时的社会历史条件下命运如何，毫无争议的是，自此以后它便无可厚非地成了人们的价值追求和精神支柱。

前人种树，后人乘凉。所不同的是，仁政的思想、大同的理想必须跟随历史的发展而发展。在等级社会中，宗教神权和封建尊卑思想根深蒂固，“仁政”和“大同”伤痕累累。明末清初，中国的资产阶级革命家开始逐渐引入西方的“自由、平等、博爱”思想。正是在这个大背景之下，孙中山先生提出了他的“为众人服务”的思想：“上而总统，下而巡差，皆人民之公仆也”的“为公爱而非私爱”的“社会主义”事业。遗憾的是，这个思想是在资本主义条件下提出的。所谓的自由、平等、博爱，一遇到财富就会变得软弱无力，败下阵来。劳动人民无法同资产阶级一样享受自由、平等、博爱，这是由私有制和私有观念所决定的。近代 100 多年来，从洋务运动到维新变法再到五四运动，中国人从器物、制度和观念等不同层面上历经波折尝试和探索。正如孙中山先生所看到的，传统帝国解体之后的中国社会好似一盘散沙，中华民族想摆脱帝国列强的欺凌，获得自由和独立，必须凝聚一体。救亡图存的事业，是全体中华儿女的事业，是全体人民的事业，而不是少数人的事业。

十月革命一声炮响给我们送来了马克思列宁主义，《共产党宣言》中“两个绝大多数”的思想成为无产阶级革命和夺取政权的指导思想与根本宗旨。以列宁为首的俄国布尔什维克正是以此为指导思想，建立起世界上第一个社会主义国家；以毛泽东同志为主要代表的中国共产党人紧随其后，站在新的历史起点上观察国家命运和民族前途，将“两个绝大多数”的思想化为“一切为了群众，一切依靠群众，从群众中来，到群众中去”的思想，夺取社会主义革命的伟大胜利，肩负起对人民的历史性承诺——民族独立、人民解放、国家统一、社会稳定。

十月革命胜利之后，列宁仍然反复强调社会主义的事业是人民的事业，“生气勃勃的创造性的社会主义是由人民群众自己创立的”[1]，多次公开承诺，“政治应该是人民的事，应该是无产阶级的事”[2]。

然而，承诺只是因为没把握。客观事实并不总是朝着主观承诺的方向前进。在斯大林时期出现的对斯大林的个人迷信，正是对“两个绝大多数”的思想的最大背叛。而这种英雄史观的阿喀琉斯之踵就在于，当英雄不在了，事业怎么办？斯大林去世之后，苏联的个人迷信现象似乎不存在了。但是，贬低群众而夸大领导人物个人作用的现象更为普遍而持久。随之而来的是领导阶层为自己谋取私利的现象日益严重，群众史观弃之如敝屣，个人专制肆虐，民主建设迟缓。在这一意义上可以说，背离“两个绝大多数”的思想是东欧剧变、苏联解体极为重要的原因之一。

1944 年 9 月，毛泽东同志在“为人民服务”讲演中讲道：“我们这个队伍完全是为着解放人民的，是彻底地为人民的利益工作的。”“我们是为人民服务的。”[3]从马克思提出为绝大多数人谋利益，到列宁提出为千千万万劳动人民服务，再到毛泽东同志提出为人民服务，近百年的探索，终于有了答案：中国共产党人要“全心全意地为人民服务，一刻也不脱离群众；一切从人民的利益出发，而不是从个人或小集团的利益出发；向人民负责和向党的领导机关负责的一致性；这些就是我们的出发点”[4]。事实证明，以人民为中心的事业观以其先进性、科学性和崇高性，当之无愧地成为人类有史以来最具魅力的事业观，它让我们懂得只有从

---

〔1〕列宁：《全俄中央执行委员会会议文献》，《列宁全集》第三十三卷，人民出版社 1985 年版，第 53 页。

〔2〕列宁：《在全俄省、县国民教育局政治教育委员会工作会议上的讲话》，《列宁选集》第四卷，人民出版社 2012 年版，第 308 页。

〔3〕毛泽东：《为人民服务》，《毛泽东选集》第三卷，人民出版社 1991 年版，第 1004 页。

〔4〕毛泽东：《论联合政府》，《毛泽东选集》第三卷，人民出版社 1991 年版，第 1094 — 1095 页。

人民的利益出发、服务于人民的事业才是有价值的事业。邓小平同志进一步深化了以人民为中心的事业观，将人民拥护不拥护、人民赞成不赞成、人民高兴不高兴、人民答应不答应作为检验党的一切工作的标准。江泽民同志进一步诠释了为人民服务的事业观，提出“三个代表”重要思想是马克思主义以人民为中心的事业观在当代的新体现。胡锦涛同志进一步丰富了以人民为中心的事业观的内涵，指出权为民所用、情为民所系、利为民所谋，着力解决人民最关心、最直接、最现实的利益问题，真心实意为人民办实事、办好事，努力促进社会公平正义。习近平总书记要求全党“坚信党的根基在人民、党的力量在人民”，提醒我们莫忘执政为民的初心。

正如党的十八大报告所指出的：“九十多年来，我们党紧紧依靠人民，把马克思主义基本原理同中国实际和时代特征结合起来，独立自主走自己的路，历经千辛万苦，付出各种代价，取得革命建设改革伟大胜利，开创和发展了中国特色社会主义，从根本上改变了中国人民和中华民族的前途命运。”党的十八大以来，脱贫攻坚取得决定性进展，已进入决胜的关键阶段。全面建成小康社会不落下一个贫困家庭、不丢下一个贫困群众的承诺，已经化为全体中国人民的实际行动，书写在中国大地上。

党的十九大报告指出：“人民是历史的创造者，是决定党和国家前途命运的根本力量。必须坚持人民主体地位，坚持立党为公、执政为民，践行全心全意为人民服务的根本宗旨，把党的群众路线贯彻到治国理政全部活动之中，把人民对美好生活的向往作为奋斗目标，依靠人民创造历史伟业。”党的十九大报告全文 3 万多字，200 多次提到“人民”，3 次强调“人的全面发展”，4 次强调“以人民为中心”，这是习近平新时代中国特色社会主义思想为绝大多数人谋利益的本质体现。坚守“人民立场”，着力“人民生活”，胸怀“人民梦想”。党的十八大以来，以习近平同志为核心的党中央在治党治国治军、改革发展稳定、内政外交国防各方面立体展示出“中国共产党人的初心，就是为中国人民谋幸福”的价值旨归。

以人民为中心

习近平总书记在庆祝改革开放 40 周年大会上指出：“改革开放 40 年的实践启示我们：为中国人民谋幸福，为中华民族谋复兴，是中国共产党人的初心和使命，也是改革开放的初心和使命。我们党来自人民、扎根人民、造福人民，全心全意为人民服务是党的根本宗旨，必须以最广大人民根本利益为我们一切工作的根本出发点和落脚点，坚持把人民拥护不拥护、赞成不赞成、高兴不高兴作为制定政策的依据，顺应民心、尊重民意、关注民情、致力民生，既通过提出并贯彻正确的理论和路线方针政策带领人民前进，又从人民实践创造和发展要求中获得前进动力，让人民共享改革开放成果，激励人民更加自觉地投身改革开放和社会主义现代化建设事业。”并在 2019 年新年贺词中指出：“2019 年，我们将隆重庆祝中华人民共和国 70 周年华诞。70 年披荆斩棘，70 年风雨兼程。

人民是共和国的坚实根基，人民是我们执政的最大底气。一路走来，中国人民自力更生、艰苦奋斗，创造了举世瞩目的中国奇迹。新征程上，不管乱云飞渡、风吹浪打，我们都要紧紧依靠人民，坚持自力更生、艰苦奋斗，以坚如磐石的信心、只争朝夕的劲头、坚韧不拔的毅力，一步一个脚印把前无古人的伟大事业推向前进。"[1]

在几代人一以贯之接力为人民服务事业的砥砺前行中，中国从近代积贫积弱的国家发展成为今天这个令世人瞩目的东方大国，证明了中国人民选择中国共产党的领导、中国共产党选择为人民服务事业的正确性。

在中国特色社会主义进入新时代后，我们更需要坚持和贯彻以人民为中心的事业观。

为什么？

新矛盾决定新问题，新问题决定新思想，新思想决定新发展。我国社会的主要矛盾发生了变化，由原来的"人民日益增长的物质文化需要同落后的社会生产之间的矛盾"转化为"人民日益增长的美好生活需要和不平衡不充分的发展之间的矛盾"。一方面，新时代的人民，对美好生活的需求带有新时代的特征。正如《人民日报》文章《物质幸福时代已经结束，新时代来临》所指出的："在一个万物俱备、什么都不缺的年代，占有物质很难再刺激我们的感官，让我们获得长久的满足。在新的时代，比起金钱和物质，更重要的是精神层面的充实感。从实物中获得的满足感只能持续很短的时间，但是我们宝贵的经历以及从中获得的知识，将永久地入驻我们的生命。"总体而言，人民群众的要求更高了。既需要更高层次的物质文化生活水平，也需要民主、法治、公平、正义、

〔1〕《国家主席习近平发表二〇一九年新年贺词》，《人民日报》2019年1月1日。

安全、环境等方面的不断提升和完善。我们满足人民群众需求的任务更加艰巨，必须更加平衡、更为充分地发展。因此，党的十九大报告将“坚持以人民为中心”作为基本方略的重要原则和组成部分，再次彰显了我们党作为马克思主义执政党的根本宗旨、根本性质，以及始终与人民心连心、同呼吸、共命运的态度和本色。

以人民为中心的事业观有着坚实的理论基础，那就是马克思主义的唯物史观。唯物史观认为，人民群众是历史的创造者。历史归根结底是由人民群众创造的，是社会财富（包括物质财富和精神财富在内）的创造者，离开了人民群众，离开了人民群众的创造性劳动，社会历史等一切问题都无从谈起；人民群众不仅是社会实践的主体，而且是社会变革的决定性力量。因此，我们要从人民群众的利益出发，以全心全意为人民服务为根本宗旨，站在人民的立场上立身处世，尊重人民群众的主人翁地位。马克思主义的唯物论建立在深刻揭示资本主义制度的基础之上。资本主义制度的局限性就在于资本主义生产的社会化与资本主义生产资料的私人占有之间的矛盾，这个矛盾造成资本主义生产力和生产关系不可调和的矛盾与冲突。而社会主义的优越性就在于社会主义的公有制将生产资料从私人占有中解放出来，它的正义一方面体现在解放生产资料上，另一方面体现在以人民群众为主体上，因此就为大力发展生产力提供了广阔的前景。

2016年4月18日，习近平总书记在中央全面深化改革领导小组第二十三次会议上强调：“把以人民为中心的发展思想体现在经济社会发展各个环节，做到老百姓关心什么、期盼什么，改革就要抓住什么、推进什么，通过改革给人民群众带来更多获得感。”从推翻三座大山，到建立先进的社会主义制度；从走自己的路，到顺应世界潮流改革开放。无论弱小强大，全体中国人民自始至终都是中国共产党“矢志不移”的靠山。“大厦之成，非一木之材也；大海之阔，非一流之归也。”我们的目标和愿景越宏伟，所需要的价值支撑就越深厚，越需要汇聚起全民族的智慧和力量。而中国道路是正义的道路，是人民的道路。这条道路所追随的政治价值和道德价值符合马克思主义的唯物史观，符合整个人类社会历史发展的规律，中国共产党的利益同人民群众的利益和国家社会的利益始终是相一致的。也就是说，我们的社会主义制度是社会主义核心价值观的集中体现，那就是：要建立一个“公平正义”的社会，一个人民满意的社会。正如2015年6月16日习近平总书记在贵州省花茂村参观考察时所指出的：“群众拥护不拥护是我们检验工作的重要标准。党中央制定的政策好不好，要看乡亲们是哭还是笑。要是笑，就说明政策好。要是有人哭，我们就要注意，需要改正的就要改正，需要完善的就要完善。”

中国特色社会主义事业是一项前无古人的伟大而艰巨的事业，完成这一事业，依靠谁、团结谁，是一个至关重要的问题，关系到中国特色社会主义事业能否获得最广泛最可靠的群众基础和力量源泉。正如习近平总书记所言，历史是人民书写的，一切成就归功于人民。只要我们深深扎根人民、紧紧依靠人民，就可以获得无穷的力量，风雨无阻，奋勇向前。不忘初心，方得始终。正如党的十九大报告的结尾处所总结的：“大道之行，天下为公。站立在九百六十多万平方公里的广袤土地上，吸吮着五千多年中华民族漫长奋斗积累的文化养分，拥有十三亿多中国人民聚合的磅礴之力，我们走中国特色社会主义道路，具有无比广阔的时代舞台，具有无比深厚的历史底蕴，具有无比强大的前进定力。”决胜全面建成小康社会、进而全面建设社会主义现代化强国，需要我们坚持不懈地将党的十九大精神、将以人民为中心的事业观落实到底。

二、人民立场能够凝神聚力

无论什么性质和类型的政党，从执政那天起，无一不面临现实的或潜在的执政风险。如何应对执政风险，可以说是世界各国执政党面临的共同课题。尤其是对于一个国家处于改革攻坚期、矛盾凸显期和问题多发期的新形势下，带领 13 亿多人口全面建成小康社会、拥有 8900 多万党员的长期执政的大党来说，化解执政危险，永葆党的先进性和纯洁性，推进党的建设新的伟大工程，是实现中华民族伟大复兴中国梦的决定性保障。为此，习近平总书记强调："如果管党不力、治党不严，人民群众反映强烈的党内突出问题得不到解决，那我们党迟早会失去执政资格，不可避免被历史淘汰。"[1]在新的历史条件下，我们党面临着执政考验、改革开放考验、市场经济考验、外部环境考验，面临着精神懈怠危险、能力不足危险、脱离群众危险、消极腐败危险。打铁必须自身硬。经受考验、化解危险，最根本的还是要加强党的自身建设，始终保持党的先进性和纯洁性。正如习近平总书记所指出的："历史使命越光荣，奋斗目标越宏伟，执政环境越复杂，我们就越要增强忧患意识，越要从严治党，做到'为之于未有，治之于未乱'，使我们党永远立于不败之地。"正因如此，党的十八大以来，以习近平同志为核心的党中央坚定不移推进全面从严治党，以鲜明的立场、顽强的意志品质和自我革命的勇气，着力解决人民群众反映最强烈、对党的执政基础威胁最大的突出问题，提出重大判断，作出重大部署，取得重大成效，党内政治生态明显好转，党内政治生活气象更新。这就应了习近平总书记的话"办好中国的事情，关键在党"。习近平总书记的话是对中国革命、建设和改革

---

〔1〕习近平：《不忘初心，继续前进》，《习近平谈治国理政》第二卷，外文出版社 2017 年版，第 43 页。

事业的基本结论。中国共产党的历史，其实就是一部从严治党的历史。从以毛泽东同志为核心的党的第一代中央领导集体，到以习近平同志为核心的新一届中央领导集体，始终坚持从严治党。1944 年，毛泽东同志在张思德烈士追悼会上提出为人民服务。毛泽东同志强调："只要我们为人民的利益坚持好的，为人民的利益改正错的，我们这个队伍就一定会兴旺起来。"〔1〕新时代的历史条件下，习近平总书记多次强调：我们党是为人民服务的，是为人民做事的。2012 年 12 月，在河北省阜平县考察扶贫开发工作时，习近平总书记更是明确指出："我们讲宗旨，讲了很多话，但说到底还是为人民服务这句话。"也正是依靠从严治党，我们党才能在革命、建设、改革过程中取得辉煌成就。尤其在中国特色社会主义进入新时代后，从严治党更是从党的建设的"伟大工程"到"新的伟大工程"，由"从严治党"到"全面从严治党"，我们以壮士断腕、刮骨疗伤的决心，走过了极不平凡的历程。

习近平总书记强调："改革开放 40 年的实践启示我们：打铁必须自身硬。办好中国的事情，关键在党，关键在坚持党要管党、全面从严治党。我们党只有在领导改革开放和社会主义现代化建设伟大社会革命的同时，坚定不移推进党的伟大自我革命，敢于清除一切侵蚀党的健康肌体的病毒，使党不断自我净化、自我完善、自我革新、自我提高，不断增强党的政治领导力、思想引领力、群众组织力、社会号召力，才能确保党始终保持同人民群众的血肉联系。"〔2〕

既然办好中国的事情，关键在党，那么，建设好党，关键在什么？在人民。

---

〔1〕毛泽东：《为人民服务》，《毛泽东选集》第三卷，人民出版社 1991 年版，第 1004 — 1005 页。

〔2〕习近平：《在庆祝改革开放 40 周年大会上的讲话》，《人民日报》2018 年 12 月 19 日。

在 2017 年热播的电视连续剧《人民的名义》中，市委书记李达康带领市委市政府的工作组去大风厂发放安置金，竟然连大风厂的大门也进不了。达康书记慨叹道："以前，老百姓不相信共产党人会办坏事；现在，老百姓不相信共产党人会办好事。"一句话点出了党的建设面临的最大难题——党群关系和干群关系问题。

仔细琢磨，在一段时间内，的确出现了"别说老百姓不相信共产党人会办好事，甚至一部分共产党人连自己都不相信自己能够办好事"的现象。达康书记说的"相信""不相信"的问题，在本质上，其实是全心全意为人民服务的价值标准出现了偏差的问题。用习近平总书记的话来说，就是"初心"的问题。

习近平总书记之所以在不同场合反复强调，不忘"初心"，就是对全党的警示，告诫全体党员领导干部，要永远敬畏人民，不要忘记党和人民的关系，不要忘记全心全意为人民服务的价值标准。中国共产党第十九次全国代表大会的主题就是："不忘初心，牢记使命，高举中国特色社会主义伟大旗帜，决胜全面建成小康社会，夺取新时代中国特色社会主义伟大胜利，为实现中华民族伟大复兴的中国梦不懈奋斗。"大会闭幕一周，习近平总书记带领中央政治局常委前往上海和浙江嘉兴，瞻仰中共一大会址和南湖红船，开启的就是"不忘初心，牢记使命"之旅："我们全体中央政治局常委同志这次集体出行，目的是回顾我们党的光辉历程特别是建党时的历史，进行革命传统教育，学习革命先辈的崇高精神，明确肩负的重大责任，增强为实现党的十九大提出的目标任务而奋斗的责任感和使命感。"[1]"事业发展永无止境，共产党人的初心永远不能改变。唯有不忘初心，方可告慰历史、告慰先辈，方可赢得民心、赢得

〔1〕《铭记党的奋斗历程时刻不忘初心 担当党的崇高使命矢志永远奋斗》,《人民日报》2017 年 11 月 1 日 。

时代，方可善作善成、一往无前。”[1]

党的十八大以来，我们以刀刃向内的自我革命精神，直面党内存在的突出问题，以理论武装凝心聚魂，以整饬作风激浊扬清，以严明纪律强化约束，以从严治吏匡正用人导向，以“打虎”“拍蝇”“猎狐”惩治腐败，刹住了一些过去被认为不容易刹住的歪风邪气，攻克了一些司空见惯的顽瘴痼疾，解决了许多长期想解决而没有解决的难题，消除了党和国家内部存在的严重隐患，党群关系明显改善，党在革命性锻造中更加坚强，以党的伟大自我革命推动了伟大的社会革命。反腐败斗争形势依然严峻复杂，全面从严治党依然任重道远，必须将“严”字长期坚持下去，要有力削减存量、有效遏制增量，巩固发展反腐败斗争压倒性胜利，整治群众身边腐败和作风问题。

这里面有一个关系共产党本质属性的选择：是得罪贪官，还是得罪13亿多中国人民？

无可否认，伟大的事业必须有坚强的党来领导。只有我们党勇于自我革命，把党建设得更加坚强有力，才能确保党始终同人民想在一起、干在一起，才能引领承载着中国人民伟大梦想的航船乘风破浪，驶向胜利的远方。于是，我们看到的是“高悬利剑强监督，荡涤污泥净世天”。据统计，党的十八大到党的十九大5年的时间里，全国共立案审查省军级以上党员干部及其他中管干部440人。其中，中央委员、候补中央委员43人，中央纪委委员9人；纪律处分厅局级干部8900余人、县处级干部6.3万多人、基层党员干部27.8万人，追回外逃腐败官员3453人。党风政风为之一新。

过去，老百姓之所以不相信共产党人会办坏事，那是因为共产党人

〔1〕《铭记党的奋斗历程时刻不忘初心 担当党的崇高使命矢志永远奋斗》，《人民日报》2017年11月1日。

坚守“全心全意为人民服务”的价值标准。

当官能为民着想，凝聚民心国家强。“始终坚持全心全意为人民服务的根本宗旨，是我们党得到人民拥护和爱戴的根本原因。”习近平总书记告诫全党：“我们党来自人民、植根人民、服务人民，一旦脱离群众，就会失去生命力。”[1]

中国共产党全心全意为人民服务的价值标准是与生俱来的。党章明确规定：“中国共产党党员是中国工人阶级的有共产主义觉悟的先锋战士。中国共产党党员必须全心全意为人民服务，不惜牺牲个人的一切，为实现共产主义奋斗终身。”正是李大钊、陈独秀等一些革命先驱，将共产主义远大理想与中国历史命运相结合，才诞生了为劳苦大众谋利益、谋幸福的为人民服务的价值观。可以说，价值认同才是中国共产党诞生的前提和基础。然而，全心全意为人民服务的价值标准不仅仅是与生俱来的，还是与时俱进的。

在革命战争年代，全心全意为人民服务的价值观是革命先烈前赴后继、无私献身的力量源泉；毛泽东同志在《井冈山的斗争》中揭开谜底：“同样一个兵，昨天在敌军不勇敢，今天在红军很勇敢，就是民主主义的影响。红军像一个火炉，俘虏兵过来马上就熔化了。”在新中国成立初期，我们树立的各行各业的典型，像雷锋、焦裕禄、王进喜、史来贺、钱学森等，他们是全心全意为人民服务价值观在新中国的化身。主要表现为艰苦奋斗、无私奉献的集体主义价值观。正是在这一价值观的引领下，集中力量办大事，迅速扭转了当时我们国家一穷二白、百废待兴的局面。在改革开放的新时期，全心全意为人民服务的价值观化身为孔繁森、杨善洲等共产党人的典范；在新的历史时期，王继才、黄大年、廖

〔1〕习近平：《在纪念周恩来同志诞辰 120 周年座谈会上的讲话》，《人民日报》2018 年 3 月 2 日。

俊波等演绎具有时代特色的敢于担当、乐于奉献的中国共产党人的本色。

马克思主义价值观是中国共产党人全心全意为人民服务价值标准的理论源泉。马克思主义价值观以辩证的历史的唯物主义为基础和指导，与全心全意为人民服务的价值观密切相连，因而，是人类历史上最正确、最科学、最理性的价值观。全心全意为人民服务，是无产阶级政党先进性的本质体现，是中国共产党人的根本宗旨，是党的全部政策的出发点和归宿，是区别于其他任何政党的根本标志。从全心全意为人民服务的价值内涵看，为人民服务表明了中国共产党的人民主体论的价值观，体现了党与人民群众的价值关系，体现了党的价值观的本质，也体现了党的本质。历史和实践表明，只有坚守以全心全意为人民服务为根本宗旨，才能凝神聚力，才能使我们党永远立于不败之地。

从马克思主义在世界范围内的传播到共产党的诞生，再到中国共产党 90 多年发展的实际历程来看，中国共产党绝不是一个只为自己或小团体谋利益的宗派组织，它承担着拯救民族危亡、复兴中华民族的伟大事业，它的宗旨就是为人民谋福利，全心全意为人民服务，“共产党人的一切言论行动，必须以合乎最广大人民群众的最大利益，为最广大人民群众所拥护为最高标准”[1]。这个最高标准既表明了党的性质，也反映了党的价值标准。它是共产党人全部价值观念最集中的体现，是中国共产党人价值观的核心。这就意味着，不管是党员个人，还是党的组织，其一切言行都要以全心全意为人民服务为价值标准，都要围绕和服务于这个核心。正如党的十九大报告所指出的：“必须坚持人民主体地位，坚持立党为公、执政为民，践行全心全意为人民服务的根本宗旨，把党的群众路线贯彻到治国理政全部活动之中，把人民对美好生活的向往作为奋斗

〔1〕毛泽东：《论联合政府》，《毛泽东选集》第三卷，人民出版社 1991 年版，第 1096 页。

目标，依靠人民创造历史伟业。”

三、共享成果体现公平正义

党的十九大报告指出，经过长期努力，中国特色社会主义进入了新时代。这个新时代的鲜明特征之一就是全国各族人民团结奋斗，不断创造美好生活，逐步实现全体人民共同富裕。具体而言就是分两步走：其一，在 2035 年基本实现社会主义现代化的时候，全体人民共同富裕迈出坚实的步伐；其二，到本世纪中叶把我国建成富强民主文明和谐美丽的社会主义现代化强国的时候，基本实现全体人民的共同富裕。这是我党历史上首次将全体人民共同富裕的社会主义本质定位为具体的奋斗目标，并且设定了具体的时间进度表和路线图。这对新时代中国特色社会主义事业主义的全面推进具有重大指导意义。

有梦的地方就有了阳光，没有我和你到不了的地方。

早在改革开放之初，针对我国落后的生产力、普遍贫穷的群众生活等现实，邓小平同志就提出“要让一部分人、一部分地区先富起来，然后，先富带动后富，最终实现共同富裕”这一社会主义的本质规定和奋斗目标。正是在这一思想指导下，改革开放 40 年来，我们坚持以发展为第一要务。实践启示我们：解放和发展社会生产力，增强社会主义国家的综合国力，是社会主义的本质要求和根本任务。40 年来，我国国内生产总值由 3679 亿元增长到 2017 年的 82.7 万亿元，年均实际增长 9.5%，远高于同期世界经济 2.9% 左右的年均增速。现在，我国是世界第二大经济体、制造业第一大国、货物贸易第一大国、商品消费第二大国、外资流入第二大国，我国外汇储备连续多年位居世界第一，中国人民在富起来、强起来的征程上迈出了决定性的步伐，党的面貌、国家的面貌、人民的面貌、军队的面貌、中华民族的面貌发生了前所未有的变化。其中，中国特色社会主义事业的价值目标是共同富裕这一社会主义本质始终没变。

什么是共同富裕？

马克思曾在《政治经济学批判（1857—1858年草稿）》中指出，在未来的社会主义制度中，社会生产力的发展将如此迅速，以致生产将以所有的人富裕为目的。“富裕”反映的是社会对财富的拥有，是社会生产力发展水平的集中体现；“共同”则反映的是社会成员对财富的占有形式，是社会生产关系性质的集中体现。因此，共同富裕这一概念包含着生产力与生产关系两方面的特质。一方面，我们不能离开发展生产力而空讲共同富裕，否则就会导致共同贫困。解放和发展生产力，始终是实现共同富裕的坚实的物质基础。另一方面，我们不能离开“所有的人”讲共同富裕，否则就会导致两极分化。坚持社会主义的本质和目标，是实现共同富裕的牢固的政治保障。人类发展的全部历史表明，在私有制的社会历史条件下，贫富悬殊、两极分化等问题不可避免，共同富裕是不可能实现的。封建社会代替奴隶社会、资本主义社会代替封建社会，虽然社会生产力有了较大的发展，但是，由于其本质上仍然是一种私有制代替另一种私有制，因此人类向往的共同富裕始终没有实现。社会主义社会作为人类发展史上的一个全新阶段，由于确立了公有制的主体地位，因而能够在发展生产力的基础上逐步消灭剥削，消灭两极分化，最终使“所有的人”都过上富裕的生活。

方向决定道路，目标决定成败。正如《人民日报》文章《中国离民族复兴从未如此接近》所说的：“甲午战争前，梁启超跑遍京城，买不到一张世界地图；抗战胜利的中国，仍要接受《雅尔塔协定》列强欺辱的安排；‘两弹一星’浩如烟海的数据计算，只能依靠计算尺和算盘……今天，这一页早已在前人的奋斗中翻过。”这个时代，是全国各族人民团结奋斗、不断创造美好生活、逐步实现全体人民共同富裕的时代。今天，我们比历史上任何时期都更接近、更有信心和能力实现中华民族伟大复兴的目标。2019 年，我们将隆重庆祝中华人民共和国 70 周年华诞。70 年披荆斩棘，70 年风雨兼程。新中国的发展史表明，只有社会主义才能救中国，只有改革开放才能发展中国、发展社会主义、发展马克思主义，只有共同富裕才能凝聚中国力量。

其实，“天下为公”“世界大同”的价值目标是千百年来中国人民为之不懈奋斗的价值目标和理想信念，是对人类社会发展规律最为科学的诠释，是中国优秀传统文化对全球化价值内涵的极大丰富。大同社会、共同富裕思想，贯穿中国古代社会发展的始终。早在《诗经·魏风·硕鼠》中就有：“硕鼠硕鼠，无食我黍！三岁贯女，莫我肯顾。逝将去女，适彼乐土。乐土乐土，爰得我所。硕鼠硕鼠，无食我麦！三岁贯女，莫我肯德。逝将去女，适彼乐国。乐国乐国，爰得我直？硕鼠硕鼠，无食我苗！三岁贯女，莫我肯劳。逝将去女，适彼乐郊。乐郊乐郊，谁之永号？”渴望人人平等、人人幸福的“乐土”“乐郊”“乐国”。孔子及其弟子有“暮春者，春服既成，冠者五六人，童子六七人，浴乎沂，风乎舞雩，咏而归”（《论语·先进篇》）的社会志向。这种人人享受真、善、美的人生，自由和谐的社会景象，只有社会安定、国家自主、经济稳定、天下太平的时候，才能得以实现。唐代杜甫有“安得广厦千万间，大庇天下寒士俱欢颜”的社会理想，晋人陶渊明在其《桃花源记》中表达中国古代文学家对“大同”社会的渴望，宋代有张载的“为天地立心，为生民立命，为往圣继绝学，为万世开太平”的社会愿景，近代有康有为的《大同书》唤醒民众对“大同”理想的记忆，孙中山先生更是把“天下为公”当作自己的追求目标……

追求幸福生活是人类的共同目标。但实现这一目标的方式往往是因国而异、因民族而异的。中国特色社会主义道路，源自中国人民长期奋斗的历史逻辑、理论逻辑和现实逻辑，具有丰富的内涵，蕴含着博大精深的中国智慧。但是，中国道路致力于满足人民日益增长的美好生活需要，增进人民的福祉，促进人的全面发展，逐步实现全体人民共同富裕的价值目标矢志不渝。中国共产党人的初心和使命，就是为中国人民谋幸福，为中华民族谋复兴。这个初心和使命是激励中国共产党人不断前进的根本动力。

1954 年，毛泽东同志在第一届全国人大开幕词中指出："我们有充分的信心，克服一切艰难困苦，将我国建设成为一个伟大的社会主义共和国。"〔1〕"我们的目的一定要达到。我们的目的一定能够达到。"〔2〕然而，就人类历史而言，社会主义是一条新路。新中国在这条道路上，也并不总是一帆风顺的。但不论怎样跌宕起伏，都未构成对社会主义价值目标本身的否定。早在改革开放初期，邓小平同志一再强调共同富裕是社会主义的目标和方向，"共同致富，我们从改革一开始就讲，将来总有一天要成为中心课题。社会主义不是少数人富起来、大多数人穷，不是那个样子。社会主义最大的优越性就是共同富裕"〔3〕；"如果搞资本主义，可能有少数人富裕起来，但大量的人会长期处于贫困状态，中国就会发生闹革命的问题。中国搞现代化，只能靠社会主义，不能靠资本主义。历史上有人想在中国搞资本主义，总是行不通"〔4〕。2012 年党的十八大召

---

〔1〕〔2〕毛泽东：《为建设一个伟大的社会主义国家而奋斗》，《毛泽东文集》第六卷，人民出版社 1999 年版，第 350 页。

〔3〕邓小平：《善于利用时机解决发展问题》，《邓小平文选》第三卷，人民出版社 1993 年版，第 364 页。

〔4〕邓小平：《吸取历史经验，防止错误倾向》，《邓小平文选》第三卷，人民出版社 1993 年版，第 229 页。

开前夕，党内理论界有人企图让中国走向资本主义道路，彻底丢掉共同富裕的价值目标；党的十八届三中全会作出《中共中央关于全面深化改革若干重大问题的决定》，又有人误读成全面深化改革就是西方化、资本主义化。具体而言，就是在经济上完全市场化、私有化；在政治上西式民主化。但是最终，这些人都失望了，他们低估了中国共产党人在政治上、思想上、道路上的成熟性和笃定性。“一个国家走什么样的道路，只有这个国家的人民最有发言权。一副药方不可能包治百病，一种模式也不可能解决所有国家的问题。生搬硬套或强加于人都会引起水土不服。”〔1〕中国特色社会主义道路是当代中国大踏步赶上时代、引领时代发展的康庄大道。前进道路上，必须牢牢把握改革开放的前进方向，“改什么、怎么改必须以是否符合完善和发展中国特色社会主义制度、推进国家治理体系和治理能力现代化的总目标为根本尺度，该改的、能改的我们坚决改，不该改的、不能改的坚决不改”〔2〕。

党要在新的历史方位上实现新时代党的历史使命，最根本的就是要高举中国特色社会主义伟大旗帜，既不走封闭僵化的老路也不走改旗易帜的邪路，而是坚定不移走中国特色社会主义道路。改革开放 40 年来，我们党全部理论和实践的主题是坚持和发展中国特色社会主义。中国特色社会主义道路是实现社会主义现代化、创造人民美好生活的必由之路，中国特色社会主义理论体系是指导党和人民实现中华民族伟大复兴的正确理论，中国特色社会主义制度是当代中国发展进步的根本制度保障，中国特色社会主义文化是激励全党全国各族人民奋勇前进的强大精神力

〔1〕习近平：《同舟共济创造美好未来——在亚太经合组织工商领导人峰会上的主旨演讲》，《人民日报》2018 年 11 月 18 日。

〔2〕习近平：《在庆祝改革开放 40 周年大会上的讲话》，《人民日报》2018 年 12 月 19 日。

量，必须更加自觉地增强“四个自信”，始终坚持和发展中国特色社会主义。“千磨万击还坚劲，任尔东西南北风。”我们的方向就是中国特色社会主义道路，我们的目标是共同富裕。尽管在市场经济条件下，不可避免地出现了贫富分化、两极分化等现象，尽管今天的中国，贫富分化现象已经成为我们社会发展的重大问题，但是，中国共产党和中国特色社会主义道路的自信就在于：我们敢于提出我们的问题。事实上，没有不存在问题的社会发展和执政党。但是敢于剖析问题、直面问题，并指出中国共产党就是带领全国人民去解决问题的，才更加难能可贵。共同富裕的目标，我们始终如一。于是，我们看到，党的十九大报告更加强调，“坚持以人民为中心的发展思想”，“始终把人民利益摆在至高无上的地位，让改革发展成果更多更公平惠及全体人民”。

党的十八大以来，我们党在新的历史条件下用中国梦重新诠释共同富裕这个社会主义的价值目标。2012 年 11 月 29 日，习近平总书记在参观国家博物馆《复兴之路》展览时，第一次阐释了中国梦的概念：“大家都在讨论中国梦，我认为，实现中华民族伟大复兴，就是中华民族近代以来最伟大的梦想。”这个梦想的提出，生动地总结了近代以来中华民族生生不息、不懈奋斗的历史，深切地道出了中国近代以来历史发展的方向。几代中国人的夙愿所凝聚而成的中国梦，体现的是中华民族和中国人民的整体利益，表达的是每一个中华儿女的心声。从中华民族伟大复兴的波澜壮阔的历史来看，还未曾有过任何一个梦想，能像中国梦这样打动人心、凝聚人心和激励人心，也没有任何一个梦想像中国梦一样让一代又一代优秀的中华儿女为之探索、为之奋斗、为之牺牲。

同心共筑中国梦

中国梦的核心目标就是共同富裕。共同富裕体现公平正义。具体而言，中国梦可以概括为“两个一百年”奋斗目标。通过坚定不移地走中国特色社会主义道路、弘扬民族精神、凝聚中国力量，分两步实现国家富强、民族振兴、人民幸福的伟大复兴。中国梦揭示了中国道路的公平正义，即中国道路的发展是要着力解决人民群众所需所急所盼，从而能够让人民共享经济、政治、文化、社会、生态等各方面发展成果，让人民有更多、更直接、更实在的获得感、幸福感、安全感，进而不断促进人的全面发展、全体人民共同富裕。

个人与社会的辩证关系是中国梦的理论依据。国家民族奋斗目标与个人梦想高度统一。国家不富强，个人就会被欺侮；民族不复兴，个人就会被虐待。中国梦要实现国家富强、民族振兴，所以它是国家梦，是民族梦。同时，强国才能富民，强国是为了富民。没有人民富裕，哪有国家富强？没有人民幸福，哪有民族振兴？所以，中国梦还是每个中国人的梦。“我们都在努力奔跑，我们都是追梦人。”[1]我们所谓的复兴也好，振兴也罢，都不是我们的最终目标，我们的最终目标是要让我们的人民有“更好的教育、更稳定的工作、更满意的收入、更可靠的社会保障、更高水平的医疗卫生服务、更舒适的居住条件、更优美的环境”[2]；是要让中国人民自己当家作主，过上更加富裕、更有尊严的生活；是要让 13 亿多中国人实现自由而全面发展。正如习近平总书记所指出的：“我们的方向就是让每个人获得发展自我和奉献社会的机会，共同享有人生出彩的机会，共同享有梦想成真的机会，保证人民平等参与、平等发展权利，维护社会公平正义，使发展成果更多更公平惠及全体人民，朝着共同富裕方向稳步前进。”

〔1〕习近平：《国家主席习近平发表二〇一九年新年贺词》，《人民日报》2019 年 1 月 1 日。

〔2〕习近平：《人民对美好生活的向往就是我们的奋斗目标》，《人民日报》2012 年 11 月 16 日。

第三章
信仰的力量

革命理想高于天。共产主义远大理想和中国特色社会主义共同理想，是中国共产党人的精神支柱和政治灵魂，也是保持党的团结统一的思想基础。党的十八大以来，习近平总书记多次强调理想信念教育的重要性，指出“理想信念就是共产党人精神上的‘钙’”，要求必须把对马克思主义的信仰、对社会主义和共产主义的信念作为毕生追求。党的十九大提出了新时代党的建设总要求，明确了要以坚定理想信念宗旨为根基，并提出思想建设是党的基础性建设，要用习近平新时代中国特色社会主义思想武装全党，要把坚定理想信念作为党的思想建设的首要任务，教育引导全党牢记党的宗旨，挺起共产党人的精神脊梁，解决好世界观、人生观、价值观这个“总开关”问题，自觉做共产主义远大理想和中国特色社会主义共同理想的坚定信仰者和忠实实践者。科学的理想信念犹

红军过雪山

如人生道路上的灯塔，能够使人们透过层层阴霾而不迷失方向，克服重重困难而不放弃希望。“雪皑皑，野茫茫，高原寒，炊断粮。红军都是钢铁汉，千锤百炼不怕难。雪山低头迎远客，草毯泥毡扎营盘。风雨侵衣骨更硬，野菜充饥志越坚。官兵一致同甘苦，革命理想高于天。”这首《长征组歌》之一的《过雪山草地》已经伴随了几代人的成长，歌颂了红军官兵英勇奋战的英雄气概，蕴含着丰富的革命情怀。坚定的理想信念对于一个国家、一个民族、一个政党的存在和发展至关重要。中国共产党人正是在崇高的理想信念的支配下，不断地取得一个又一个辉煌的成就。正如习近平总书记所指出的：“革命理想高于天。中国共产党之所以叫共产党，就是因为从成立之日起我们党就把共产主义确立为远大理想。我们党之所以能够经受一次次挫折而又一次次奋起，归根到底是因为我们党有远大理想和崇高追求。”〔1〕

一、理想信念是精神上的“钙”

习近平总书记指出：“‘志不立，天下无可成之事。’理想信念动摇是最危险的动摇，理想信念滑坡是最危险的滑坡。一个政党的衰落，往往从理想信念的丧失或缺失开始。我们党是否坚强有力，既要看全党在理想信念上是否坚定不移，更要看每一位党员在理想信念上是否坚定不移。95 年来，共产主义远大理想激励了一代又一代共产党人英勇奋斗，成千上万的烈士为了这个理想献出了宝贵生命。‘砍头不要紧，只要主义真’，‘敌人只能砍下我们的头颅，决不能动摇我们的信仰’，这些视死

〔1〕习近平：《不忘初心，继续前进》，《习近平谈治国理政》第二卷，外文出版社 2017 年版，第 34 页。

如归、大义凛然的誓言生动表达了共产党人对远大理想的坚贞。理想之光不灭，信念之光不灭。我们一定要铭记烈士们的遗愿，永志不忘他们为之流血牺牲的伟大理想。”[1]

“坚定理想信念，坚定共产党人精神追求，始终是共产党人安身立命的根本。对马克思主义的信仰，对社会主义和共产主义的信念，是共产党人的政治灵魂，是共产党人经受住任何考验的精神支柱。形象地说，理想信念就是共产党人精神上的‘钙’，没有理想信念，理想信念不坚定，精神上就会‘缺钙’，就会得‘软骨病’。现实生活中，一些党员、干部出这样那样的问题，说到底是信仰迷茫、精神迷失。”[2]

习近平总书记脍炙人口的精彩比喻，深刻揭示出理想信念之于共产党人的重要意义。习近平总书记将共产党人的理想信念形象地比喻为“总开关”。“总开关”一旦松动，就会迷失奋斗目标和前进方向，没有了坚强的精神支柱，难免就会出现这样那样的问题。2015 年 9 月 11 日，习近平总书记在第十八届中共中央政治局第二十六次集体学习时强调：“我们共产党人的根本，就是对马克思主义的信仰，对共产主义和社会主义的信念，对党和人民的忠诚。立根固本，就是要坚定这份信仰、坚定这份信念、坚定这份忠诚，只有在立根固本上下足了功夫，才会有强大的免疫力和抵抗力。”在一段时间里，一些共产党员把革命、建设、改革相互割裂开来，肤浅地认为“现在的革命任务已经完成，同志无须再努力”；还有的利欲熏心，理想信念步步退缩，信奉所谓“理想理想，有利就想；前途前途，有钱就图”的拜金主义和个人主义价值观。习近平总书

[1] 习近平：《不忘初心，继续前进》，《习近平谈治国理政》第二卷，外文出版社 2017 年版，第 34 — 35 页。

[2] 习近平：《紧紧围绕坚持和发展中国特色社会主义 学习宣传贯彻党的十八大精神》，《习近平谈治国理政》第一卷，外文出版社 2018 年版，第 15 页。

记指出："有的理想信念'总开关'常年失修，对共产主义心存怀疑，不信马列信鬼神，世界观、人生观、价值观全面蜕变。"[1]在一些错误价值观的左右下，一些人贪图享乐，只讲索取不谈奉献；有的务虚头头是道，工作敷衍塞责；有的台上正襟危坐、一本正经，台下徇私舞弊、贪赃枉法；有的白天规规矩矩，晚上灯红酒绿、纸醉金迷。在一些党员干部眼中，政治是虚无缥缈的，理想是说给别人听的，权力和钞票才是实实在在的。以上种种，无一不是"总开关"出了问题。正如2016年1月12日习近平总书记在十八届中央纪委六次全会上的讲话中指出的："'身之主宰便是心'；'不能胜寸心，安能胜苍穹'。'本'在人心，内心净化、志向高远便力量无穷。对共产党人来讲，动摇了信仰，背离了党性，丢掉了宗旨，就可能在'围猎'中被人捕获。只有在立根固本上下功夫，才能防止歪风邪气近身附体。"

理想信念是激励人们向着既定目标奋斗进取的不竭动力。古今中外一些著名的革命家、科学家之所以具有钢铁般的意志，能在十分艰苦的环境里战胜邪恶，克服困难，取得成功，一个重要原因就在于具有崇高的理想信念。2012年11月27日，《人民日报》发表了解放军报社评论部编辑伍正华撰写的评论《信仰的味道》，引起中央领导的重视和社会各界的热烈讨论。这篇评论讲述了这样一个动人的故事：1920年的春夜，浙江义乌分水塘村一间久未修葺的柴屋，两条长凳架起一块木板，既是床铺，又是书桌。桌前，有一个人在奋笔疾书。母亲在屋外喊："红糖够不够，要不要我再给你添些？"儿子应声答道："够甜，够甜的了！"谁知，当母亲进来收拾碗筷时，却发现儿子的嘴里满是墨汁，红糖却一点儿也没动。原来，儿子竟然是蘸着墨汁吃掉粽子的！他叫陈望

[1] 习近平：《在全国组织工作会议上的讲话》，人民出版社2018年版，第9页。

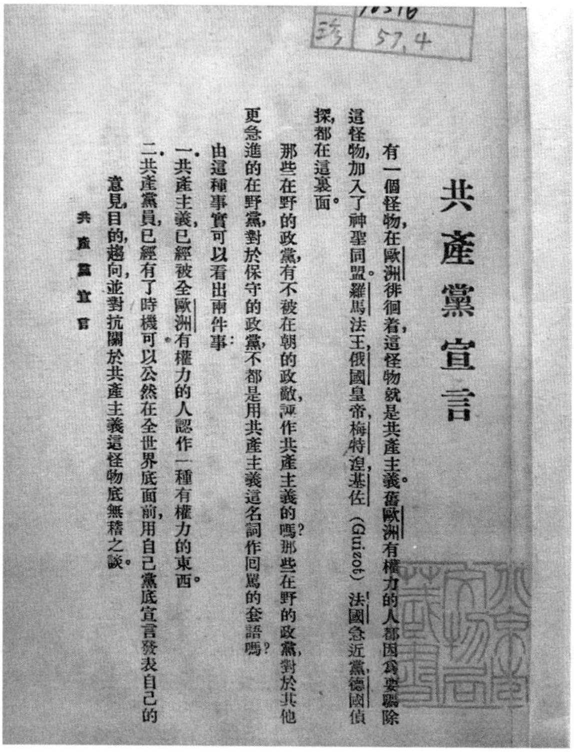

共產黨宣言

有一個怪物在歐洲徘徊着，這怪物就是共產主義。舊歐洲有權力的人都因爲要驅除這怪物，加入了神聖同盟。羅馬法王，俄國皇帝，梅特涅，基佐（Guizot）法國急近黨，德國偵探，都在這裏面。

那些在野的政黨，有不被在朝的政敵評作共產主義的嗎？那些在野的政黨，對於其他更急進的在野黨，對於保守的政黨，不都是用共產主義這名詞作囘罵的套語嗎？

由這種事實可以看出兩件事：

一，共產主義已經被全歐洲有權力的人認作一種有權力的東西。

二，共產黨員已經有了時機可以公然在全世界底面前，用自己黨底宣言發表自己的意見，目的，趨向，並對抗關於共產主義這怪物底無稽之談。

共產黨宣言

陈望道翻译的《共产党宣言》

道，他翻译的册子叫《共产党宣言》。墨汁为什么那样甜？原来，信仰也是有味道的，甚至比红糖更甜。正因为这种无以言喻的精神之甘、信仰之甜，无数的革命先辈才情愿吃百般苦、甘心受千般难。

90 多年过去了嘉兴南湖的红船依旧，而党的实力、中国的面貌早已发生了巨大变化。若论今昔生活对比，相信许多党员同志都会由衷地说：“够甜，够甜的了！”然而，越是在日子够甜的时候，每一名共产党员越要自觉保持先进性和纯洁性，越要深味服务人民的精神之甘，复兴民族的信仰之甜。墨汁为什么那样甜？这种信仰的味道，真正的共产党人才能品味得到。

“革命理想高于天”，这句响亮的口号曾经激励一代又一代中国共产党人前赴后继、顽强奋斗，领导人民把贫穷落后的旧中国变成日益走向繁荣富强的新中国，使得中华民族伟大复兴的梦想前所未有地展现在我们面前。

改革开放新时期，无数共产党人为了实现中华民族伟大复兴的中国梦而无私奉献，靠的仍然是坚定的理想信念。正是有了无数共产党人为了崇高理想的不懈拼搏和奋斗，我们才取得了举世瞩目的辉煌成就，我们比历史上任何时期都更接近中华民族伟大复兴的目标。为此，习近平总书记指出：“共产党员特别是党员领导干部要做共产主义远大理想和中国特色社会主义共同理想的坚定信仰者和忠实践行者。我们既要坚定走中国特色社会主义道路的信念，也要胸怀共产主义的崇高理想，矢志不移贯彻执行党在社会主义初级阶段的基本路线和基本纲领，做好当前每一项工作。革命理想高于天。没有远大理想，不是合格的共产党员；离开现实工作而空谈远大理想，也不是合格的共产党员。”〔1〕

二、共同信仰保证伟大事业

共同理想是鼓舞中华民族奋力前行、开创美好未来的精神力量。理想，是人们对美好未来的向往和追求，是人们的奋斗目标和精神支柱，也是激励人们奋发进取的强大动力。

关于理想的巨大作用，古今中外有许多名言。法国思想家罗曼·罗兰曾说：“一种理想就是一种动力。”无产阶级革命家张闻天则说：“生

〔1〕习近平：《毫不动摇坚持和发展中国特色社会主义》，《习近平谈治国理政》第一卷，外文出版社 2018 年版，第 23 页。

活的理想，就是为了理想的生活。”崇高的精神是人类的一种理想精神，反映了人类崇高的追求，凝聚着绝大多数人的意愿和根本利益，对社会发展起着精神支撑和精神推动的作用。

邓小平同志在回顾我党历史时曾明确指出：“为什么我们过去能在非常困难的情况下奋斗出来，战胜千难万险使革命胜利呢？就是因为我们有理想，有马克思主义信念，有共产主义信念。”〔1〕反观苏共亡党亡国的原因，理想信念的缺失无疑是一大教训。因此，我们一定要从事关国家兴亡的战略高度，切实把在全社会形成共同理想这项工作置于社会主义文化强国建设的首位。

中国特色社会主义共同理想，就是在中国共产党领导下中国人民为了实现社会主义现代化和中华民族伟大复兴的群体理想。中国梦是中华民族的梦，也是每个中国人的梦，既体现了中国特色社会主义共同理想，也融汇了亿万群众的个人理想，具有强大的“指南针”“黏合剂”“凝聚剂”功能。只要我们团结一心，为实现共同梦想而共同奋斗，实现梦想的力量就会无比强大，梦想最终就一定能够照进现实，中国人民最终就一定能够过上“理想的生活”。正如习近平总书记在第十二届全国人民代表大会第一次会议上的讲话中指出的：生活在我们伟大祖国和伟大时代的中国人民，共同享有人生出彩的机会，共同享有梦想成真的机会，共同享有同祖国和时代一起成长与进步的机会。有梦想，有机会，有奋斗，一切美好的东西都能够创造出来。在中国共产党领导下，走中国特色社会主义道路，实现中华民族的伟大复兴，是现阶段我国各族人民的共同理想。

共同的思想基础是推进伟大事业的思想保证。共同的思想基础是一

---

〔1〕邓小平：《一靠理想二靠纪律才能团结起来》，《邓小平文选》第三卷，人民出版社 1993 年版，第 110 页。

个党、一个国家、一个民族赖以生存和发展的根本前提。一个党、一个国家、一个民族要发展，离不开共同的思想基础。没有共同的思想基础，党就会瓦解，社会就会动荡，国家就会分裂。毛泽东同志指出，党要有“共同语言”，社会主义国家要有“统一意志”。邓小平同志指出：“我们这么大一个国家，怎样才能团结起来、组织起来呢？一靠理想，二靠纪律。组织起来就有力量。”〔1〕江泽民同志指出：“一个民族，一个国家，如果没有自己的精神支柱，就等于没有灵魂，就会失去凝聚力和生命力。”〔2〕胡锦涛同志指出，要增强“民族精神”，巩固“精神支柱”，形成“共同理想信念”。习近平总书记2016年10月21日在纪念红军长征胜利80周年大会上的讲话中指出：“长征胜利启示我们：心中有信仰，脚下有力量；没有牢不可破的理想信念，没有崇高理想信念的有力支撑，要取得长征胜利是不可想象的。”这些重要论断，强调的都是共同的思想基础建设。

一个社会、一个国家、一个民族的共同思想基础来自其成员普遍认同的价值体系，在这个体系中居于核心地位、起主导作用的，则是作为维系社会团结和谐的精神纽带和共同思想基础的核心价值体系。当前，我国改革发展已进入关键时期，呈现出许多新的阶段性特征，社会思想观念和价值取向复杂多样，主流的与非主流的同时并存，先进的与落后的相互交织，呈现出多元、多样、多变的特点。社会思潮越是纷繁复杂，越需要主旋律，越需要用一元化的指导思想引领多样化的社会意识，牢牢掌握我国意识形态领域的主导权、主动权、话语权，最大限度地凝聚

〔1〕邓小平：《一靠理想二靠纪律才能团结起来》，《邓小平文选》第三卷，人民出版社1993年版，第111页。

〔2〕江泽民：《在全国抗洪抢险总结表彰大会上的讲话》，《江泽民文选》第二卷，人民出版社2006年版，第230—231页。

社会思想共识。建设社会主义核心价值体系，在多元多样中立主导，在交流交融中谋共识，在变化变动中一以贯之，既肯定主流又正视支流，有利于形成既有国家统一意志又有个人心情舒畅，既包容多样又有力抵制各种错误思潮和腐朽思想，既坚守基本的社会思想道德又向着更高目标前进的生动局面。

这就需要我们通过共同的理想信念树起一座精神灯塔，指引全国各族人民不为任何风险所惧，不为任何干扰所惑，更好地投身改革开放和社会主义现代化建设事业，夺取新时代中国特色社会主义伟大胜利。尽管我国改革开放和社会主义现代化建设已经取得了举世瞩目的成就，但是，前进道路上不可能一帆风顺，还会遇到各种艰难险阻。实际上，无论是顺境还是逆境，社会主义核心价值体系都能以其巨大的理论力量、精神力量、道德力量，凝聚人、感召人、鼓舞人，成为我们的主心骨。实践证明，共产主义的远大理想和中国特色社会主义共同信念就是精神的灯塔。中国特色社会主义道路是一条通向国家富强、民族振兴、人民幸福、社会和谐的康庄大道。建设社会主义核心价值体系，就要坚持中国特色社会主义道路，坚持中国特色社会主义理论体系，进一步巩固全党全国各族人民团结奋斗的共同思想基础。正如习近平总书记在庆祝改革开放 40 周年大会上的讲话中所指出的："信仰、信念、信心，任何时候都至关重要。小到一个人、一个集体，大到一个政党、一个民族、一个国家，只要有信仰、信念、信心，就会愈挫愈奋、愈战愈勇，否则就会不战自败、不打自垮。无论过去、现在还是将来，对马克思主义的信仰，对中国特色社会主义的信念，对实现中华民族伟大复兴中国梦的信心，都是指引和支撑中国人民站起来、富起来、强起来的强大精神力量。"

三、远大理想激励不懈奋斗

从 1921 年到 1949 年，在中国共产党领导的革命斗争中，有名可查的烈士就达 370 万人，比新中国成立时全国 300 多万名党员还多。在世界政党史上，没有一个政党像中国共产党这样，为了践行和坚持自己的信仰，付出了如此巨大而惨烈的牺牲。人的生命只有一次，为什么先烈们能够义无反顾、视死如归？还有什么比生死抉择更大的考验？答案只有一个，这就是对马克思主义的信仰，对社会主义和共产主义的信念。

我们党从诞生之日起就把实现共产主义作为最终奋斗目标。无论过去、现在和将来，对社会主义和共产主义的信念，是共产党人的政治灵魂，是共产党人经受住任何考验的精神支柱。如果动摇了这个理想信念，也就动摇了共产党人的根本政治立场。

共产主义作为人类社会最理想的社会制度，是马克思、恩格斯在深入研究人类社会发展规律的基础上所构想和科学论证的。马克思、恩格斯认为，共产主义社会形态，按其成熟程度可以分为低级阶段和高级阶段，通常分别称之为社会主义社会和共产主义社会。

关于共产主义社会，马克思在《哥达纲领批判》中作了这样的概述："在共产主义社会高级阶段上，在迫使人们奴隶般地服从分工的情形已经消失，从而脑力劳动和体力劳动的对立也随之消失之后；在劳动已经不仅仅是谋生的手段，而且本身成了生活的第一需要之后；在随着个人的全面发展生产力也增长起来，而集体财富的一切源泉都充分涌流之后，——只有在那个时候，才能完全超出资产阶级法权的狭隘眼界，社会才能在自己的旗帜上写上：各尽所能，按需分配！"[1]马克思、恩格斯

〔1〕马克思：《哥达纲领批判》，《马克思恩格斯全集》第十九卷，人民出版社 1963 年版，第 22—23 页

在其他著作中也曾对共产主义社会进行过论述。这些论述，尽管只是揭示了未来共产主义社会的大致轮廓，但它已经向我们表明：共产主义是人类历史上最美好、最进步、最合理的社会制度。

迄今为止，马克思、恩格斯描绘的共产主义美好情景尚未在地球上出现，但这不意味着共产主义的“渺茫”，更不能说明共产主义的“失败”。根据马克思主义经典作家的论述，共产主义不仅是一种理想的社会制度，而且是一种科学的理论体系，同时它还是一种“现实的运动”。1847 年共产主义者同盟的成立和 1848 年《共产党宣言》的发表，标志着共产主义运动的开始和科学社会主义理论的诞生。科学社会主义理论及其指导下的共产主义运动，在世界上已经存在了 170 多年。作为共产主义制度低级阶段的社会主义制度，也在一些国家存在了几十年。

在我国，从马克思主义的传播、中国共产党的成立和无产阶级革命斗争的兴起，就开始了这样一个伟大的运动。现在，这个运动的新的发展阶段就是坚持和发展中国特色社会主义。我们现阶段是发展中国特色社会主义，它是共产主义事业的一部分，是实现共产主义这个最高纲领必经的一个历史阶段。

我们党把实现共产主义作为最高理想和最终目标，不仅仅因为它是人类历史上最美好的理想社会，更重要的还在于它反映了社会发展的客观规律和必然趋势。马克思主义认为，人类社会的发展，是生产力和生产关系矛盾运动的结果。生产关系一定要适应生产力的发展状况，是一切社会发展的普遍规律。社会发展归根结底是由生产力发展水平决定的，具有不以人的主观意志为转移的客观规律性。任何社会形态都有其产生、发展、灭亡的过程，一个社会形态由于其自身的矛盾，必然被另一个更高级的社会形态所代替，人类社会的历史就是社会形态更替的历史，否则，社会就不会进步了。正因为如此，马克思主义认为，人类社会经过原始社会、奴隶社会、封建社会和资本主义社会，必然发展到共产主义社会。

不可否认，资本主义的产生曾极大地解放了被封建社会生产关系束缚的社会生产力，使生产力得到了前所未有的巨大发展，这是历史的一大进步。第二次世界大战以来，资本主义通过采取自我调节的手段，发生了一些新变化，资本主义国家获得了相对的稳定发展，有时还呈加速发展的趋势，劳动生产率和经济发展的水平有了很大提高。资本主义似乎真的像少数西方学者预言的那样，已进入了一个“无限制”的、“长期繁荣”的发展阶段。但是，暂时的繁荣掩盖不了资本主义私有制与社会化大生产之间的根本矛盾。马克思主义科学地揭示了资本主义产生、发展和必然灭亡的规律，深刻地阐明了社会主义、共产主义必然胜利的人类历史发展的大趋势。这就向我们昭示，在人类历史发展的长河中，资本主义不是永恒的、绝对的社会制度，而是一种同以往的各种社会制度一样的过渡性社会制度。

高举中国特色社会主义伟大旗帜

毋庸讳言，社会主义的发展遭受过严重挫折。东欧剧变、苏联解体，使社会主义经历了前所未有的困难。但这些国家出现的问题，不是社会主义制度本身的问题，而是没有真正坚持科学社会主义造成的。在我国，也犯过搞“大跃进”、刮“共产风”这样的“左”倾错误，经历过“文化大革命”。但我们党及时总结了历史的经验教训，坚持社会主义根本制度不动摇，高举中国特色社会主义伟大旗帜，坚持和发展中国特色社会主义，在改革发展稳定、内政外交国防、治党治国治军各方面，都取得了举世公认的伟大成就。西方一些信仰共产主义的人士满怀信心地说，只要占世界人口 1/5 的中国的社会主义阵地不丢失，国际共产主义运动就有希望，社会主义就依然是我们这个时代的主流。随着我国社会主义制度的发展和完善，这一制度将越来越显示出优越性和强大的生命力，世界上相信社会主义的人将会越来越多，人类社会发展的前途必将是社会主义的高级阶段——共产主义。

共产主义只有经过几代人、十几代人甚至几十代人长期不懈的努力，才能变为现实。忘记远大理想而只顾眼前，就会失去前进方向；离开现实工作而空谈远大理想，就会脱离实际。作为共产党员和要求入党的同志，要深刻认识实现共产主义是由一个一个阶段性目标逐步达成的历史过程，把共产主义远大理想同中国特色社会主义共同理想统一起来、同我们正在做的事情统一起来，坚定“四个自信”，坚守共产党人的理想信念，为共产主义奋斗终身。只有这样，才能为最终实现共产主义奠定坚实基础。

四、共同信念凝聚民族力量

理想是有层次的。中国特色社会主义共同理想是共产主义最高理想在我国社会主义初级阶段的现实体现，是实现共产主义最高理想的必经阶段。没有最高理想的指引，就不会有共同理想的确立和坚持。没有共同理想的实现，最高理想就没有现实的基础。任何时候都不能把最高理想和共同理想割裂开来、对立起来。志存高远，立足现实，既胸怀实现人类美好社会的崇高理想，又具备脚踏实地的求实精神，这是对每个共产党员的政治要求。

对中国共产党人来说，实现共产主义是最高理想，这个最高理想，无论过去、现在和将来，都是我们共产党人的精神支柱和力量源泉，它并没有随着时代的改变而改变。正如邓小平同志所指出的那样，光靠物质条件，我们的革命和建设都不可能胜利。过去我们党无论怎样弱小，无论遇到什么困难，一直有强大的战斗力，因为我们有马克思主义和共产主义的信念。马克思主义给我们指引的最高理想是共产主义，在那里，“每个人的自由发展是一切人的自由发展的条件”[1]。

当然，我们必须清醒地认识到，实现共产主义是一个漫长的历史过程，需要经过很多阶段，共产主义社会究竟是什么样子，在实践发展到那一步之前，我们不可能对它进行十分周密而详细的描绘，更不能超越现阶段的实践“跑步进入共产主义”，或者用超越现阶段的空想代替现实的运动，在这方面，我们有着十分惨痛的教训。因此，我们必须清醒地认识到，建设中国特色社会主义，是实现共产主义理想的必要准备和必经阶段。只有实现中国特色社会主义共同理想，社会主义制度的优越性才能充分显示出来，也才能为共产主义最高理想的实现奠定坚实的物质基础。

在改革开放的崭新历史阶段，中国共产党领导人民找到了中国特色社会主义道路，确立了中国特色社会主义共同理想，从而架起了一座通往共产主义远大理想的金桥。邓小平同志曾指出：“一定要让我们的人

---

〔1〕马克思、恩格斯：《共产党宣言》，《马克思恩格斯选集》第一卷，人民出版社 2012 年版，第 422 页。

民，包括我们的孩子们知道，我们是坚持社会主义和共产主义的，我们采取的各方面的政策，都是为了发展社会主义，为了将来实现共产主义。”[1]实际上，坚持中国特色社会主义的共同理想与树立共产主义远大理想二者之间既有区别又有联系，但没有本质的不同，它们辩证统一于为实现共产主义奋斗的全部历史过程之中。必须正确认识和处理树立共产主义远大理想与坚持中国特色社会主义共同理想的辩证关系，这无疑要求我们既要树立共产主义远大理想、坚定信念，以高尚的思想道德要求和鞭策自己，更要扎扎实实地为实现党在现阶段的共同理想而不懈努力，做好每一项工作。

中国共产党的最高理想和最终目标是实现共产主义，没有共产主义理想，中国特色社会主义共同理想就会失去灵魂，偏离正确的方向。相反，没有中国特色社会主义共同理想，就不可能循序渐进地做好当前工作，共产主义理想只能是美好的空想。因此，在培育和践行社会主义核心价值观的过程中，必须正确认识中国特色社会主义共同理想与共产主义最高理想之间的关系，决不能将二者完全对立起来，割裂开来。

中国特色社会主义共同理想与马克思主义指导思想在价值目标上相契合，是以马克思主义的唯物史观为依据而作出的价值选择。树立中国特色社会主义共同理想，是坚持马克思主义指导思想的必然要求，也是坚持马克思主义指导思想的具体体现。中国特色社会主义共同理想正是在马克思主义的指导下，把党在社会主义初级阶段的奋斗目标、国家的发展、民族的振兴和人民群众个人的幸福紧密联系起来的最佳结合点，因而，不论哪个社会阶层、哪个利益群体的人，都能够认同和接受。

中国特色社会主义共同理想是中华民族共同理想在现代的先进体现，

---

〔1〕邓小平：《一靠理想二靠纪律才能团结起来》，《邓小平文选》第三卷，人民出版社 1993 年版，第 112 页。

是民族精神和时代精神的现实价值要求的集中体现和升华。民族精神和时代精神以实现中国人民和中华民族的根本利益为归宿，是全国各族人民不断开创中国特色社会主义事业新局面的强大精神动力。弘扬民族精神和时代精神，就是要最大限度地激发全国人民的热情和斗志，在改革开放和现代化建设中奋力拼搏、锐意进取，为实现中国特色社会主义共同理想而努力奋斗。社会主义荣辱观是实现中国特色社会主义事业的道德基础。在推进中国特色社会主义事业的进程中，需要处理各种关系、解决各种矛盾和问题。在处理这些关系和解决各种矛盾问题时，离不开道德的规范和调节。人的思想道德素质的高低，不仅关系整个社会的文明程度，关系国家经济社会的发展，而且关系中国特色社会主义共同理想能否牢固树立并为之努力奋斗。因此，在全社会大力弘扬社会主义荣辱观，是建设中国特色社会主义事业、实现中国特色社会主义共同理想的内在要求。

在中国共产党领导下，走中国特色社会主义道路，实现中华民族的伟大复兴，是现阶段我国各族人民的共同理想，必须用中国特色社会主义共同理想凝聚力量。我国有 13 亿多人口、56 个民族，经济、教育、文化等发展水平还不高，要使全体人民牢固树立中国特色社会主义共同理想，必须进行长期不懈的努力。建设中国特色社会主义充分反映了我国最广大人民的共同愿望、利益和要求，得到了最广泛的认同和拥护，是全国各族人民不懈追求的共同理想。实践证明，没有共同的理想信念，就没有共同的行动；共同的理想、共同的行动，是我们化解矛盾、解决问题、战胜困难、争取胜利的重要法宝，也是我们的政治优势。只有坚持走中国特色社会主义道路，才能团结一切可以团结的力量、调动一切可以调动的积极因素，激励人们更加自觉地投身改革开放和社会主义现代化建设事业。

众所周知，在改革发展的历史进程中，我们不止一次地遇到过突出的矛盾与问题，也屡屡面对前进道路上这样那样的激流与险滩，令人欣慰的是，我们克服了重重困难，化解了各种风险，取得举世公认的巨大成就。一个重要的原因就是我们用共同理想凝聚了全国各族人民，保证了广大群众在思想上政治上行动上团结一致。

中国特色社会主义共同理想集中体现了全体人民的根本利益和共同愿望。在中国共产党领导下走社会主义道路，实现中华民族的伟大复兴是全体中华儿女的共同愿望。中国特色社会主义共同理想，以中国特色社会主义理论体系为指导思想，以中国共产党为领导力量，以中国特色社会主义道路为正确选择，以建设富强民主文明和谐美丽的社会主义现代化强国、实现中华民族伟大复兴为目标，集中体现了我国工人、农民、知识分子和其他社会主义劳动者、社会主义事业建设者、拥护社会主义的爱国者、拥护祖国统一和致力于中华民族伟大复兴的爱国者的根本利益和共同愿望。

中国特色社会主义共同理想，描绘了人民美好生活的蓝图，展现了祖国光辉灿烂的未来，展示了中华民族伟大复兴的前景，给全体中华儿女以巨大的激励和鼓舞。实际上，中国共产党从诞生之日起就自觉地肩负起实现中华民族伟大复兴的历史使命，团结和带领全国各族人民完成民族独立和人民解放的历史任务，为实现中华民族伟大复兴创造了前提。

新中国成立后，中国共产党领导全国各族人民创造性地完成由新民主主义到社会主义的过渡，实现了中国历史上最伟大最深刻的社会变革，开始了在社会主义道路上实现中华民族伟大复兴的历史征程。

党的十一届三中全会以来，中国共产党带领全国各族人民在改革开放实践中找到了建设中国特色社会主义的正确道路，并坚定不移地沿着中国特色社会主义道路奋勇前进，以一往无前的进取精神和波澜壮阔的创新实践，谱写了中华民族自强不息、顽强奋进新的壮丽史诗，我国社会主义经济建设、政治建设、文化建设、社会建设、生态文明建设取得了举世瞩目的成就。

中国的发展，不仅使中国人民稳定地走上了富裕安康的广阔道路，而且为世界经济发展和人类文明进步作出了重大贡献。我国社会主义现代化建设的辉煌成就，充分显示了中国特色社会主义无可比拟的优越性和中国模式的强大生机活力，打破了资本主义国家长期以来宣扬的不照搬西方模式就难以强国富民的神话。事实雄辩地证明，只有社会主义才能救中国，只有中国特色社会主义才能发展中国，实现中华民族的伟大复兴。在当代中国，坚持中国特色社会主义道路，就是真正坚持社会主义。

中国特色社会主义共同理想是中华民族团结奋斗的精神支柱和精神动力。一个国家，如果没有共同的社会理想，就等于没有灵魂，就会失去凝聚力和生命力。相反，有了共同理想，全体人民就有了共同奋斗的精神动力，也只有通过共同理想才能统摄全体人民的力量和智慧。精神支柱是齐心协力、团结奋斗的前提，是凝聚人心、凝聚智慧和力量的重要保证。有了中国特色社会主义共同理想，就有了强大的精神支柱和精神动力，中华民族就能战胜前进道路上的任何困难。只有依靠这种共同理想，一个人、一个群体、一个民族，才能真正抬起头来，挺起脊梁，向着理想目标奋进。只有具备这样强大的精神力量，才能成就艰难而伟大的事业。

中国特色社会主义共同理想为人生提供安身立命之所，为社会奠定国泰民安之基。一个社会能否和谐，首先取决于有没有为社会大多数成员所认可、接受并自觉践行的社会主导价值体系以及由此价值体系产生的共同理想信念。当人民有了共同的理想信念，其潜力就会充分发挥出来，人们就会产生强烈的归属感和信任感。历史证明，共同的价值观基础、共同的理想和追求、共同的文化和情感，是中华民族历经磨难而生生不息的强大精神支柱。

中国特色社会主义共同理想具有强大的感召力、亲和力和凝聚力。中国特色社会主义共同理想是鼓舞人心、催人奋进的。对海内外中华儿女来说，中华民族的伟大复兴是最具吸引力、感召力的战略口号。在新世纪新时代，通过创新赋予新形式和新内容，重建重塑民族精神，确立正确、崇高、有感召力的共同理想，成为社会主义核心价值体系的重要组成部分，得到全体人民的支持和拥护，成为凝聚人心，激发积极性、主动性和创造力的重要因素。

当今国际社会处于一个复杂多变的调整时期。总的来看，国际形势的变化对我国是有利的，但必须看到不利因素。东欧剧变、苏联解体后，国际共产主义运动进入低潮，建设中国特色社会主义面临严峻的挑战。近些年来，西方敌对势力从“攻心”入手，对我国进行意识形态渗透，加紧搞所谓“精神和灵魂的征服”，国内外敌对势力对我国实施“西化”“分化”的政治图谋没有改变，他们把意识形态渗透作为重要内容，宣传资本主义的人生观、人权观、价值观。在这种形势下，强调建设中国特色社会主义的共同理想，用共同理想凝聚全国各族人民，保证广大群众在思想上政治上行动上的团结一致，克服重重困难，化解各种风险，扫除前进道路上的障碍，意义深远。

今天，我们要致力于实现中华民族伟大复兴，就必须坚持以中国特色社会主义共同理想吸引人、感染人、凝聚人、鼓舞人，引导人们尤其是青年正确认识国家、民族的前途命运，把共同理想内化于心、外化于行。只有不断加强理想信念教育，加强国情和形势政策教育，才能不断增强社会成员对党的领导、社会主义制度、改革开放事业、全面建成小康社会目标的信念和信心，才能把每个社会成员的个人理想与我们的共同理想统一起来，才能把全社会的力量团结和凝聚在社会主义共同理想之中。

中国特色社会主义共同理想是凝聚人心的力量源泉。在价值多元化时代，要完全做到舆论一致既无必要也不可能。中国特色社会主义共同理想体现了先进性与广泛性的统一，体现了民心向背。中国特色社会主义共同理想把国家的发展、民族的振兴与个人的幸福紧密联系在一起，成为中国人民所广泛接受和普遍认同并为之共同奋斗的目标。中国特色社会主义共同理想把各个阶层、各个群体的共同愿望有机结合在一起，形成了振兴中华的强大力量，具有强大的凝聚力、感召力和亲和力。

当前，用中国特色社会主义共同理想凝聚力量是可能的，也是可行的。历史地看，中国特色社会主义共同理想来自中国人民共同的历史经历和共同的民族心理，具有民族心理上的共同性。这个理想无论是历史的自豪感还是屈辱感，都是中国人民在共同经历中形成的共同体验和共同心理。在此心理基础上产生的对中华民族实现伟大复兴的强烈渴望，也是共同的。不论哪个社会阶层，只要是爱国的中国人，都自然而然地具有这样的心理和愿望。从其愿望表达和利益代表上看，中国特色社会主义共同理想把党、国家、民族、个人紧紧地联系在一起，具有很大的广泛性和普遍性。党要为实现自身在社会主义初级阶段的目标而奋斗，国家要基本实现现代化，民族要实现伟大复兴，个人要过上富裕的小康生活，这些不同层面和不同角度的愿望和要求，都在共同理想上得到汇聚，形成一种追求共同理想的最大合力。

开创新时代中国特色社会主义事业新局面，我们要大力倡导一切有利于发扬爱国主义、集体主义、社会主义的思想和精神，大力倡导一切有利于改革开放和现代化建设的思想和精神，大力倡导一切有利于民族团结、社会进步、人民幸福的思想和精神，大力倡导一切有利于用诚实劳动争取美好生活的思想和精神。这一切都反映着中国特色社会主义事业的巨大包容性，也体现着中国特色社会主义共同理想的包容性。

五、通过理论武装坚定信仰

坚定理想信念，必须加强学习。思想理论上的坚定清醒是政治上坚定的前提。全党必须毫不动摇坚持马克思主义指导思想，党的各级组织必须坚持不懈抓好理论武装，广大党员、干部特别是高级干部必须自觉抓好学习、增强党性修养。把马克思主义理论作为必修课，认真学习马克思列宁主义、毛泽东思想、邓小平理论、“三个代表”重要思想、科学发展观，认真学习习近平新时代中国特色社会主义思想，认真学习党章党规，不断提高马克思主义思想觉悟和理论水平，保持对远大理想和奋斗目标的清醒认知和执着追求。“我们要教育引导广大党员、干部把学习成果转化为提升党性修养、思想境界、道德水平的精神营养，做到真学真懂真信真用，在胜利和顺境时不骄傲不急躁，在困难和逆境时不消沉不动摇，牢牢占据推动人类社会进步、实现人类美好理想的道义制高点。”〔1〕

认真学习马克思主义理论，这是我们做好一切工作的看家本领，也是领导干部必须普遍掌握的工作制胜的看家本领。中国共产党是用马克思主义武装起来的政党，马克思主义是中国共产党人理想信念的灵魂。毛泽东同志曾经提出，“如果我们党有一百个至二百个系统地而不是零碎地、实际地而不是空洞地学会了马克思列宁主义的同志，就会大大地提高我们党的战斗力量”〔2〕。这个任务，今天依然很现实地摆在我们党面前。

〔1〕习近平：《不忘初心，继续前进》，《习近平谈治国理政》第二卷，外文出版社2017年版，第35页。

〔2〕毛泽东：《中国共产党在民族战争中的地位》，《毛泽东选集》第二卷，人民出版社1991年版，第533页。

只有学懂弄通党的基本理论深入学习领会贯穿其中的马克思主义立场、观点、方法，才能心明眼亮，才能深刻认识和准确把握共产党执政规律、社会主义建设规律、人类社会发展规律，才能始终坚定理想信念，才能在纷繁复杂的形势下坚持科学指导思想和正确前进方向，才能带领人民走对路，才能把中国特色社会主义不断推向前进。中国特色社会主义理论体系是马克思主义基本原理同当代中国实际和时代特征相结合的产物。马克思主义是这个体系的源头，要准确深入理解中国特色社会主义理论就必须从它的源头——马克思主义创始人的基本理论学起。马克思主义是源，没有源就没有流，只有从源头去学，才能弄清楚中国特色社会主义理论体系的来龙去脉，从而加深理解，自觉运用。

现在的领导干部都是各行各业的优秀分子，都比较年轻，都有高学历和很强的业务能力，但作为党的领导干部，除了这些需要的条件外，必须有看家本领，还需要掌握马克思主义基本理论。这个本领有没有、强不强是至关重要的。因为有理论上的坚定，才会有政治上的坚定和信仰上的坚定，只有学会并掌握了马克思主义基本理论，党的指导思想才会落到实处，才能把马克思主义的信仰内化于心，外化于行。有些错误观点和错误理论，为取得人们的信任，往往以马克思主义理论的面貌出现，或任意曲解，或断章取义，或移花接木，或照搬照套，如果没有学习和掌握马克思主义这个看家本领，听到否定马克思主义的杂声、噪声，由于不懂，就可能随声附和。当有人丑化、妖魔化马克思主义时，你就分辨不出香臭；当有人说马克思主义已经过时时，你不知道对错；当有人搬来西方某种理论，还说是发展马克思主义的时候，你就分不清是篡改还是发展。这些问题如何解决？这就要学习掌握马克思主义基本理论，提高对理论的鉴别能力，从而保持理论上乃至政治上的清醒与坚定。

学习和掌握马克思主义不靠单纯的“信仰”和“感情”，而是理论本身具有的科学性。因此，坚持和信仰马克思主义，就必须原原本本搞清楚马克思主义的基本思想。马克思主义的基本思想就是实现工人阶级和人类的解放事业。因此，离开了劳动人民就离开了马克思主义，只有坚持了人民性，才能坚持党性，党性和人民性在本质上是一致的，坚持党性，就是站稳政治立场，就是坚持人民性，把最广大人民的根本利益作为一切工作的出发点和落脚点，坚持以人民为中心，始终把人民对美好生活的向往作为我们的奋斗目标，践行党的根本宗旨，贯彻党的群众路线。

掌握马克思主义的观点就是要在浩如烟海、博大精深的马克思主义著作中学习最基本的著作，掌握最基本的观点。正如习近平同志所指出的："马克思主义经典著作包含着经典作家所汲取的人类探索真理的丰富思想成果，体现着经典作家攀登科学理论高峰的不懈追求和艰辛历程。阅读经典著作，本身就是增长知识、开阔眼界、增加思想深度和训练思维方式的过程，就是培养高瞻远瞩的战略洞察力和脚踏实地的工作作风的过程，会使我们在潜移默化中受到他们崇高风范和人格力量的熏陶，从而实现自己思想境界和道德情操的升华。"〔1〕这些经典的观点是科学性和实践性相统一的，是被长期历史实践证明是正确的，所以马克思主义才会成为我们的指导思想和行动指南。

掌握马克思主义，不仅是为了认识世界，更重要的是为了改造世界，只有把观点、立场转化为方法，才是真正掌握了马克思主义，这也就是从实践向认识的转化。因此，我们需要有思想认识的高度，还需要有把思想转化为现实的努力。转化的前提是要有思想，这就是思想的魅力，这就是提高理论水平的真实意义。

马克思主义是时代的产物，学习掌握马克思主义，必须深入历史和

〔1〕习近平：《学习马克思主义经典著作 推进中国特色社会主义事业》，《学习时报》2011年5月16日。

实际当中。习近平同志指出："领导干部在广泛学习各方面知识的同时，要尽可能多地学习和掌握一些历史知识。古人说过，以史为鉴可以知兴替。中华民族以历史悠久而著称于世，我们的祖先创造的灿烂历史文化是极为宝贵的精神遗产。我们党在领导革命、建设和改革的过程中，一贯重视历史经验的借鉴和运用，总是从中获取智慧、认识规律、把握方向。毛泽东同志有一句名言，就是：指导一个伟大革命运动的政党，如果没有革命理论，没有历史知识，没有对于实际运动的深刻了解，要取得胜利是不可能的。这种学习历史知识的重要性，对我们整个党是这样，对党的各级领导干部也是这样。领导干部学习和了解历史，不仅可以拓宽知识面，吸收前人在修身处事、治国理政等方面的智慧和经验，而且可以更加清晰地认识社会活动规律，牢固树立马克思主义的唯物史观。历史知识丰富了，眼界和胸襟就可以大为开阔，精神境界就可以大为提高，思维层次和领导水平就可以提升到一个新境界。所以，各级领导干部还是要学一些中国历史和世界历史知识，特别要深入学习中国近现代史和中共党史，深入学习世界近现代史和马克思主义发展史，不断深化对共产党执政规律、社会主义建设规律、人类社会发展规律的认识。"〔1〕

通过对马克思主义基本理论的学习和掌握，各级干部就会深刻认识中国特色社会主义的重大历史意义，坚定中国特色社会主义道路自信、理论自信、制度自信、文化自信，把思想切实统一到党的基本理论、实践、方针上来。我们现在所处的环境比以往任何时候都复杂，新情况、新问题、新挑战层出不穷，对干部素质提出了越来越高的要求。在这种情况下，只有加强学习，才能不断提高自身素质和能力。业务学习对实际工作来讲是必需的，但马克思主义的学习是对世界观、方法论、认识

〔1〕习近平：《领导干部要认认真真学习，老老实实做人，干干净净干事》，《学习时报》2008 年 5 月 27 日。

论与思维方式的学习，具有理论上的深刻性与应用上的普遍性，这是克服“本领恐慌”必须掌握的看家本领，学习和掌握了它，就会有效应对不断出现的新问题、新矛盾，增强认识世界、改造世界的能力。

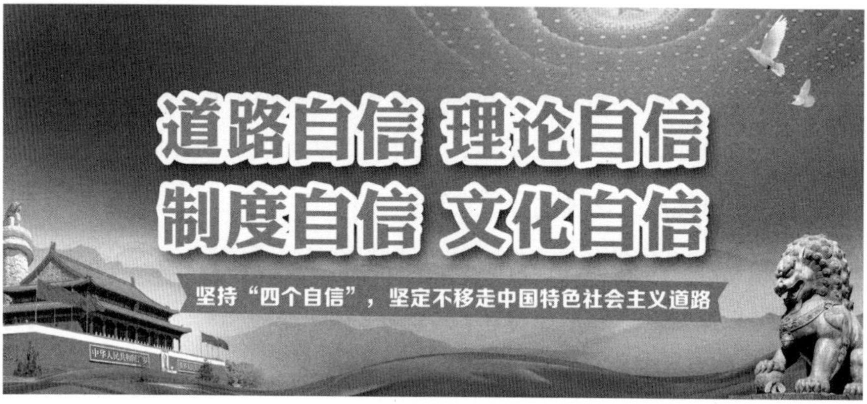

坚持“四个自信”

领导干部学习马克思主义，要正确把握学习的方向。忽视了马克思主义所指引的方向，学习就容易陷入盲目状态甚至误入歧途，就容易在错综复杂的形势中无所适从，就难以抵御各种错误思潮。没有正确方向，不仅学不到有益的知识，还很容易被一些天花乱坠、脱离实际甚至荒唐可笑、极其错误的东西所迷惑、所俘虏。习近平总书记指出：“我们党依靠学习创造了历史，更要依靠学习走向未来。”党员干部要成长起来，必须加强马克思主义理论武装，坚持理论同实际相结合，能够弄清楚马克思主义为什么“行”，讲清楚为什么马克思主义能够成为中国革命、建设、改革事业的指导思想，坚持把学习贯彻习近平新时代中国特色社会主义思想作为重中之重，在常学常新中加强理论修养，在知行合一中主动担当作为。

第四章
文化的基因

文化是民族生存和发展的重要力量。作为世界文明史上唯一的连续性文明，中华文明的生命力令世人震惊。近代哲学家冯友兰曾深情地说过："盖并世列强，虽新而不古；希腊罗马，有古而无今。惟我国家，亘古亘今，亦新亦旧，斯所谓'周虽旧邦，其命维新'者也。"在世界文明史上，中国是一个独特的存在，它既新又旧，既古又今，它摆脱了历史上其他文明无法摆脱的灭亡或断裂的"魔咒"，实现了持续五千多年的发展。今天，这一发展仍在继续，当代社会主义的中国就是古老中国的延续，正如习近平总书记在党的十九大报告中指出的那样："中国特色社会主义文化，源自于中华民族五千多年文明历史所孕育的中华优秀传统文化，熔铸于党领导人民在革命、建设、改革中创造的革命文化和社会主义先进文化，植根于中国特色社会主义伟大实践。"中华文明是支撑中国道路发展的深层基础，如果缺少历史和文明的视野，将无法真正理解当代中国的现实及命运。

一、中华文明促进文化认同

中华民族在历史中形成和发展，历经战火、分裂、侵略等种种挫折，但仍然保持了国家的统一、版图的完整、民族的融合、文化的和谐以及传统的延续，形成统一、连续、和谐的超稳定政治文化体，取得了世所罕见的文明成就。近代历史学家柳诒徵曾经在他所著的《中国文化史》中发出这样的概叹："第一，中国幅员之广，世无其匹，试问前人所以开拓这样大的局面，所以维持这个大局面者，果由何道？第二，中国开化甚早，绵延至今，历史最为悠久；即史籍之富，亦世界未有。试问这又由何道？第三，中国种族复杂，至可惊异，即以汉族言之，所吸收同化者，无虑百数，至今泯然皆相忘。试问其容纳沟通又由何道？”世人都看到了中国之大、之久、之众，但是柳诒徵的“中国三问”提醒世人中国之所以为今天之中国，并不是上天的特意恩宠，也不是想当然的历史演进，而是中华民族各族人民世代奋斗的结果。在这一漫长的奋斗进程中，有一伟大力量寓于其中，它使这个民族不畏困难，上下求索，在历史中不断发展壮大，它就是中华文明及其塑造的民族精神。中华民族在追求宇宙、世界、国家、民族、文化、思想大一统的过程中，形成了既坚守本根又不断与时俱进、既盛德日新又兼容并蓄的民族性格，形成了强大的文化认同。这种民族性格和文化认同激发了中华民族的生命力、凝聚力和创造力，成为维系这个民族发展的强大支撑。

中华文明的稳定性既得益于地缘的优势，又在根本上取决于自身价值观的自洽与成熟。中国早在先秦时期就产生了人文主义的思潮，并经由孔子提出了“仁”的价值观，对西周“敬德保民”的传统予以继承与总结，奠定了后世中华文明推崇道德的根本价值取向，中华文明因此成为区别于宗教文明的道德—人文主义文明。中华文明以人伦道德为其根基，道德意识与道德要求深度渗透在政治、经济、社会等各方面，成为维护社会稳定与推动社会进步的根本保障与重要动力。对此，英国历史学家汤因比和日本学者池田大作在其探讨人类未来命运的著作《展望21世纪》中曾经非常深刻地指出：“（中国人）比世界任何民族都成功地把几亿民众，从政治文化上团结起来。他们显示出这种在政治、文化上统一的本领，具有无与伦比的成功经验。这样的统一正是今天世界的绝对要求。”中华文明在历史上的发展证明了其价值观在维护国家稳定、人民团结与人际族群和谐上发挥着关键作用，面对当今世界范围内的文明冲突、族群分离、人际淡漠，中华文明显示出了更强的现实针对性。

中华文明不仅在历史上维持着中华民族的稳定和团结，还在近代环境中推动着经济的高速发展。在美国著名学者亨廷顿主编的《文化的重要作用》一书中，曾经拿亚洲的韩国和非洲的加纳作对比，书中写道 20 世纪 60 年代，加纳和韩国的经济统计数据，包括人均国民生产总值、经济结构、接受外援水平都大体相当，但 30 年后，韩国成了工业巨人，经济名列世界第 14 位，而加纳的人均国民生产总值仅相当于韩国的 1/14。30 年间，两个经济水平大致相当的国家却出现了巨大的发展差异，对此，书中的结论是：韩国人珍视节俭、投资、勤奋、教育、组织和纪律，加纳人的价值观则完全不同，决定因素是文化。东亚共享的价值观是韩国经济得以腾飞的深层次原因，价值观在根本上塑造了人的素质和精神，而人是各类经济活动的主体原因，在根本上决定着经济发展的规模和质量。随着历史的发展，越来越多的人意识到，“亚洲四小龙”的经济奇迹只能出现在亚洲，而不是世界上其他区域，这是因为这些国家和地区的经济发展都得益于东亚儒家文明的深度滋养。中华文明在现代化环境中仍然具有强大的生命力，这一认识得到中国改革开放更加强有力的证明。因此，曾经对中华文明在近代境遇中的种种疑虑、否定，都在实践中被一一推翻，人们对中华文明的文化自信得到了显著增强。

中华文明是历史留给我们的珍贵遗产，面对这份遗产，我们要创造性转化与创新性发展，让它在新的时代条件下散发出永久魅力和时代风采。毛泽东同志说过：“我们这个民族有数千年的历史，有它的特点，有它的许多珍贵品。对于这些，我们还是小学生。今天的中国是历史的中国的一个发展；我们是马克思主义的历史主义者，我们不应当割断历史。从孔夫子到孙中山，我们应当给以总结，承继这一份珍贵的遗产。”习近平总书记在党的十九大报告中指出，要“推动中华优秀传统文化创造性转化、创新性发展”，并在庆祝改革开放40周年大会上指出：“我们要加强文化领域制度建设，举旗帜、聚民心、育新人、兴文化、展形象，积极培育和践行社会主义核心价值观，推动中华优秀传统文化创造性转化、创新性发展，传承革命文化、发展先进文化，努力创造光耀时代、光耀世界的中华文化。”“历史是一面镜子，鉴古知今，学史明智。重视历史、研究历史、借鉴历史是中华民族5000多年文明史的一个优良传统。当代中国是历史中国的延续和发展。新时代坚持和发展中国特色社会主义，更加需要系统研究中国历史和文化，更加需要深刻把握人类发展历史规律，在对历史的深入思考中汲取智慧、走向未来。”[1]这些重要论述为今后我国文化建设事业的发展指明了方向。只有实现了对优秀传统文化的创造性转化和创新性发展，不断铸就中华文化新辉煌，才可能更好地在治国理政当中发挥固本强基和育人的作用。

二、优秀传统文化培根铸魂

与西方文明不同，中华文明在其文明初期就形成了以人为本、关心社会人生的价值取向，理性开发极早，呈现出文明早熟的特征。在这种价值取向的引导下，中华文明创造出了以人伦道德为核心内容的文明体系，并在哲学观念、思维方式与价值理念等方面形成了独特而深入的理解。在哲学观念上，中华文明肯定宇宙的真实存在及永恒运动，肯定宇宙万物的普遍关联和阴阳的对立互补，肯定宇宙发展具有内在规律。在

〔1〕习近平：《致中国社会科学院中国历史研究院成立的贺信》（2019年1月2日），《人民日报》2019年1月4日。

对宇宙的认知过程中，中国人逐渐形成关注整体、关注事物普遍关联、关注变化发展的思维方式，成为区别于西方主客二分、关注实体、关注个体的东方思维模式。与此相关联，中华文明注重整体价值、注重和谐共生、注重与时俱进。在这些基础之上，中国古代的哲学观念、思维方式及价值观念又被统一于仁爱的核心价值之下，无论是宇宙层面的变化生生、关联互补，国家层面的王道天下、异类具存，社会层面的博施济众、己立立人，还是个体层面的自强不息、厚德载物，中华文明从阴阳即运动与关联、发展与和谐两个维度刻画出了仁德的内容，并将宇宙、世界、社会、人生有机地涵盖其中，形成了高度完整和成熟的思想体系。

这一复杂而精致的思想体系是在历史中逐渐形成的，在一代代人对它的丰富和完善中发展成为稳定的文明传统，成为中国之所以为中国、中国人之所以为中国人的文化标识。在西方文明的映衬下，我们能够清楚地看到中华文明的特点。

第一，中华文明强调“和”，强调天人合一，强调人际和谐；中华文明不强调天和人的对立、人和己的对立，而是强调天和人的和谐一致，人和己的和谐共生。中华文明追求的“和”不是一种消除了异质和他者的单纯同一，而是要在整体利益和共同利益的基础上追求和而不同与求同存异，实现一种更高境界的共在与共享。这种对“和”的偏爱是中华文明重视整体思维、讲求仁爱精神的结果，它破除了以自己、以人类为中心考虑他人和世界的思维局限，是东方思维和价值的集中表现。

第二，中华文明强调“人”，强调以人为本，主张“天地之性，人为贵”“人者，天地之心”，肯定人是宇宙的中心。因此，中国传统主流文化的关注点不在彼岸世界，而是将关注的焦点始终放在人类社会的有序和谐与人生理想的实现上，这使得中华文化一方面十分看重历史的价值，将历史视作人类真实经验的集合，不断总结吸取经验教训，形成了以史为鉴的传统。中国古代提出的许多思想观念，如以民为本、天下为公、天下大同、怀柔远邦、万邦协和等观念都是在总结历史兴衰成败的基础上得出的，代表着中国古人对人类社会规律的基本认识；另一方面中华文明关注现实世界的人文传统，深刻地影响了中国宗教的发展方向，使中国宗教更关心世俗生活、关心人在社会生活中的向上向善，从而极大释放了宗教对社会现实的积极影响，促进了社会与宗教的良性互动以及宗教之间的和谐共生。

第三，中华文明强调“德”，重视人的德行品格，重视德行的培养和人格的提升。因此，中华文明虽然是以“人”为中心的文明，但是中华文明并不像西方现代文明那样将人首先看作权利的主体，而是首先强调人的责任和义务，强调人对自己、对家庭、对他人、对社会、对世界的责任，因此历史上的中国虽然不是一个以宗教为本位的社会，但是通过道德培养与教育，整个社会高度推崇那些有高尚精神追求的人士。孔子说“杀身以成仁”，孟子说“舍生而取义”，都是认为对道德信念的信守和对道德理想的坚持是更重要的，对道德的追求和坚守可以不受物质条件影响，在一定的条件下甚至比生命还重要。正是在这种强调“立德”的传统下，中国社会产生了复杂的道德规范体系，仁义礼智信代表的“五常”和孝悌忠信礼义廉耻代表的“八德”成为全社会普遍奉行的道德准则。在进入近代以前，中国社会的价值基础一直极为稳定，成为支撑社会发展和维护社会正义的坚实基础。同时，“以德治国”、“德者，本也；财者，末也”等观念明确反映出中国社会以道德调节和规范政治生活、经济生活的基本思路，道德作为价值引领和价值保障全面深入社会的各个方面。可以说，以道德为本位是中国社会的突出特征，恰与西方宗教社会形成鲜明对照。

中华民族在民族生存和发展的社会实践中创造了博大精神的中华文

明，反过来，中华文明的基本思维方式和它的基本价值又深刻而持久地塑造着中华民族，塑造着整个民族的性格。在中国古代重要经典著作《周易》中，有两句话可以被视作中华民族性格的集中表达："天行健，君子以自强不息；地势坤，君子以厚德载物。"一方面，中华文明主张刚健有为、积极进取、奋发向上、永远前进的人生态度，这使得中华民族愈是遭受挫折愈是奋发进取；另一方面，中华文明又推崇兼容并包、以和为贵，崇尚和谐统一的宽厚胸怀，自强与包容构成了自我奋斗与社会责任的统一，体现着天道与地道的统一，阴和阳的统一，是一个丰富而充满活力的整体。中华民族长期以来被世人公认为勤奋、温和的民族，这正是中华民族性格的真实体现。对每一个具体的中国人而言，即使是一个没有受过很多教育的中国人，他从父母和周围人的生活态度中，从他们极为朴实的教导中，也足以获得这个文明的精髓。这些态度和教导是每个中国人都极为熟悉的：老老实实做人，靠自己的手吃饭，做人要厚道，吃亏是福，要懂得报恩。无论是过去还是现在，中国人都瞧不起那些吃白食的人，痛恨那些不劳而获的人，看不上那些一心满足自己欲望、不懂得回报家庭和社会的人，这些价值观对每一个中国人来说非常熟悉，因为这就是他的父母从小留给他的印象。一代一代的中国人在延续血脉的同时，也在无声之中传承着这个文明古老的价值观。中华文明一整套复杂的哲学观念和思维方式最终以价值观的形式给每个中国人打下烙印，这些价值观具体而真实地体现在每个中国人身上，成为中国人的精神底色和精神支撑。

三、古老中国能够浴火重生

西方世界经常将 1949 年由中国共产党带领中国人民建立的新中国视作一个与古代中国完全不同的国家，这样的认识有一定的道理。新中国的政治、经济基础都与古代中国完全不同，新中国的建立标志着封建帝制中国在历史上的永久消失，取而代之的是一个以人民为主体的崭新的国家。这种变革不仅仅在中国近代史上具有里程碑的意义，在整个中国历史上它的意义也是空前绝后的。这意味着，中国的绝大多数普通人都不用再忍受统治阶级不公平的对待。无论是在经济、政治上还是在社会权益上，古代中国的地主阶级都享受着普遍而世袭的特权，新中国彻底终结了封建剥削制度的存在，给农民以土地，确定以公有制为主体的经济制度，在政治和法律上保障人民选举与被选举、表达意愿、参与政治的权利，让人民也就是绝大多数普通的中国人成为这个国家的主人。因此，新中国的成立不是新朝对旧朝的取代，而是中国历史上“三千年未有之变”。

但我们不能因此割裂了古代中国与新中国的内在关系，将古代中国与新中国视作两个无关的历史存在。无须否认，1840 年鸦片战争以来，由于中国在与西方的历史性相遇中受到了全面的冲击，无论是器物、制度还是科学、文化，中国都无力与西方抗衡，在全面的溃败下，当时先进的中国人开始质疑中国固有的文化传统，并随着对西方文明了解的加深与对国家命运的忧虑，将质疑不断推向深入，从对中华文明传统的质疑发展到对它各方面的反思、检讨与批判。在今天看来，这种质疑、反思、批判与检讨也许有其过激和偏颇的地方，但我们需要极为清醒地认识到，对于一个传承了几千年的传统而言，它可以成为国家发展的基础和支撑，但在国家衰败的特殊时期，它又会成为统治者维持现状、阻挠变革的借口，成为历史发展的沉重包袱。在中国近代史上，以慈禧为首的顽固派以“祖宗家法不可变”的观念攻击维新人士，钳制士大夫和民众的思想，代表了阻碍改革的反动势力，祖宗家法、列祖列宗成为守旧力量为自身进行正当性辩护的最好托词。从康有为、梁启超、戊戌六君子到孙中山、黄兴、章太炎，再到后来的中国共产党，他们的救国策略、政治经济主张固然不同，但他们对传统的反思和挑战却是相同的，这构成了中国近代思想史的主流。历史已经证明，对固有传统的质疑与反思是宣传和推行改革的必要环节，思想观念的松动和解放是改革和革命成功的前提条件。

近代以来对传统的反思与批判带来了中华文明传统的某种混乱和解体，然而这种反思与批判却是中华文明在面对强势文明冲击下更新自我的必然环节，反思与批判的动机不是要终结古老的传统，恰恰相反，在西方和日本的殖民侵略下，面对亡国灭种的巨大危机，反思与批判是中华文明走向未来的唯一途径。事实上，反观中华文明的发展史，我们会清楚地看到中华文明作为一个历史存在，它能够持续发展的一个重要原因就在于它的自我调整能力。中华文明历来强调“穷则变，变则通，通则久”，强调与时偕行、与时俱进，因此中华文明不是一个封闭和停滞的传统，而是随着历史条件不断更新的传统。中国社会曾经历过剧烈的变化，历史上，先秦的中国是裂土封疆、诸侯林立的宗法社会，秦朝的建立取消了夏商周存在了千年的诸侯分封制度，建立了君主专制、垂直行政的封建集权国家，汉朝继承秦朝体制并进一步予以完善，秦汉制度成为封建社会时期中国社会制度的主体。从先秦到秦汉，中国社会的变动是根本性的，是社会形态的根本性变化。汉代的士大夫们在继承先秦诸子百家文化的基础上，以“罢黜百家、独尊儒术”的口号为引领，创造了与中央集权的封建国家相适应的新的文化形态。这个文化形态在汉唐一直保持了基本的稳定，确保了封建帝国的良好运行，但是佛教的东传使这一文化形态再次受到严重冲击，中华文明在反思自身传统的基础上，吸收佛教文明，再次创造了以新儒家（宋明理学）和新佛教（禅宗）为代表的新的文化形态，这一更新后的文化形态主导了中国封建社会的后半程。历史的经验表明了中华文明的韧性，无论面对社会形态全局性的变化，还是面对异质文明的冲击，在这些根本性的挑战面前，中华文明主动地调整自身，在继承、反思、吸收的基础上维持了自身传统的更新与发展。进入近代的中国，在历史的大转折处，中华文明选择拥抱近代人类文明，追求大多数人的发展、公平、正义和幸福，于是中华文明选择再次出发，以改革与革命的姿态，以血与火的代价，抗争被殖民统治的命运，主动剥离与封建社会相适应的文化形态，期望凤凰涅槃，期盼古老文明在现代化的历史条件下迎来新生。只有在这样的理解下，我们才能体会近代以来那些先进中国人对中华文明的反思与批判，饱含着对这一文明传统深沉的感情，饱含着对它未来必定光明的信心和期待；也只有在这样的理解下，我们才能明白近代以来那些对中华文明的反思与批判，是这一文明走向未来必经的“阵痛”。

新中国的成立是中华文明再次更新自我的实质性起点。近代中国在列强的瓜分下，在军阀的混战中，命悬一线。在中国共产党之前，以康有为、梁启超为首的资产阶级改良派和以孙中山、黄兴为中心的资产阶级革命派都曾先后为了挽救中国而矢志奋斗，然而中国绝大多数的民众并没有被真正动员和组织起来，它们最终都因为力量的有限而先后失败。中国共产党的出现使革命的形势发生了根本性的变化，这个成立初期只有 13 个党代表的小党，以自己坚定的革命理想信念和不怕牺牲的奋斗精神迅速成长为革命大党，成为凝聚和带领全中国人民浴血奋斗的领导核心。在中国共产党的带领下，中国人民用鲜血洗刷近代屈辱的命运，焕发出敢教日月换新天的磅礴力量。新中国的成立是中华民族在近代获得独立的开始，它背后是中国人民强烈精神意志的涌动，中国人彻底地意识到，在中国共产党的领导下，中国人民能够自强、自力、自主地战胜任何困难，这也成为中国改革开放能够取得胜利的深层原因。新中国的成立使中华民族从低谷中站了起来，中华民族的民族力量在长达 14 年的抗战中得到了空前的锻炼，并随着抗日和内战的先后胜利、新中国的成立而达至顶点。民族尊严的获得和民族力量的提升成为中华文明走向复兴的根本原因与根本动力。可以说，正是因为中国共产党的组织领导，唤醒了整个中华民族的内在力量，使中国人民的坚毅、勇敢、团结再一次在历史中呈现出来，并得到进一步的加强。在这个意义上，我们看到了新中国与古老中国之间的一脉相承，看到了新中国对这个文明传统具有的根本意义。近代以来，没有任何一个政党像中国共产党这样实质性实现了民族独立，维护了民族团结，释放了民族力量，从而真正保护了中华民族的生命。历史已经雄辩地证明，如果没有中国共产党及新中国，中华文明的复兴只能是一纸空言。

四、文明底蕴生成中国道路

理解和对待中国的崛起，已经成为当今世界最重要的问题。随着中国改革的不断深入，世界上越来越多的有识之士开始意识到，中国的崛起不仅仅是中国作为近代民族国家走向富强的过程，更是中国作为悠久历史的文明体走向复兴的过程。中国道路的成功有其深厚的文明作为基础，如果忽视了文明传统的维度，将无法真正理解中国崛起及中国道路。

中国道路的成功源自中国人民独立自主选择自己道路的强烈意志。无论是在抗日战争时期，还是在建设、改革时期，中国人民始终坚持走一条独立自主的道路，始终坚信只有走适合自己的道路才能把路走通。在革命战争年代，中国没有选择盲目照搬苏联经验，而是根据当时的革命形势，走出了一条与苏联不同的、以农村包围城市的革命道路；在建设和改革时期，中国也没有盲目照搬美国等西方国家的经验，而是根据当时的发展状况，走出了一条与欧美不同的、以中国特色社会主义市场经济与政府管理有效结合为鲜明特征的中国特色社会主义道路。中国始终牢牢掌握着自己的命运，没有将判断中国道路是否可行的标准拱手让给他人，而是以自己的实践结果来衡量对错，从而调整步伐，改革现状。中国没有在亦步亦趋的模仿中失去自己，而是时刻清醒地将中国本身作为主体来认识和发展，这是中国道路成功的一个重要原因。

习近平总书记指出："在近代以来漫长的历史进程中，中国人民经历了太多太多的磨难，付出了太多太多的牺牲，进行了太多太多的拼搏。"[1]中国人民独立自主的意志之所以如此强烈、如此坚定，一个比较容易理解的原因是中国近代落后挨打的命运让中国人民深深感受到了掌握自己命运的可贵，被人欺辱与侵略的教训让中国人民尝尽了失去尊严的苦涩。而在这个原因的背后，更深层的理由则必须追溯到中华文明的传统。对独立与自主的追求是中华文明长久以来的要求，这种要求使中国绝不可能甘于被奴役和控制。中华文明历来推崇艰苦奋斗、自强不息、坚韧不拔的精神意志，对个人、对国家，这种态度都是一贯的。孔子说过："三军可夺帅也，匹夫不可夺志也。"认为个人自主、自立的意志是不可被战胜和摧毁的。孟子也说过："富贵不能淫，贫贱不能移，威武不

〔1〕习近平：《在庆祝改革开放40周年大会上的讲话》，《人民日报》2018年12月19日。

能屈。”一个人的意志应当战胜外界的任何力量，包括欲望的侵蚀、不同境遇的压力以及武力的威胁，个人应当始终以自立、奋进、昂扬的意志努力生存着，这是人之为人最根本的任务，也是人能获得的最大成就。因此，在中华文明的传统中，一个失败的人不是一个贫穷的人或一个能力不足的人，而是一个自我放弃、失去自我的人。对国家而言更是如此，在中国历史的危难关头，总能看到一个个中国人挺起脊梁，誓不做亡国之奴，抱着必死的决心为民族、为家国而战，这些人物代表了国家和民族的意志。历史讴歌这些英雄人物，这些英雄人物连同他们的事迹被载入史册，在一代代人的传颂中成为整个民族的记忆。在历史传统的影响下，“宁做刀下鬼，不做亡国奴”的爱国主义观念成为每个热爱家国的中国人的信念，构成了近代中国追求民族独立和发展的根本动力。

鲁迅

中国近代伟大的文学家鲁迅在“九一八事变”三周年之际，写了一篇名为《中国人失掉自信力了吗》的杂文，他义正词严地说道：“我们从古以来，就有埋头苦干的人，有拼命硬干的人，有为民请命的人，有舍身求法的人，……虽是等于为帝王将相作家谱的所谓‘正史’，也往往掩不住他们的光耀，这就是中国的脊梁。这一类的人们，就是现在也何尝少呢？他们有确信，不自欺；他们在前仆后继的战斗，不过一面总在被摧残，被抹杀，消灭于黑暗中，不能为大家所知道罢了。说中国人失掉了自信力，用以指一部分人则可，倘若加于全体，那简直是诬蔑。”中国人民关于个体自立、国家自强、埋头苦干、拼命硬干的信念是坚不可摧的，越是在民族危机、国家危难的时刻，这种自强不息的意志就会越发强烈。这种精神的动力带来了无穷的力量，它支撑着中国人民保卫家国，赢得抗日战争的胜利；它也为中国推行改革开放汇聚了磅礴的动力，保证了改革开放的顺利开展。中国人民强烈的独立自主意志来自中华文明的滋养，正是由于这一历史文明条件，中国人民在近代的奋斗才能够如此气势磅礴，震天动地。中国人民是具有伟大奋斗精神的人民。正如习近平总书记在第十三届全国人民代表大会第一次会议上指出的："波澜壮阔的中华民族发展史是中国人民书写的！博大精深的中华文明是中国人民创造的！历久弥新的中华民族精神是中国人民培育的！中华民族迎来了从站起来、富起来到强起来的伟大飞跃是中国人民奋斗出来的！"

中国道路的成功源自对不同文明的尊重以及对人类优秀文明成果的借鉴吸收。尽管中国始终坚持独立自主的发展道路，然而中国的立场有别于狭隘的民族主义立场。中国坚持独立自主的发展道路，其理由是基于对中国国情、文化历史条件的尊重，中国始终相信事实和实践是第一位的，因此社会制度的选择、建立和完善都必须以中国的事实和实践为标准和目的。在这种立场和原则的指导下，中国人民不会盲目地轻信他人，也不会轻易地跟着别人走。但是，这种立场并没有因此导向自大和自负，导向拒绝外界、拒绝他人的保守主义。中国对自己的定位始终是最大的发展中国家，中国道路成功的一个重要原因在于中国对其他国家的学习，特别是对西方发达国家的学习，这使得中国能够在短时间内实现跨越式的飞速发展。

中国道路实现了自我主张和向外界学习之间的平衡，这是中华文明智慧的体现，是中华文明阴阳和谐互生中庸之道的当代形式。中华文明与西方文明的一个突出差异表现在对自己之外的他者的理解上。西方文明，特别是西方现代文明倾向于将个体理解为原子式的存在，每一个人都是像原子一样的孤立个体，人和他人之间的关系是外在的。这种对人的理解使人的独立性和差异性得到强调，但是人与人之间的隔阂和冲突也因此埋下了伏笔。中华文明则认为每一个人都是在与他人的关系之中生活着的人，一个人的出生就意味着他处于一种家庭关系之中，此后他一生都是在与不同人的关系之中展开的。在这种对人的理解下，人和他人的关系不是外在的，而是内在的，人一生的主要任务就是处理好自我与不同他者的关系。要实现自我与他者关系的和谐，中华文明认为人应当在自我实现与自我发展的同时，友善对待他人，尊重他人并积极地向他人学习，并将帮助他人作为人的最高成就。因此对中华文明来说，他人对自我不是威胁或者挑战，而是可以学习、欣赏的对象，可以互相帮助、共同进步的对象。不论是向他人学习，还是去帮助他人，他人都有助于完善自我，有助于他人和自我的共同进步。孔子很早就讲过："三人行，必有我师焉；择其善者而从之，其不善者而改之。"强调积极向他人学习的人生态度。孔子还说过："独学而无友，则孤陋而寡闻。"一个不懂得向他人学习的人，其格局将是非常狭隘的。《大学》讲："大学之道，在明明德，在亲民，在止于至善。"一个有着远大理想的人，应当在追求自身道德完善的同时去亲近他人、帮助他人，从而最终实现自我和他者的"至善"。中华文明将自我完善放在与他人交往、尊重善待他人、互相帮助的前提下来实现，海纳百川、兼容并蓄、厚德载物也因此一直被中华文明视作赞许和推崇的境界，故步自封、闭门造车、自以为是的态度则历来遭到批评和反对。中国历史上那些凡是主张开放和包容政策的王朝，最终都走向了盛世。相反，那些主张闭关锁国政策的王朝则愈加保守落后，最终走向了尽头。因此，在中华文明智慧的守护下，中国没有选择偏安一隅，与世界隔绝；也没有在拥抱世界文明的同时，丢失了自己的中国立场。中国积极地对外开放，并不断向世界加深着开放的程度。在法国学者菲利普·巴莱写给法国读者的《别怕中国》一书中，菲利普·巴莱以他的所见所闻写道，与了解中华文明的西方人相比，学习和认识法国及西方文明的中国人显然很多。在深圳有展示世界微缩景点的“世界之窗”；哈尔滨拥有一个以海神波塞冬为主题的海洋公园；在西北大学，雅典娜与女娲的雕像并排矗立在图书馆前，“法国人都知道雅典娜是谁却无人认识女娲”。中国人在历史上命名外国时，虽然是基于字母发音，但都加入了仁慈善意的用心，比如法国是“法制之国”，英国是“杰出之国”，美国是“美丽之国”。因此，菲利普·巴莱最后总结道，中国人距离所谓的“仇外民族”真的很遥远。

深圳世界之窗

中国道路的成功源自对人类命运共同体的深刻理解和积极推动。中国的崛起引起了西方世界的普遍疑虑与担忧，在西方中心主义和文明冲突的固有思维模式下，“中国威胁”的观念在西方一时甚嚣尘上。然而，与西方熟悉的方式不同，中国始终坚持走和平发展的道路，这种对和平的珍视与追求是中国在对人类命运深刻理解下的必然选择，也是中华文明历史积淀的必然结果。

作为成熟开放的思想体系，中华文明始终关注人类发展与天下秩序，形成了以天下为公、天下大同为核心价值的天下观，表现出超越民族与地域、关心人类普遍命运的思想特点。天下为公、天下大同的主张坚信人类世界中存在普遍适用的正义与公平，这种公平与正义指向整个人类的共同命运，因此它超越任何一个或几个国家的利益。在这种观念的影响下，中国历来追求“怀柔远人”“万邦协和”“王道天下”的价值理想，这使得中国在历史上虽然长期居于世界领先位置，兼并战争却始终不是中国致力的主要方向。古代中国也因此实现了多民族、多文化的融合统一，形成了民族和睦相融、思想多元一体、宗教和谐共生的良好局面。

今天，中国主张各文明之间彼此尊重，主张通过对话管控分歧和冲突，中国从不主张在不同民族间挑起争端，更没有将中国的意志强加于其他民族之上。人类命运共同体的提出，更显示出中国在关注国家利益的同时，对人类命运具有的深切关怀。中国已经向世界展示出和平发展、多元对话、积极参与全球治理的姿态，体现了中华文明“天下大同”“美美与共”的价值诉求，体现了中国对西方“大国必霸”发展模式的超越，代表了人类更广泛的利益，受到了世界的普遍欢迎。习近平总书记说过：“中国历史上曾经长期是世界上最强大的国家之一，但没有留下殖民和侵略他国的记录。我们坚持走和平发展道路，是对几千年来中华民族热爱和平的文化传统的继承和发扬。”[1]“走和平发展道路，是中国对国际社会关注中国发展走向的回应，更是中国人民对实现自身发展目标的自信和

〔1〕习近平：《在德国科尔伯基金会的演讲》，《人民日报》2014 年 3 月 30 日。

自觉。这种自信和自觉，来源于中华文明的深厚渊源，来源于对实现中国发展目标条件的认知，来源于对世界发展大势的把握。”[1]习近平总书记提出“一带一路”倡议，以共商、共建、共享的人类命运共同体思维带动沿线各国的和平发展，极大提振了世界经济活力。这一切都在预示，中国道路绝不仅仅是追求自我的最大发展，而是希望通过自身的发展推动地区和世界的共同发展，中国道路也因此获得了友好的外部发展条件，这是理解中国道路得以成功的另一重要角度。

五、伟大政党传承文化传统

中国道路成功的关键在于中国共产党的领导。基于不同的执政基础，不同政党自然产生不同的利益诉求。资产阶级政党首先代表的必然是资产阶级利益，尽管在现代民主政治的运行体制下，为了赢得选民的投票支持，西方国家的各政党纷纷以人民民意的代理者自居，刻意营造政治形象，但是一旦赢得民意上台，资产阶级政党的性质决定了它的政权首先要为资产阶级政党的政治任务、为政治集团的利益服务。因此，它在选举时经营的形象总是不可避免地与它上台后的执政方针不一致，甚至出现两相矛盾的情况。在一些事关人民利益的问题上，因为政党立场的限制及各政党之间的掣肘牵制，陷入无力推动的被动局面，导致西方国家选举的普遍低迷。

与西方资产阶级政党不同，共产党自成立初期就代表着广大无产阶级。马克思强调共产党是为绝大多数人谋取利益的政党，共产主义事业

〔1〕习近平：《走和平发展道路是中国人民对实现自身发展目标的自信和自觉》，《习近平谈治国理政》第一卷，外文出版社 2018 年版，第 265 页。

是解放全人类的事业。因此共产党与其他一切政党的根本区别就在于它为绝大多数人谋利益，而不是为了哪一党哪一派。自中国共产党诞生起，它就坚定地站在工农组成的劳苦大众一边。毛泽东同志指出："共产党是为民族、为人民谋利益的政党，它本身决无私利可图。"[1]"共产党人的一切言论行动，必须以合乎最广大人民群众的最大利益，为最广大人民群众所拥护为最高标准。"[2]最广大人民群众的最大利益就是中国共产党的利益诉求，就是中国共产党的政治任务，这是党的性质要求的。

正是因为中国共产党代表全体中国人民和中华民族的利益，中国共产党人才赢得了民心与天意。抗日战争时期，受到西方和日本殖民主义侵略的中国人民最终选择了共产党，虽然国民党的军力要远远强于共产党，其原因就在于国民党政府各级官员贪腐成风，大发国难之财，以至迅速失去了民心与优势。对此，蒋介石也不得不承认："古今中外任何革命党都没有我们今天这样颓唐和腐败，也没有像我们今天这样的没有精神，没有纪律，更没有是非标准，这样的党早就应该被消灭被淘汰了！"[3]对比共产党执政的陕甘宁边区，毛泽东同志定下了"十没有"的规矩，根据地处处呈现出党员与人民同甘共苦、生机勃勃的新气象："一没有贪官污吏，二没有土豪劣绅，三没有赌博，四没有娼妓，五没有小老婆，六没有叫化子，七没有结党营私之徒，八没有萎靡不振之气，九没有人吃磨擦饭，十没有人发国难财"[4]。这一时期从延安访问归来的陈嘉庚先生，谈到边区的为政清廉与国民党统治区的贪污腐败，

---

〔1〕毛泽东：《在陕甘宁边区参议会的演说》，《毛泽东选集》第三卷，人民出版社1991年版，第809页。

〔2〕毛泽东：《论联合政府》，《毛泽东选集》第三卷，人民出版社1991年版，第1096页。

〔3〕参见杨胜群：《以良好党风带动政风民风》，《人民日报》2013年1月29日。

〔4〕毛泽东：《团结一切抗日力量，反对反共顽固派》，《毛泽东选集》第二卷，人民出版社1991年版，第718页。

他断言“中国的希望在延安”，“得天下者，共产党也！”

中国共产党全心全意为人民服务的根本宗旨显示了中国共产党对人民的信仰与热爱。这种信仰与热爱既有着马克思无产阶级政党的思想根源，也有中华文明“以民为本”的精神传承。中华文明的民本思想产生极早，《尚书·秦誓》讲“民之所欲，天必从之”，认为上天以人民的意志为意志，人民的意志是最高的意志。《尚书·五子之歌》讲“民惟邦本”，认为国家之本在于人民。因此，在中华文明的源头商周时期，中国古人就已经十分重视人民。此后，儒家继承了三代文明的民本思想，《孟子》一书中有大量的民本思想，最典型的就是“民为贵，社稷次之，君为轻”，将人民的利益视作高于国家和君主的利益。民本思想代表了中国古代政治思想的主流，这个传统始终把得民心、得到人民的拥护看成政治的最高境界和成就。《孟子》讲：“得乎丘民而为天子。”《荀子》讲：“天之生民，非为君也。天之立君，以为民也。”《慎子》讲：“立天子以为天下，非立天下以为天子也。立国君以为国，非立国以为国君也。立官长以为官，非立官长以为长也。”要求政治服务于人民的利益，无论是君主还是各级官员都要在思想上摆正与人民的关系。受民本传统的影响，中国历史上有许多关于贤君良相的记载，他们以社稷为重，爱民保民，被后世传颂。《左传》曾记载邾国国君邾文公与大臣商议迁都的事情，大臣们认为迁都“利于民不利君”，反对迁都，而邾文公回应道：“苟利于民，乃为孤之宏利也。天生民而树之君，民既利，孤必与矣。”认为人民生活富裕安定是君主最大的利益，君主应当将人民的利益摆在第一位。左右的人又劝说邾文公迁都劳神费力，不迁都可以“延长君之寿命”，邾文公则郑重表示：“命在养民。死之短长，时也。民苟利矣，迁也，吉莫如之。”将“养民”视作自己的第一义务。君民一体，以民为上，民本思想早已深入中国历史，成为中华文明的优秀政治传统。

在中国共产党的领导下，中国古代民本思想发展成为社会主义的民主思想，以民为上、重视人民的这一传统被发扬光大了。民本思想在古代是以理想价值的方式而存在的，它在一定程度上约束了封建专制主义下的绝对君权，对调节社会关系、维持社会良性发展起到了积极的作用。然而受限于封建社会的历史条件，绝大多数的农民、小手工业者处于弱势地位，无力维护自己的权利和幸福，只能将自己的命运寄托于具有较高道德的帝王和士大夫身上，希望由他们来保护自己的权益。在国家清明、社会进步的时期，统治阶级尚能在一定程度上兼顾人民的利益和诉求；然而在政治昏聩、国家衰败的时期，统治阶级不但不能保护人民的利益，反而鱼肉人民，肆意剥削和夺取人民的财产，“朱门酒肉臭，路有冻死骨”的社会悲剧不断上演。社会统治阶级的利益和人民的利益之间存在对立，这是民本思想在封建社会不能彻底落实的根本原因。中国共产党领导建立的新中国取消了一切剥削制度，赋予了人民当家作主的权力，人民不再需要乞求他人来为自己当家作主，人民自己就是新中国的主人。在中国共产党的领导下，新中国的一切政治、经济、文化、社会、法律制度都在保障人民的地位和权力，人民第一次真正地掌握了自己的命运，中国古代的民本思想因此得到了极大的丰富和发展。

中国共产党是中华文明传统的传承者。中国共产党人不是历史虚无主义者，也不是文化虚无主义者。中国共产党人始终坚持马克思主义基本原理必须同中国具体实际紧密结合，坚持科学对待民族传统文化，做中华优秀传统文化的传承者和弘扬者。不论在战争年代，还是在和平发展的年代，中国共产党始终坚持走人民路线，重视以德服人，重视政党文化的建设，强调共产党员要严于修身，要艰苦奋斗，这一切无不体现着中华文明的价值观和道德要求。中国道路之所以能够成功，说到底是因为中国共产党带领人民走了一条适合中国国情、符合世界发展大势的道路，而中国共产党之所以能够带领人民，人民之所以愿意跟着中国共产党走，则在于中国共产党人始终坚守着民族的立场和实践的要求，充分吸取中华文明的智慧滋养中国特色社会主义道路，使中国道路奠基于深厚的文明基础之上，具有源源不断的发展动力和精神支持。

第五章
制度的优势

西方一些人士认为，西方文明是世界上最好的文明，西方的现代化道路是唯一可行的发展“范式”，西方的民主制度是唯一科学的政治模式。然而，随着经济的持续快速发展、人民生活水平的不断提高、综合国力的大幅提升，“中国经验”“中国奇迹”“中国道路”受到全世界日益广泛的关注。中国道路对于其他国家的发展实践而言，具有更深层的世界历史意义，它打破了西方道路是“唯一正确”“普世适用”的神话，也破除了人们对西方民主的迷信。正如党的十九大报告所指出的：“中国特色社会主义政治发展道路，是近代以来中国人民长期奋斗历史逻辑、理论逻辑、实践逻辑的必然结果，是坚持党的本质属性、践行党的根本宗旨的必然要求。世界上没有完全相同的政治制度模式，政治制度不能脱离特定社会政治条件和历史文化传统来抽象评判，不能定于一尊，不能生搬硬套外国政治制度模式。要长期坚持、不断发展我国社会主义民主政治，积极稳妥推进政治体制改革，推进社会主义民主政治制度化、规范化、法治化、程序化，保证人民依法通过各种途径和形式管理国家事务，管理经济文化事业，管理社会事务，巩固和发展生动活泼、安定团结的政治局面。”历史证明，并不存在唯一形式的政治民主，各个国家必须根据自己的国情建立合适的民主政治制度。既不能在民主政治建设方面“封闭僵化”，也不能“改旗易帜”，而要不断与时俱进。中国道路的成功背后具有深刻的政治制度优势。

一、中国奇迹源于中国制度

中国道路的成功充分说明，政治建设和经济建设必须协调发展，不能走封闭僵化的老路。其他一些社会主义国家的民主政治，由于缺乏我国民主政治的体系完善性、执行坚定性、时代发展性、人民主体性，而导致严重的后果。例如，苏联的民主集中制流于形式，导致官僚腐败严重，在戈尔巴乔夫时期又放松党的领导，结果导致苏共亡党、苏联解体。与此相反，党的十一届三中全会以来，我们党团结带领人民，艰苦奋斗、顽强拼搏，坚决破除阻碍国家和民族发展的思想束缚和体制障碍，开辟了中国道路，“我们扭住完善和发展中国特色社会主义制度这个关键，为解放和发展社会生产力、解放和增强社会活力、永葆党和国家生机活力提供了有力保证，为保持社会大局稳定、保证人民安居乐业、保障国家安全提供了有力保证，为放手让一切劳动、知识、技术、管理、资本等要素的活力竞相迸发，让一切创造社会财富的源泉充分涌流不断建立了充满活力的体制机制”[1]。制度是关系党和国家事业发展的根本性、全局性、稳定性、长期性问题。我们要坚决破除一切妨碍发展的体制机制障碍和利益固化藩篱，坚持完善和发展中国特色社会主义制度，不断发挥和增强我国制度优势。

中国改革开放 40 年来所取得的经济成就世人有目共睹，无可否认，也无人能够否认，但是，有人对于中国的政治建设成就存在一定的偏见和质疑。有一种典型的观点是“中国的民主政治建设严重滞后于经济建设”。这种观点有失偏颇。我们并不否认中国的民主政治建设还不完善，还有许多值得改进的方面，但是，并不能据此无视中国特色社会主义民

〔1〕习近平：《在庆祝改革开放 40 周年大会上的讲话》，《人民日报》2018 年 12 月 19 日。

主政治的特有优势和巨大作用，否则就不能完整揭示“中国奇迹”的内在根据。毫无疑问，中国道路的成功肯定离不开政治发展，任何否定和质疑中国特色社会主义民主政治建设成就的观点严重背离现实情况，在逻辑上也讲不通。邓小平同志曾指出，“只搞经济体制改革，不搞政治体制改革，经济体制改革也搞不通”[1]。经济与政治是辩证统一的关系，如果没有政治发展相适应，经济发展也不可能实现。从本质上讲，政治体制改革是通过上层建筑调整来适应经济基础和生产力发展的需要，更好地服务和促进社会生产力的发展，从而推动整个社会不断进步。中国特色社会主义民主政治在坚持中国共产党的领导、保证和发展人民当家作主、全面推进依法治国、坚持民主集中制的四大原则下不断发展，以此推动经济社会持续健康发展。

（一）坚持中国共产党的领导，为中国的和谐稳定和协调发展提供了根本的政治保障

中国这样一个有 13 亿多人口的大国，最怕一盘散沙、四分五裂，而能够把 13 亿多人口的力量凝聚起来，除了中国共产党没有任何一个组织具备这样的条件和能力。正如邓小平同志所指出的：“中国正处在特别需要集中注意力发展经济的进程中。如果追求形式上的民主，结果是既实现不了民主，经济也得不到发展，只会出现国家混乱、人心涣散的局面。对这一点我们有深切的体验，因为我们有‘文化大革命’的经历，亲眼看到了它的恶果。中国人多，如果今天这个示威，明天那个示威，三百六十五天，天天会有示威游行，那末就根本谈不上搞经济建设了。

〔1〕邓小平：《在全体人民中树立法制观念》，《邓小平文选》第三卷，人民出版社 1993 年版，第 164 页。

“蛟龙”号

我们是要发展社会主义民主，但匆匆忙忙地搞不行，搞西方那一套更不行。如果我们现在十亿人搞多党竞选，一定会出现‘文化大革命’中那样‘全面内战’的混乱局面。‘内战’不一定都是用枪炮，动拳头、木棒也打得很凶。民主是我们的目标，但国家必须保持稳定。”[1]在中国共产党领导下，改革开放40年来，中国所取得的民主政治建设成就有目共睹。正是通过这种民主模式，中国真正实现了倾听民声、广集民智，做到了政治稳定、决策有效，确保了经济繁荣、社会发展，展现了中国民主政治的强大生命力。

[1] 邓小平：《压倒一切的是稳定》，《邓小平文选》第三卷，人民出版社1993年版，第284—285页。

中国具有自主知识产权的民用大飞机 C919

正如习近平总书记在庆祝改革开放 40 周年大会上的讲话中所指出的："改革开放 40 年的实践启示我们：中国共产党领导是中国特色社会主义最本质的特征，是中国特色社会主义制度的最大优势。党政军民学，东西南北中，党是领导一切的。正是因为始终坚持党的集中统一领导，我们才能实现伟大历史转折、开启改革开放新时期和中华民族伟大复兴新征程，才能成功应对一系列重大风险挑战、克服无数艰难险阻，才能有力应变局、平风波、战洪水、防非典、抗地震、化危机，才能既不走封闭僵化的老路也不走改旗易帜的邪路，而是坚定不移走中国特色社会主义道路。坚持党的领导，必须不断改善党的领导，让党的领导更加适应实践、时代、人民的要求。在坚持党的领导这个决定党和国家前途命运的重大原则问题上，全党全国必须保持高度的思想自觉、政治自觉、行动自觉，丝毫不能动摇。"

（二）人民当家作主是中国特色社会主义民主政治的本质和核心，为中国特色社会主义事业的发展不断凝聚力量

党的十九大报告指出："中国特色社会主义政治制度是中国共产党和中国人民的伟大创造。"[1]"党的领导是人民当家作主和依法治国的根本保证，人民当家作主是社会主义民主政治的本质特征，依法治国是党领导人民治理国家的基本方式，三者统一于我国社会主义民主政治伟大实践。"[2]"我们要坚持党的领导、人民当家作主、依法治国有机统一，坚持和完善人民代表大会制度、中国共产党领导的多党合作和政治协商制度、民族区域自治制度、基层群众自治制度，全面推进依法治国，巩固和发展最广泛的爱国统一战线，发展社会主义协商民主，用制度体系保证人民当家作主。"[3]中国特色社会主义政治制度之所以能够实现"良政"和"善治"，根源在于我们党和国家始终以最广大人民群众的根本利益为出发点和归宿，激发人民群众的智慧、力量、积极性。正如习近平总书记所指出的，中华民族伟大复兴的中国梦"是民族的梦，也是每个中国人的梦"，要凝聚"13 亿人的智慧和力量汇集起不可战胜的磅礴力量"[4]。没有广大人民群众的积极参与、投身贡献，中国的改革开放事业不可能取得如此辉煌的成绩。

---

〔1〕习近平：《决胜全面建成小康社会 夺取新时代中国特色社会主义伟大胜利——在中国共产党第十九次全国代表大会上的报告》，人民出版社 2017 年版，第 40 页。

〔2〕习近平：《决胜全面建成小康社会 夺取新时代中国特色社会主义伟大胜利——在中国共产党第十九次全国代表大会上的报告》，人民出版社 2017 年版，第 36 页。

〔3〕习近平：《在庆祝改革开放 40 周年大会上的讲话》，《人民日报》2018 年 12 月 19 日。

〔4〕习近平：《在第十二届全国人民代表大会第一次会议上的讲话》，《习近平谈治国理政》第一卷，外文出版社 2018 年版，第 40 页。

（三）全面依法治国是党领导人民治理国家的基本方略，为中国特色社会主义事业的发展提供法治保障

全面推进依法治国是中国特色社会主义的本质要求和重要保障，建设社会主义法治国家是中国特色社会主义民主政治建设的基本内容。民主与法治是我国社会主义政治文明建设的两大基本目标。民主与法治相辅相成，不可分割。没有民主，法治就成了无源之水；没有法治，民主便失去保障。邓小平同志指出："为了保障人民民主，必须加强法制。"[1] 习近平总书记指出："无论是实现'两个一百年'奋斗目标，还是实现中华民族伟大复兴的中国梦，全面依法治国既是重要内容，又是重要保障。我们把全面依法治国纳入'四个全面'战略布局，就是要为全面建成小康社会、全面深化改革、全面从严治党提供长期稳定的法治保障。"[2]

（四）民主集中制是我们党的根本组织原则和领导制度，是科学合理而又高效的制度

邓小平同志强调："民主集中制是党和国家的最根本的制度，也是我们传统的制度。坚持这个传统的制度，并且使它更加完善起来，是十分重要的事情，是关系我们党和国家命运的事情。"[3] 民主集中制既能保证统一领导，又能充分凝聚各级领导以及广大群众的智慧和力量。习近平总书记指出："民主集中制是我们党的根本组织原则和领导制度，是马克

---

〔1〕邓小平：《解放思想，实事求是，团结一致向前看》，《邓小平文选》第二卷，人民出版社 1994 年版，第 146 页。

〔2〕习近平：《加强党对全面依法治国的领导》，《求是》2019 年第 4 期。

〔3〕邓小平：《在扩大的中央工作会议上的讲话》，《邓小平文选》第一卷，人民出版社 1994 年版，第 312 页。

思主义政党区别于其他政党的重要标志。这项制度把充分发扬党内民主和正确实行集中有机结合起来，既可以最大限度激发全党创造活力，又可以统一全党思想和行动，有效防止和克服议而不决、决而不行的分散主义，是科学合理而又有效率的制度。”“我们要把民主和集中有机统一起来，真正把民主集中制的优势变成我们党的政治优势、组织优势、制度优势、工作优势。”〔1〕民主集中制还决定了我国中央与地方的关系、上级与下级的关系，既能保证中央的统一领导，又给予地方以适当的自主权；既能保证上级令行禁止，又充分发挥下级、群众的积极性。

二、政治立场保证风雨同舟

习近平总书记指出：“人民立场是中国共产党的根本政治立场，是马克思主义政党区别于其他政党的显著标志。党与人民风雨同舟、生死与共，始终保持血肉联系，是党战胜一切困难和风险的根本保证，正所谓‘得众则得国，失众则失国’。”〔2〕来自人民、植根人民、服务人民，这是我们党永远立于不败之地的根本所在。来自人民回答了来自谁的问题，反映了党的本质属性；植根人民回答了依靠谁的问题，揭示了党的动力之源；服务人民回答了为了谁的问题，宣告了党的奋斗宗旨。人民拥护和支持是党最牢固的执政根基，这是党最深切的认知。

“民为邦本，未有本摇而枝叶不动者。”习近平总书记一直这样告诫

〔1〕《中共中央政治局召开民主生活会强调 树牢“四个意识”坚定“四个自信” 坚决做到“两个维护”勇于担当作为 以求真务实作风把党中央决策部署落到实处》，《人民日报》2018年12月27日。

〔2〕习近平：《不忘初心，继续前进》，《习近平谈治国理政》第二卷，外文出版社2017年版，第40页。

全党、警醒全党："一个政党，一个政权，其前途和命运最终取决于人心向背。如果我们脱离群众、失去人民拥护和支持，最终也会走向失败。"〔1〕"如果管党不力、治党不严，人民群众反映强烈的党内突出问题得不到解决，那我们党迟早会失去执政资格。"〔2〕"坚持人民主体地位，充分调动人民积极性，始终是我们党立于不败之地的强大根基。"〔3〕党的十八大以来，习近平总书记多次强调，"人心是最大的政治"。这一科学论断，总结了人类社会千百年来治国理政的宝贵经验，彰显着共产党人的使命意识、责任意识、担当意识。"人心是最大的政治。"只要我们永不动摇信仰、永不脱离群众，我们就能无往而不胜。这既是对党的历史经验的科学总结，又是对党的未来走向的深刻揭示。

（一）坚持人民立场和群众路线是中国革命、建设、改革取得成功的重要经验

群众路线是党在长期的革命、建设、改革过程中积累的宝贵经验。人民群众是党的力量源泉和胜利之本，我们党之所以能够领导人民取得革命、建设、改革的伟大胜利，一个根本原因就在于我们党始终深深地扎根于人民群众之中，人民群众为我们党提供了不竭的智慧和力量。历史一再证明，人民立场是中国共产党的根本政治立场，群众路线是党的生命线和根本工作路线，是我们取得革命胜利、社会主义建设和改革开放巨大成就的法宝。

〔1〕习近平:《紧紧围绕坚持和发展中国特色社会主义　学习宣传贯彻党的十八大精神》，《习近平谈治国理政》第一卷，外文出版社 2018 年版，第 15 — 16 页。

〔2〕习近平：《在全国组织工作会议上的讲话》，《十八大以来重要文献选编》（上），中央文献出版社 2014 年版，第 350 页。

〔3〕习近平：《坚持和运用好毛泽东思想活的灵魂》，《习近平谈治国理政》第一卷，外文出版社 2018 年版，第 27 页。

以毛泽东同志为主要代表的中国共产党人，根据马克思主义唯物史观，在中国革命和建设的实践中形成和确立了党的群众路线，培育了党群之间鱼水相依的亲密关系。中国共产党在领导中国革命的进程中，在多数情况下面临的都是敌强我弱的形势，帝国主义和封建主义的反动势力异常强大。作为力量弱小的一方，要战胜强敌必须依靠人民群众的支持、拥护和参与。早在民主革命时期，毛泽东同志就明确指出："人民，只有人民，才是创造世界历史的动力。"[1]"革命战争是群众的战争，只有动员群众才能进行战争，只有依靠群众才能进行战争。"[2]我们党正是依靠人民群众的支持，才取得了新民主主义革命的胜利，取得了社会主义革命和建设的成功。正如毛泽东同志所指出的："在革命政府的周围团结起千百万群众来，发展我们的革命战争，我们就能消灭一切反革命，我们就能夺取全中国。"[3]历史事实充分证明，人民群众是我们党最深厚的力量源泉。

刘少奇同志曾经说过："我们党必须和广大群众保持密切的联系，如果和群众联系不好，就要发生危险，就会象安泰一样被人扼死。共产党也会被人扼死的哩！党什么也不怕，就怕这一项。"[4]民心向背，决定着一个政党的生死存亡。1945 年 7 月 4 日，这一天是美国的国庆日，当美国人民为国家的独立欢呼庆祝之时，毛泽东专门邀请黄炎培等人到他家里做客，整整长谈了一个下午，讨论的也是一个国家、一个民族的兴

〔1〕毛泽东：《论联合政府》，《毛泽东选集》第三卷，人民出版社 1991 年版，第 1031 页。

〔2〕毛泽东：《关心群众生活，注意工作方法》，《毛泽东选集》第一卷，人民出版社 1991 年版，第 136 页。

〔3〕毛泽东：《关心群众生活，注意工作方法》，《毛泽东选集》第一卷，人民出版社 1991 年版，第 139 页。

〔4〕刘少奇：《对华北记者团的谈话》，《刘少奇选集》上卷，人民出版社 1981 年版，第 397 页。

衰大势。当毛泽东问黄炎培在延安的感受时，黄炎培坦率地说："我生60多年，耳闻的不说，所亲眼看到的，真所谓'其兴也勃焉，其亡也忽焉'，一人、一家、一团体、一地方，乃至一国，不少单位都没有能跳出这周期律的支配力。"他问毛泽东，中国共产党能不能跳出历史上"其兴也勃焉，其亡也忽焉"的历史周期律。毛泽东答道："我们已经找到新路，我们能跳出这周期律。这条新路，就是民主。只有让人民来监督政府，政府才不敢松懈。只有人人起来负责，才不会人亡政息。"黄炎培听了毛泽东的回答，十分高兴，他说："这话是对的，只有把大政方针决之于公众，个人功业欲才不会发生。只有把每个地方的事公之于每个地方的人，才能使地地得人，人人得事。用民主来打破这个周期律，怕是有效的。"〔1〕

中国共产党坚信人民是历史的真正创造者的观点，敢于、善于放手发动群众，调动最广大人民群众的积极性，最终打败了日本帝国主义，打败了国民党反动派，解放了全中国，使中华民族获得独立，使中国人民重新站了起来。1934年，毛泽东同志在《关心群众生活，注意工作方法》一文中说："国民党现在实行他们的堡垒政策，大筑其乌龟壳，以为这是他们的铜墙铁壁。同志们，这果然是铜墙铁壁吗？一点也不是！……真正的铜墙铁壁是什么？是群众，是千百万真心实意地拥护革命的群众。这是真正的铜墙铁壁，什么力量也打不破的，完全打不破的。"毛泽东同志还指出党员干部要做到从群众中来，只是完成了领导工作的第一步，更重要的是要让这些从群众中集中起来的领导意见再回到群众中去。党要依靠群众又要教育引导群众前进。毛泽东同志指出："善于把党的政策变为群众的行动，善于使我们的每一个运动，每一个斗争，

〔1〕参见熊玠：《把协商民主作为国家战略》，《学习时报》2016年6月30日。

不但领导干部懂得，而且广大的群众都能懂得，都能掌握，这是一项马克思列宁主义的领导艺术。我们的工作犯不犯错误，其界限也在这里。”[1]

“改革开放以来，面对出现的新情况新问题，我们党反复强调：党的根基在人民，血脉在人民，力量在人民。正确的认识只能来源于群众的实践，正确的决策只有变成群众的自觉行动才能实现。领导干部要深入基层，深入群众，深入实际，尊重人民群众的创造，倾听人民群众的呼声，反映人民群众的意愿，集中人民群众的智慧和力量去发展我们的事业。”[2]要带着感情、带着责任去体察民情，体验民生，体会民意，问政于民，问需于民，问计于民。邓小平同志以人民拥护不拥护、人民赞成不赞成、人民高兴不高兴、人民答应不答应作为我们想问题、作决策的主要依据。在改革开放中，我们实行的家庭联产承包责任制，建立经济特区，实施沿海开放战略，发展社会主义市场经济等，都是坚持党的群众路线的结果。

党的十八大以来，以习近平同志为核心的党中央顺应人民群众过上幸福生活的新期待，庄严承诺：“人民对美好生活的向往，就是我们的奋斗目标。”更加彰显了我们党的为民宗旨和责任担当。正是因为我们党几十年来深深扎根于人民的沃土之中，保持了良好的党群关系，保持了无产阶级先锋队的性质，党才能历经磨难而不衰，始终站在时代前列，党的事业才能不断从胜利走向新的胜利。我们党始终坚持群众路线，相信群众、依靠群众、为了群众，在不断满足人民群众需要中成就党的事业，人民群众为党和国家事业发展提供了不竭动力。

---

〔1〕毛泽东：《对晋绥日报编辑人员的谈话》，《毛泽东选集》第四卷，人民出版社1991年版，第1319—1320页。

〔2〕曲青山：《群众路线永远是党的生命线》，《光明日报》2013年6月17日。

（二）坚持人民立场和群众路线是坚持和发展中国特色社会主义的前进动力

人民是历史的主人，中国特色社会主义是亿万人民自己的事业。坚持发展为了人民、发展依靠人民、发展成果由人民共享，我们党才能始终赢得广大人民的拥护、支持和爱戴，党领导的中国特色社会主义道路才能越走越宽广。我们要充分发挥人民主人翁精神，始终不渝地坚持马克思主义群众观点和党的群众路线，坚持人民主体地位。

实现社会主义现代化和中华民族伟大复兴的中国梦，要靠始终不渝、毫不动摇地贯彻群众路线。建设中国特色社会主义是前无古人的事业，社会主义现代化和中华民族伟大复兴的任务无比艰巨。中国特色社会主义事业是人民的事业，没有亿万人民的积极参加，社会主义现代化就不可能实现。中国特色社会主义事业的最终受益者是人民群众，建设者也是人民群众，我们只有坚持“一切为了群众，一切依靠群众”，才能把广大人民群众最广泛地团结起来，把一切积极因素调动起来，把人民群众的智慧和力量凝聚起来。我们只有坚持“从群众中来，到群众中去”的领导方法和工作方法，尊重人民群众的主体作用和首创精神，坚持问政于民、问需于民、问计于民，才能始终保证中国特色社会主义事业的健康发展。党只有密切联系群众，最充分地调动人民群众的积极性、主动性、创造性，最大限度地集中全民族的智慧和力量，才能促进经济、政治、文化、社会和生态的协调健康发展，加速推进社会主义现代化，实现新时代党的历史使命。

通过改革开放不断推进我国社会主义制度自我完善和发展，要靠始终不渝、毫不动摇地贯彻群众路线。40 年的改革开放之所以能取得巨大成功，根本原因之一就是它得到了社会各阶层广大人民群众的普遍拥护和广泛参与。改革是群众的事业，必须始终坚持群众路线，凝聚发展动力。改革开放40年的实践启示我们：为中国人民谋幸福，为中华民族谋复兴，是中国共产党人的初心和使命，也是改革开放的初心和使命。我们党必须坚持以人民为中心，践行党的根本宗旨，贯彻党的群众路线，顺应民心、尊重民意、关注民情、致力民生，既通过提出并贯彻正确的理论和路线方针政策带领人民前进，又从人民实践创造和发展要求中获得前进动力，让人民共享改革开放成果，激励人民更加自觉地投身改革开放和社会主义现代化建设事业。“一切为了群众，一切依靠群众，从群众中来，到群众中去”是我们党的根本工作路线，也是改革中必须始终坚持的工作路线。这些年来，正是由于人民群众的广泛参与，才使改革得以顺利推进。我们共产党人之所以能够克服各种困难，战胜各种敌人，就是因为我们忠实地遵循了这一要求。在未来的改革中仍然要始终坚持群众路线，善于在工作中使群众的积极性和创造性最大限度地得以发挥，从而真正发挥党对于人民群众的领导作用，正确地给人民群众指出方向，帮助人民群众自己动手，争取和创造自己的幸福生活。

人民群众是推进中国特色社会主义事业的主力军，建设中国特色社会主义，不能只靠少数共产党人，而是要通过共产党人紧密团结和领导广大人民群众一起奋斗，凝聚共识，攻坚克难，形成建设中国特色社会主义的强大合力，这是我们的事业取得成功的基础和保证，是我们的道路不断拓展的基础和保证。因此，新时代坚持党的群众路线，是建设中国特色社会主义的重要保证，也是中国特色社会主义道路的必然选择。

马克思主义的群众观点和群众路线是中国共产党坚持密切党群关系的理论基础。党和群众的血肉联系就像“水”和“舟”的关系，群众是水，党是舟，水可载舟，亦可覆舟。处理好“水”和“舟”的关系意义重大。马克思、恩格斯在工人阶级政党初创时，在深入研究近代国家的基础上，预见了工人阶级政党在执政后存在着“由社会公仆变成社会主人”的危险。俄国革命胜利，共产党执政后列宁就曾尖锐地指出：执政党的最大危险之一就是脱离群众。“如果说有什么东西会把我们毁掉的话，那就是这个”[1]，即共产党员成为官僚主义者。为此，列宁深刻分析了官僚主义产生的原因，采取了消除官僚主义的各项措施，并号召全体党员要同脱离群众的官僚主义进行长期的斗争。中国革命、建设、改革的经验表明，中国共产党的最大政治优势是密切联系群众。中国共产党之所以能取得革命胜利，夺取政权，能够顺利进行改革开放而不变质，靠的是代表最广大人民群众的根本利益，有着深厚的根源，即阶级基础和群众基础。因此，中国共产党执政后的最大危险是脱离群众。人心向背是决定一个政党、一个政权兴亡的根本性因素。苏共解体前，当时的苏联社会科学院曾经就苏共代表谁的利益问题进行过一次问卷调查，被调查者认为苏共仍然能够代表工人利益的占被调查者的 4%，认为代表全体人民利益的占 7%，认为代表全体党员利益的占 11%，而认为代表党的官僚、干部和机关工作人员利益的竟然占 85%。很显然，这样一个有 74 年执政历史、拥有 2000 万名党员的大党之所以垮台，从根本上说，是彻底丧失了民心。苏共的解体以及世界上一些长期执政的大党老党的纷纷垮台，再次有力地印证了这样一个颠扑不破的真理：“得民心者得天下，失民心者失天下。”

三、制度自信坚守中国道路

中国特色社会主义制度，起源于党局部执政时期，奠基于社会主义

〔1〕列宁：《致格·雅·索柯里尼柯夫》，《列宁全集》第五十二卷，人民出版社 1988 年版，第 300 页。

革命和建设时期，在改革开放伟大实践中不断得到发展和完善。中国特色社会主义制度，坚持把根本政治制度、基本政治制度同基本经济制度以及各方面体制机制等具体制度有机结合起来，坚持把国家层面民主制度同基层民主制度有机结合起来，坚持把党的领导、人民当家作主、依法治国有机结合起来，符合我国国情，既坚持了社会主义的根本性质，又借鉴了古今中外制度建设的有益成果，集中体现了中国特色社会主义的特点和优势，是中国发展进步的根本制度保障。中国特色社会主义制度，不仅是中华民族伟大复兴的保障，也在为人类对更好的社会制度的探索提供中国方案。历史实践证明，中国特色社会主义制度具有能够集中力量办大事、和衷共济解难事、提高效率办好事的独特优势，能够最大限度适应当代中国的客观实际，能够最大限度解放和发展社会生产力，能够最大限度调动人民群众的积极性、主动性、创造性，永葆党和国家的创造活力。正如习近平总书记所强调的那样："中国特色社会主义制度是当代中国发展进步的根本制度保障，是具有鲜明中国特色、明显制度优势、强大自我完善能力的先进制度。"

中国道路的成功充分说明，只有能促进生产力发展和人民幸福的民主才是好民主，而中国的民主政治正是极大促进生产力发展和人民幸福的有效制度。毛泽东同志说："民主这个东西，有时看来似乎是目的，实际上，只是一种手段。马克思主义告诉我们，民主属于上层建筑，属于政治这个范畴。这就是说，归根结蒂，它是为经济基础服务的。"[1] 从本质来讲，民主制度是上层建筑，它是由生产力和经济基础决定的，要服务于生产力和经济基础的发展。因此，判断一个国家的民主制度是否适宜、合理、具有优越性，要看它是否有助于促进社会生产力的发展，是

〔1〕毛泽东：《关于正确处理人民内部矛盾的问题》，《毛泽东文集》第七卷，人民出版社 1999 年版，第 208 — 209 页。

否能够适应经济社会发展的基本需要，是否使全体公民共享了国家经济发展的成果。

西方民主始于古希腊，建立在对奴隶的奴役以及基督教文化传统的基础之上，的确对人类文明有其独特价值。西方民主经历了较长时期的发展，与西方国家的历史、文化、社会及资本主义制度基本适应。西方国家的当代民主制度从古希腊、古罗马的传统中演化发展而来，其间也有重大波折和许多变化。恩格斯曾经指出，“希腊人和罗马人的公平认为奴隶制是公平的；1789 年资产者的公平要求废除封建制度……所以，关于永恒公平的观念不仅因时因地而变，甚至也因人而异”〔1〕。

西方民主在西方国家的政治实践中能够基本满足其政治需要：满足维护资本主义制度的需要，满足资本家统治工人的需要，满足西方社会对民主的历史认知，满足西方文化对民主的要求。西方民主在具体的实践、具体的民主程序、具体的民主规则及其理论方面也取得了一些成果，可以为其他国家所借鉴，但把西方的民主当作人类的“普世价值”强加给各国人民并奉其为最高价值是错误的。从世界范围来看，十多年来，“颜色革命”、“阿拉伯之春”、乌克兰危机、叙利亚内战等事件的发生，无一不是西方民主制度强力输出的结果。那些按照西方模式建立起来的“民主”政体，并没有给相关国家带来稳定和繁荣，相反却使这些国家陷入了长期的动荡和不安，甚至跌入了内战的深渊。2014 年 4 月 1 日，习近平总书记在比利时布鲁日欧洲学院发表演讲时指出：“世界是多向度发展的，世界历史更不是单线式前进的。中国不能全盘照搬别国的政治制度和发展模式，否则的话不仅会水土不服，而且会带来灾难性后果。”实际上，民主制度没有一成不变的恒定模式，

〔1〕恩格斯：《论住宅问题》，《马克思恩格斯文集》第三卷，人民出版社 2009 年版，第 323 页。

其自诞生的那一天起就在世界上不同社会制度、不同经济发展水平、不同历史文化背景下的不同地域中存在着不同的形态。西方式民主也许是适合西方社会的较好选择，但是未必适合世界上所有国家和地区。每个国家的民主模式应该反映各自的政治、经济、社会和文化的特点，具有本国特色，而不能奉行“拿来主义”，邯郸学步，东施效颦，照搬照套。

“人民民主是社会主义的生命”，中国共产党自诞生起即以人民民主为追求。人民民主是中国共产党始终高举的旗帜，一直在探索、发展一条中国特色民主政治之路。鸦片战争以来，中国在救国救民的历程中几乎把世界上所有的民主形式都进行了试验，包括君主立宪制、五权分立制、议会制、总统—内阁制、多党竞选制等，都失败了。只有中国共产党奉行的社会主义民主制度取得了成功。相对以多党制、三权分立制为主要特征的西式民主不断暴露出的政治僵局、权力掣肘、金钱选举、缺乏效率等固有弊端和局限性，中国特色民主政治制度以其特有的优势保障了中国的持续发展，创造了“中国奇迹”，从而受到了世界普遍关注。中国民主政治之所以能够更加有效地促进生产力发展和增进人民福祉，是因为其具有独特的制度优势。

一是在民主基础上形成正确的集中，制定正确的方针政策和重大决策，能形成全党全国的统一意志，有效整合社会资源，高效率地贯彻执行，有效避免了权力掣肘的问题。相反，西方民主培养出个人主义，难以实现民主与集中的辩证、有效统一。正如信仰社群主义者的主要代表之一查尔斯·泰勒所指出的，原子主义过分强调个人及个人权利对社会的优先性，把社会当作实现个人目的的工具。他认为 17 世纪至今所有基于契约论之上的自由主义和从个人主义出发的功利主义都是“原子主义”。西方民主建构在原子主义的理论基础之上，培养着原子主义公民。

在原子主义统治下的原子主义公民怎么可能不出现权力掣肘的问题呢！

二是在实现广泛的民主权利的同时，正确集中各方意见，协调不同利益，集体行使权力，作出科学决策，保证人民意志和利益的实现，维护社会公平正义，能够汇聚各个群体的意见、智慧、力量，增强党和国家的活力，集中力量办大事，形成共同推动中国发展进步的强大合力。而西方民主虽然形式上体现为全民民主，但实质是资本的民主，是适应西方资本主义制度的民主。对此，恩格斯曾一针见血地指出，资本主义国家“不过是管理整个资产阶级的共同事务的委员会罢了”〔1〕，“只是资产阶级社会为了维护资本主义生产方式的一般外部条件使之不受工人和个别资本家的侵犯而建立的组织”〔2〕，“不管它的形式如何，本质上都是资本主义的机器，资本家的国家，理想的总资本家”〔3〕。当前，西方国家利益集团绑架政治的现象随处可见，院外活动集团已成“制度”。也正是在这个意义上，英国前首相布莱尔讲“民主已死”，2014 年 12 月 4 日他在《纽约时报》发文：“现代治国面临一道离奇的悖论：要满足公众日益提升的需求，改革必不可少，但公众很容易被动员起来反对这些改革。”在这样的情况下，怎么能够调动人民群众参与国家建设与发展的积极性和主动性呢！

三是能够使政权具有高度的稳定性，政策具有明显的连续性，保证了经济社会发展战略得以长期坚持和实施。对此，《纽约时报》专栏作家托马斯·弗里德曼说：“如果需要的话，中国领导人可以改变规章制度、标准、基础设施，以维护国家长期战略发展的利益。这些议题若换在西

---

〔1〕马克思、恩格斯：《共产党宣言》，《马克思恩格斯文集》第二卷，人民出版社 2009 年版，第 33 页。

〔2〕〔3〕恩格斯：《社会主义从空想到科学的发展》，《马克思恩格斯文集》第三卷，人民出版社 2009 年版，第 559 页。

方国家讨论和执行，恐怕要花几年甚至几十年的时间。”他感叹道：“我希望美国能做一天中国（仅仅一天）。”正是因为中国特色社会主义民主制度适应了中国历史与国情对政治制度提出的总体要求，保持了国家的长期稳定发展，提高了社会主义社会的生产力水平，符合最广大人民的根本利益，在促进经济社会发展中体现出鲜明的制度优势。

可见，当代西方民主模式并不是普世模式，也不是最优模式，更不是唯一模式。正如习近平总书记指出的：“照抄照搬他国的政治制度行不通，会水土不服，会画虎不成反类犬，甚至会把国家前途命运葬送掉。只有扎根本国土壤、汲取充沛养分的制度，才最可靠、也最管用。”〔1〕

中国道路的成功充分说明，每个国家必须根据自己的国情选择适合自己的民主制度，随着自己国家各项条件的发展变化而发展自己的民主政治。民主政治模式应该反映每个国家各自的政治、经济、社会和文化特点，具有本国特色，而不能照搬照抄，实行“拿来主义”，每个国家必须根据自己的国情选择适合自己的民主制度。同时，每个国家还应本着古为今用、他为我用的原则借鉴学习历史和他国的经验发展自己的民主政治。

从历史上看，中国也曾经试图借推行西式民主来实现民族复兴，例如晚清时期的君主立宪制、辛亥革命后的总统制、多党制等，但是都没有能够解决我们的时代课题。在中国共产党领导下，在中国革命、建设、改革和发展的历史进程中，我们不断探索和完善适合自己的民主政治发展道路：一是改革和完善党和国家的领导制度，确保了党和国家领导机关正常换届和领导人员有序更替；二是不断巩固和完善人民代表大会制度，发展基层群众自治，实现了内容广泛、层次丰富的人民当家作主的

---

〔1〕习近平：《在庆祝全国人民代表大会成立60周年大会上的讲话》，《人民日报》2014年9月6日。

真实人民民主；三是坚持和完善中国共产党领导的多党合作和政治协商制度，建设最广泛的爱国统一战线，调动一切可以调动的力量，汇聚人民群众的智慧；四是确立和贯彻全面依法治国基本方略，坚持法治国家、法治政府、法治社会一体建设；五是建立健全权力运行制约和监督体制机制，形成惩治和预防腐败体系，保证党和国家领导机关和人员按照法定权限和程序行使权力。还有深化干部人事制度改革，形成了广纳群贤、人尽其才、能上能下、充满活力的用人机制；民主决策机制的建立和完善保证了了解民情、反映民意、集中民智、汇聚民力等重大进步。我们的民主制度更加健全，民主形式更加丰富，民主水平不断提高，保障了人民当家作主权利的有效行使，实现了秩序、效率和民主的协同共进，形成了独具特色的民主政治。正是因为深深扎根于中国大地，始终坚持以马克思主义民主理论与中国实际相结合的基本原则为指导，借鉴了人类政治文明包括西方民主的有益成果，吸收了中国传统文化和制度文明中的民主性因素，中国特色的民主模式硕果累累，奠定了实现中华民族伟大复兴的中国梦的政治基础，为“中国奇迹”的创造提供了有力的制度保障。

中国特色社会主义民主政治随着中国特色社会主义事业的不断发展，还将继续与时俱进，在扬弃历史与他国经验教训的原则下坚持社会主义方向、坚持本国实际向前发展。面对中国民主所创造的辉煌成就，曾经主张“历史终结论”的日裔美籍学者弗朗西斯·福山在 2009 年接受日本《中央公论》杂志采访时对自己先前的观点进行了修正:“客观事实证明，西方自由民主可能并非人类历史进化的终点。随着中国崛起，所谓‘历史终结论’有待进一步推敲和完善。人类思想宝库需为中国传统留有一席之地。”

改革开放 40 年来，我国经济社会发展取得了举世瞩目的成就，成为国际舞台上具有重要影响力的世界大国，这既是中国特色社会主义政治发展道路的实践成果，也是当代中国政治体制强大生命力和优越性的生动证明。正如习近平总书记在庆祝改革开放 40 周年大会上的讲话中所指出的："制度是关系党和国家事业发展的根本性、全局性、稳定性、长期性问题。我们扭住完善和发展中国特色社会主义制度这个关键，为解放和发展社会生产力、解放和增强社会活力、永葆党和国家生机活力提供了有力保证，为保持社会大局稳定、保证人民安居乐业、保障国家安全提供了有力保证，为放手让一切劳动、知识、技术、管理、资本等要素的活力竞相迸发，让一切创造社会财富的源泉充分涌流不断建立了充满活力的体制机制。"

中国道路的成功破除了西方民主的神话，这也充分证明了，一个国家实行什么样的政治制度、走什么样的发展道路，归根结底取决于这个国家的具体国情和历史文化条件。只有扎根本国土壤、汲取充沛养分的民主制度，才最可靠，也最管用。中国特色民主政治制度，就是内生于中国国情基础上的，它扎根于本土，最可靠，也最管用。

第六章
务实的态度

1978年12月18日，我们党召开十一届三中全会，开启了改革开放和社会主义现代化的伟大征程。40年，对于漫长的人类历史长河来说无非是“弹指一挥间”的事情，但正是这40年，中华大地发生了感天动地的伟大变革，我们用几十年时间走完了发达国家几百年走过的工业化历程。在中国人民手中，不可能成为可能。改革开放40年极大改变了中国的面貌、中华民族的面貌、中国人民的面貌、中国共产党的面貌。中华民族迎来了从站起来、富起来到强起来的伟大飞跃，社会主义事业呈现出经济发展、政治清明、文化繁荣、社会和谐、生态改善、党的先进性和纯洁性不断提高的良好态势，创造了令全世界为之瞩目的“中国道路”“中国模式”。就在一些人惊叹这一“东方奇迹”的时候，越来越多的人将关注点转移到“到底是什么原因导致了这一切的发生”。对此，曾有人不无深刻地指出，谁能够解释这一现象，谁就有可能获得诺贝尔奖。在我们看来，背后的原因有很多，既不神秘，也不复杂，其中一个非常重要的原因就是：务实的态度。

一、务实的态度成就中国道路

所谓务实的态度，就是实事求是的态度，它要求我们无论是想问题还是做事情都要从客观存在的具体实际出发，遵循客观事物的内部联系和发展规律，来指导我们的现实工作。这一态度，植根于中华民族优秀的传统文化。例如，《汉书·河间献王传》中就有“修学好古，实事求是”的记载，《淮南子·原道训》中也有“夫镜水之与形接也，不设智故，而方圆曲直弗能逃也”的说法。前一句话的意思是要努力研究，求得真实的知识；后一句话的意思是认识事物，应该避免主观偏见，应该按照实际存在的情况去反映。真正将务实的态度提升到战略思维高度的是毛泽东同志。他在 1941 年 5 月《改造我们的学习》中通过重新界定“实事求是”一词的含义，赋予了务实的态度一种新的内容，将其上升为一种世界观、方法论，同时也内化为中国共产党人自觉的精神追求，成为其改造世界的行为准则。“‘实事’就是客观存在着的一切事物，‘是’就是客观事物的内部联系，即规律性，‘求’就是我们去研究。我们要从国内外、省内外、县内外、区内外的实际情况出发，从其中引出其固有的而不是臆造的规律性，即找出周围事变的内部联系，作为我们行动的向导。”[1]

务实的态度作为中国道路成功的重要因素，可以从以下三个方面来理解。

（一）体现在中国道路的开辟上

何为中国道路？中国道路是何时开辟的？有人认为中国道路是对中国社会主义革命和现代化建设的经验总结，尤其是对改革开放以来国家发展经验的提炼概括。在他们看来，中国道路的开辟应该从中国的社会主义革命，即 1953 年社会主义改造时算起。还有人认为，中国道路应该从中国进入近代社会算起，即 1840 年鸦片战争算起。但是，在绝大多数人看来，中国道路不是泛泛地谈鸦片战争以来的中国现代化道路，也不是新民主主义革命和社会主义建设的道路，而是特指改革开放以来形成

〔1〕毛泽东：《改造我们的学习》，《毛泽东选集》第三卷，人民出版社 1991 年版，第 801 页。

和发展起来的中国特色社会主义道路。和绝大多数人一样，如果我们将目标聚焦于改革开放，就会发现没有务实的态度，没有实事求是的态度，就根本不可能有改革开放。没有改革开放，自然也就谈不上中国道路了。在党的十一届三中全会召开之前，针对有些人提出的“两个凡是”，邓小平同志针锋相对地指出，这不是高举毛泽东思想的旗帜。“毛泽东思想的基本点就是实事求是，就是把马列主义的普遍原理同中国革命的具体实践相结合。”〔1〕“我们高举毛泽东思想的旗帜，就要在每一时期，处理各种方针政策问题时，都坚持从实际出发。”〔2〕在1978年12月13日中共中央工作会议闭幕会上，邓小平同志作了《解放思想，实事求是，团结一致向前看》的讲话。在党的十一届三中全会的主题报告中，更是以“实事求是”作为关键词之一来统领整个报告。这些充分体现了“务实的态度”在当时情况下的重要性。从具体内容上看，如果不是强调务实的态度，就不可能改变部分党员干部思想僵化和半僵化的状态，就不可能解放思想；如果不是强调务实的态度，我们党就不可能重视民主，就不可能提出要坚决保障广大党员和人民群众的民主权利，以此来激发、调动党员和人民群众的积极性；如果不是强调务实的态度，我们就不可能改变旧的、严重脱离实际的做法，研究和解决现实中的管理方法、管理制度、经济政策方面的具体问题。可以说，正是以邓小平同志为核心的党的第二代中央领导集体的务实态度开辟了中国道路。

〔1〕邓小平：《高举毛泽东思想旗帜，坚持实事求是的原则》，《邓小平文选》第二卷，人民出版社1994年版，第126页。

〔2〕邓小平：《高举毛泽东思想旗帜，坚持实事求是的原则》，《邓小平文选》第二卷，人民出版社1994年版，第127页。

（二）体现在中国道路的生成逻辑上

中国道路的生成逻辑是什么？在我们看来，中国道路就是中国共产党带领中国人民着眼于中国具体实际、总结中国经验、从内到外的一个内生性发展过程。这里务实的态度表现在：一方面我们既没有走封闭僵化的老路，另一方面也没有走改旗易帜的邪路。封闭僵化的老路在中国是大有市场的，也是颇能迷惑一部分人的。在这些人看来，我们所要建立的社会主义是不同于资本主义的，因为资本主义是实行私有制的、倡导个人主义的、按资分配的，所以我们所要建立的社会主义就应该是实行公有制的、倡导集体主义的、按劳分配的。在这种思想的指导下，私营经济成了被消灭的对象，城乡个体经济和农民家庭副业成了要割掉的“资本主义尾巴”；出现了“干多干少一个样、干与不干一个样、干好干坏一个样”；出现了关起门来搞建设，不发展生产力，不提高人民生活水平；出现了忽视社会主义民主；等等。正因为在走封闭僵化老路的过程中遭遇了严重危机，许多人主张向西方学习。这一出发点是没错的，但问题是在学习的过程中有些人走得越来越远。在他们看来，中国要想发展起来，要想走向现代化，在经济上必须完全实行市场经济，在政治上必须实行代议制民主和宪政法治，在文化上必须保障个人价值，个人价值不能为任何抽象目的牺牲，不能以多数人的名义实行群众专政。总之，要按照西方人所设计的道路，要按照“华盛顿共识”来改造中国社会，否则中国的现代化就不可能取得成功。事实证明，中国道路的生成过程没有做“选择题”，而是做了“简答题”。这个“答案”既是对传统马克思主义的突破，也是对西方发展模式的超越。我们提出了一系列新理念、新认识，例如计划多一点，还是市场多一点，不是资本主义和社会主义的本质区别；非公有制经济是社会主义市场经济的重要组成部分；允许新的社会阶层中的优秀分子包括私营企业主中的优秀分子入党；使市场在资源配置中起决定性作用和更好发挥政府作用；等等。可以说，没有务实的态度，就没有上述新理念、新认识的产生。正是这些新理念、新认识最终成就了独一无二的发展模式，使得中国道路具有了重大历史意义。表现为第一次把市场与社会主义结合在一起；把非公有制经济纳入社会主义所有制的范畴；坚持了“发展是硬道理”，完善了“以发展为中心”的政治经济学；扩大了执政党的群众基础，丰富了科学社会主义的建党理论；等等。没有务实的态度，这些根本不可想象。

（三）体现在关键时期的表现上

在中国道路的发展过程中，有两个关键时期，一个关键时期是在1992年左右，当时在国内出现了许多对改革开放的争论和质疑的声音。在这种情况下，邓小平同志站出来再一次强调务实的态度的重要性，他说：“实事求是是马克思主义的精髓。要提倡这个，不要提倡本本。我们改革开放的成功，不是靠本本，而是靠实践，靠实事求是。……我读的书并不多，就是一条，相信毛主席讲的实事求是。过去我们打仗靠这个，现在搞建设、搞改革也靠这个。”[1]本着这种务实的态度，他指出了走中国道路要有闯劲，“改革开放胆子要大一些，敢于试验，不能像小脚女人一样”[2]。本着这种务实的态度，他对社会主义市场经济和特区的性质下了定论，“计划和市场都是经济手段”“特区姓‘社’不姓‘资’”。本着这种务实的态度，他还指出了走中国道路的方略，“中国反对霸权主义、

〔1〕邓小平：《在武昌、深圳、珠海、上海等地的谈话要点》，《邓小平文选》第三卷，人民出版社1993年版，第382页。

〔2〕邓小平：《在武昌、深圳、珠海、上海等地的谈话要点》，《邓小平文选》第三卷，人民出版社1993年版，第372页。

强权政治，永不称霸”[1]。另一个关键时期是在党的十九大，在党的十九大上习近平总书记郑重宣布中国特色社会主义进入了新时代，这是对我国发展新的历史方位的重大政治判断。新时代之“新”回答了未来我们要走什么样的道路、要建设什么样的国家、要实现什么样的发展、要达到什么样的目标、要作出什么样的贡献。之所以能得出这一重大政治判断，最根本的依据是社会主要矛盾的变化，即我国社会主要矛盾已经由“人民日益增长的物质文化需要同落后的社会生产之间的矛盾”转化为“人民日益增长的美好生活需要和不平衡不充分的发展之间的矛盾”。可以看到，没有本着务实的态度分析我国改革开放40年来的发展，搞清楚社会生产力水平明显提高，社会生产力在很多方面进入世界前列，是得不出这一重大政治判断的；没有本着务实的态度分析随着人民生活的显著改善，对美好生活的向往不仅表现在对物质文化生活的更高要求上，还表现在对民主、法治、公平、正义、安全、环境等方面要求的日益提高上，是得不出这一重大政治判断的；没有本着务实的态度分析影响人民美好生活的主要因素是发展不平衡不充分问题，也是得不出这一重大政治判断的。

二、立足国情科学谋篇布局

中国道路虽然开始于改革开放之后，但是它的渊源却很早。从中国共产党自身的经验来看，什么时候本着务实的态度科学地认识国情、分析国情，我们党的事业就顺利；什么时候在国情的认识上不务实、不科

〔1〕邓小平：《在武昌、深圳、珠海、上海等地的谈话要点》，《邓小平文选》第三卷，人民出版社1993年版，第383页。

学，我们的事业就遭受损失。在革命时期，无论是陈独秀的右倾机会主义，还是王明的“左”倾教条主义，都源于国情认识上的错误。正因为没有搞清楚中国是一个经济文化十分落后且发展极不平衡的半殖民地半封建大国，所以在革命的性质、领导权、道路、对象、同盟军、前途等一系列问题上得出错误的结论。相反，毛泽东同志之所以能够领导中国革命取得成功，就是因为他牢牢把握住了中国半殖民地半封建社会的特殊国情。

“井冈山”石雕

在改革开放新时期，中国道路的成功也是建立在务实地、科学地认识国情基础上的，没有务实地、科学地认识国情，就没有中国道路的成功。

（一）务实的态度体现在认清了中国还处在社会主义初级阶段这个最大国情

按照马克思、恩格斯对未来社会的预测，资本主义私有制被废除之后，人类必将进入共产主义。共产主义的“第一阶段”，可以称之为社会主义社会。但是，在他们看来社会主义社会是从资本主义社会中产生的，在经济、道德、精神等方面还带着脱胎出来的旧社会的痕迹，因此是一个短暂的过渡阶段，是一个不成熟、不完善的阶段。列宁正确地认识到建设社会主义社会的过程是一个长期的探索过程，他说：“我们准备忍受几千个困难，准备作几千次尝试，而且，我们在作了一千次尝试以后，准备去作一千零一次尝试。”[1]但是，由于领导苏联社会主义实践的时间太短，对于社会主义究竟要经历哪几个阶段才能达到共产主义他并没有作出明确的说明。改革开放之后，我们党本着务实的态度明确指出中国还处在社会主义初级阶段。社会主义初级阶段的提出丰富了马克思、恩格斯和列宁的认识，我们深刻体会到建设社会主义社会是一个长期的过程，仅仅一个初级阶段就至少需要上百年的时间，此外除了初级阶段外，还有一个社会主义制度的巩固和发展阶段，并且后一阶段与前一阶段相比，需要的时间可能更长，任务可能更艰巨。

必须看到，搞清楚这个最大国情不是一蹴而就的，而是有一个过程，大致可以分成三个阶段：第一阶段是从 1978 年党的十一届三中全会到 1987 年党的十三大期间。在这一阶段我们党对国情已经作了一些阐发，例如，1980 年 4 月 21 日，邓小平同志在会见阿尔及利亚民族解放阵线代表团时的谈话中指出：“现在我们正在总结建国三十年的经验。总

〔1〕列宁：《全俄中央执行委员会、莫斯科苏维埃和工会联席会议文献》，《列宁全集》第三十四卷，人民出版社 1985 年版，第 379 页。

起来说，第一，不要离开现实和超越阶段采取一些‘左’的办法，这样是搞不成社会主义的。”1981 年《关于建国以来党的若干历史问题的决议》指出，“社会主义制度还是处于初级的阶段”；1982 年党的十二大报告指出，“我国的社会主义社会现在还处在初级发展阶段”；1986 年通过的《中共中央关于社会主义精神文明建设指导方针的决议》再一次指出，“我国还处在社会主义的初级阶段”。但是从上述谈到的情况来看，任何一次表述都不系统、不全面，没有充分认识这一概念的重要意义，也没有有意识地以此作为党的路线方针政策的理论基础。

第二阶段是 1987 年党的十三大前后。这一时期的特点是我们党开始全面地、系统地提出了关于国情的社会主义初级阶段理论，并从正面、反面以及特征三个方面详细地展开。党的十三大报告《沿着有中国特色的社会主义道路前进》明确指出：“正确认识我国社会现在所处的历史阶段，是建设有中国特色的社会主义的首要问题，是我们制定和执行正确的路线和政策的根本依据。对这个问题，我们党已经有了明确的回答：我国正处在社会主义的初级阶段。这个论断，包括两层含义。第一，我国社会已经是社会主义社会。我们必须坚持而不能离开社会主义。第二，我国的社会主义社会还处在初级阶段。我们必须从这个实际出发，而不能超越这个阶段。”这里明确指出了“社会主义初级阶段”是什么，从两个方面作了正面的回答，并且明确指出要以此作为制定路线方针政策的根本依据。除了正面的回答外，还从反面说明了社会主义初级阶段不是什么的问题。例如，“它不是泛指任何国家进入社会主义都会经历的起始阶段”，“既不同于社会主义经济基础尚未奠定的过渡时期，又不同于已经实现社会主义现代化的阶段”，“阶级斗争在一定范围内还会长期存在，但已经不是主要矛盾”。除了从正面和反面两个角度来论述国情之外，还从特征的角度作了说明。例如，从时间上看，从 20 世纪 50 年代生产资料私有制的社会主义改造基本完成，到社会主义现代化的基本实现，至少需要上百年时间。从主要矛盾上看，是人民日益增长的物质文化需要同落后的社会生产之间的矛盾。从一些具体特征上看，是逐步摆脱贫穷、摆脱落后的阶段；是由农业人口占多数的手工劳动为基础的农业国，逐步变为非农业人口占多数的现代化的工业国的阶段；是由自然经济半自然经济占很大比重，变为商品经济高度发达的阶段；是通过改革和探索，建立和发展充满活力的社会主义经济、政治、文化体制的阶段；是全民奋起，艰苦创业，实现中华民族伟大复兴的阶段。

第三阶段是从 1992 年党的十四大到 1997 年党的十五大。在 1997 年 9 月 12 日，党的十五大报告《高举邓小平理论伟大旗帜，把建设有中国特色社会主义事业全面推向二十一世纪》在党的十三大报告的基础上，对社会主义初级阶段的认识又深了一层，从九个方面概括了其基本特征：第一，是逐步摆脱不发达状态，基本实现社会主义现代化的历史阶段；第二，是由农业人口占很大比重、主要依靠手工劳动的农业国，逐步转变为非农业人口占多数、包含现代农业和现代服务业的工业化国家的历史阶段；第三，是由自然经济半自然经济占很大比重，逐步转变为经济市场化程度较高的历史阶段；第四，是由文盲半文盲人口占很大比重、科技教育文化落后，逐步转变为科技教育文化比较发达的历史阶段；第五，是由贫困人口占很大比重、人民生活水平比较低，逐步转变为全体人民比较富裕的历史阶段；第六，是由地区经济文化很不平衡，通过有先有后的发展，逐步缩小差距的历史阶段；第七，是通过改革和探索，建立和完善比较成熟的充满活力的社会主义市场经济体制、社会主义民主政治体制和其他方面体制的历史阶段；第八，是广大人民牢固树立建设有中国特色社会主义共同理想，自强不息，锐意进取，艰苦奋斗，勤俭建国，在建设物质文明的同时努力建设精神文明的历史阶段；第九，是逐步缩小同世界先进水平的差距，在社会主义基础上实现中华民族伟大复兴的历史阶段。

（二）务实的态度体现在随着对国情认识的不断深化，我们党有针对性地制定了相应的路线方针政策

中国最大的国情是“我国仍处于并将长期处于社会主义初级阶段”。正是根据对这一国情的认识，我们以此作为制定路线方针政策的根本依据。表现在路线方面，1987 年党的十三大报告《沿着有中国特色的社会主义道路前进》提出社会主义初级阶段的基本路线：“领导和团结全国各族人民，以经济建设为中心，坚持四项基本原则，坚持改革开放，自力更生，艰苦创业，为把我国建设成为富强民主文明的社会主义现代化国家而奋斗。”基本路线形成之后也不是一成不变的，而是本着务实的态度依据具体实践的变化作有针对性的补充和完善。在 2007 年党的十七大修改的党章中，在基本路线中的“富强民主文明”修改为“富强民主文明和谐”，也就是将经济、政治、文化三个方面的奋斗目标改为经济、政治、文化、社会四个方面的奋斗目标。2017 年党的十九大修改的党章，在基本路线中“富强民主文明和谐”的基础上又增加了“美丽”的目标，变为“富强民主文明和谐美丽”，体现了经济、政治、文化、社会、生态五个方面的要求。

不仅在基本路线的制定和修改中体现了务实的态度，为了贯彻落实基本路线，在每一项基本目标下面分别有一系列的方针政策与之相配套，这本身也是务实态度的具体体现。例如，在党的十五大上，将社会主义初级阶段经济、政治两方面的方针政策具体表述为，经济上要坚持和完善社会主义公有制为主体、多种所有制经济共同发展的基本经济制度；

坚持和完善社会主义市场经济体制；坚持和完善按劳分配为主体的多种分配方式；坚持和完善对外开放，积极参与国际经济合作和竞争。政治上则是要坚持和完善工人阶级领导的、以工农联盟为基础的人民民主专政；坚持和完善人民代表大会制度和共产党领导的多党合作、政治协商制度以及民族区域自治制度等。

务实态度还体现在对基本路线在不同历史时期的调整中所增加的部分，也有相对应的方针政策与之相配套。例如，对于2007年党的十七大增加的“社会”部分，提出了优先发展教育，建设人力资源强国；实施扩大就业的发展战略，促进以创业带动就业；深化收入分配制度改革，增加城乡居民收入；加快建立覆盖城乡居民的社会保障体系，保障人民基本生活；建立基本医疗卫生制度，提高全民健康水平；完善社会管理，维护社会安定团结。对于2017年党的十九大增加的“生态”部分，则提出了推进绿色发展，着力解决突出环境问题，加大生态系统保护力度，改革生态环境监管体制，等等。

（三）务实的态度体现为在社会主要矛盾发生变化的情况下，相应地调整继续深化改革的具体思路

党的十九大作出中国特色社会主义进入新时代的重大论断，这一论断的提出虽然没有改变“我国仍处于并将长期处于社会主义初级阶段的基本国情”，但是我们的社会主要矛盾却发生了根本变化，即“人民日益增长的物质文化需要同落后的社会生产之间的矛盾”已经转化为“人民日益增长的美好生活需要和不平衡不充分的发展之间的矛盾”。如何根据社会主要矛盾的变化相应地调整继续深化改革的具体思路？这里离开务实的态度是完全不行的。本着务实的态度，我们党明确指出我国经

济已由高速增长阶段转向高质量发展阶段，正处在转变发展方式、优化经济结构、转换增长动力的攻关期。为此，我们必须转变以往的旧思路，采取供给侧结构性改革的新思路。供给侧结构性改革是针对需求侧来说的，二者有很大的差别。一是需求侧的主要作用对象是购买者、消费者，供给侧的主要作用对象则是生产者；二是需求侧重在解决总量问题，注重短期调整，主要是通过调节税收、财政支出、货币信贷来刺激或抑制需求，进而推动经济增长。供给侧重在解决结构性问题，注重提高生产效率，对于劳动者，旨在调动劳动者的积极性（短期），提高劳动者技能和人力资本积累（长期）；对于企业，旨在降低企业成本（短期），提高企业创新能力（长期）。在提出了供给侧结构性改革思路之后，我们党还提出了一系列具体措施来落实这一思路，这也是务实态度的具体体现。例如，既有加快发展先进制造业，推动互联网、大数据、人工智能和实体经济深度融合的政策；也有支持传统产业优化升级，加快发展现代化服务业的政策；还有加强水利、铁路、公路、水运、航空、管道、电网、信息、物流等基础设施网络建设的政策；等等。

三、依据世情务实制定战略

时代主题的分析异常重要，这是最高层次的战略判断，是一个国家制定政策的根本依据之一。

改革开放之后中国道路的成功与准确地、务实地把握时代主题密切相关，可以说，没有准确地、务实地把握时代主题，就没有中国道路的成功。

（一）务实的态度体现在正确指出时代主题已经由“战争与革命”转变为“和平与发展”

改革开放之后，中国共产党逐渐改变了之前一直强调的“战争与革命”的判断，提出了“和平与发展”的时代主题。对“和平与发展”时代主题的认识经历了一个不断深入的过程，大致上可以分成三个阶段：

第一个阶段是从改革开放之初到 1985 年。1982 年党的十二大报告《全面开创社会主义现代化建设的新局面》指出：“世界大战的危险由于超级大国的争夺而越来越严重。但是，经验也表明，世界人民能够以坚持不懈的斗争打乱它们的战略部署。如果全世界人民真正团结一致，同霸权主义、扩张主义的一切表现进行坚决的斗争，世界和平是有可能维护的。”这里，一方面指出了“世界大战的危险由于超级大国的争夺而越来越严重”，另一方面又强调“世界和平是有可能维护的”。这就说明了当时在一定意义上对时代主题的认识还受“战争与革命”的影响，但是从整个意思来看，虽然表述得不是那么清晰、明白，却基本上跨越了“战争与革命”的主题，与之前相比有了很大的不同。1984 年 10 月 31 日邓小平同志在《和平共处原则具有强大生命力》中指出：“国际上有两大问题非常突出，一个是和平问题，一个是南北问题。还有其他许多问题，但都不像这两个问题关系全局，带有全球性、战略性的意义。”此后，1985 年 3 月 4 日邓小平同志在《和平和发展是当代世界的两大问题》中更是系统地、详细地指出：“现在世界上真正大的问题，带全球性的战略问题，一个是和平问题，一个是经济问题或者说发展问题。和平问题是东西问题，发展问题是南北问题。概括起来，就是东西南北四个字。南北问题是核心问题。”能够看到，在这两个时期我们还没有明确地提出“主题”，更没有提“时代主题”的概念，更多地讲的是“两大问题”。“主题”与“两大问题”相比，“主题”让人感觉更为重要，更居于中心位置，同时“主题”比“两大问题”更能表达一种倾向性思想。

第二个阶段是从 1985 年到 1997 年党的十五大。在党的十三大报告中，我们党列举了十一届三中全会以来社会主义认识过程中发展出来的十二个重要理论观点，最后一个谈的就是对时代主题的认识。党的十三大报告指出，“根据国际形势和我国现代化建设的需要，围绕和平和发展两大主题，调整外交格局和党的对外关系”。党的十四大报告再次指出，“和平与发展是当代世界两大主题”。党的十五大报告才正式地指出，“和平与发展是当今时代的主题”。应该说，“和平与发展是当今时代的主题”的说法是从党的十五大才开始的。在这个时期，我们从“两大主题”转变为“时代主题”。与世界的“两大主题”相比，“时代主题”多了一层意思，这个意思就是增加了时间上的跨度，它强调这是一个具有稳定性的东西，能够在相当长的时期里起主要作用，不会轻易地发生改变。

第三个阶段是从党的十五大一直到现在。在这个阶段我们党不断地深化对“和平与发展”时代主题的认识。江泽民同志强调在“和平与发展”时代主题没有发生根本变化的情况下要重点关注国际形势的两个重要特征，一个特征是涉及国际政治形势的——世界多极化；另一个特征是涉及经济形势的——经济全球化。胡锦涛同志看到进入新世纪之后，全球化使得世界上的各个国家、各个地区之间的联系更为紧密，将“和平与发展”的时代主题进一步深化为“和平、发展、合作”。2005 年，胡锦涛同志在出席俄罗斯纪念卫国战争胜利 60 周年庆典发表的讲话中指出：“当今世界，和平、发展、合作已成为时代潮流。”胡锦涛同志还指出，和平是发展的基本前提，发展是和平的坚实基础，合作是实现持久和平、共同发展的重要途径。习近平同志在前几代领导人的基础上，更进一步地深化了“和平、发展、合作”的思想，在多个场合中都强调“共赢”理念的重要性。党的十八大报告就指出：“中国将继续高举和平、发展、合作、共赢的旗帜，坚定不移致力于维护世界和平、促进共同发展。”2013 年 6 月 19 日习近平同志在会见联合国前秘书长潘基文时指出：“零和思维已经过时，我们必须走出一条和衷共济、合作共赢的新路子。”2017 年党的十九大在高举和平、发展、合作、共赢的旗帜下，呼吁“各国人民同心协力，构建人类命运共同体，建设持久和平、普遍安全、共同繁荣、开放包容、清洁美丽的世界”。

（二）务实的态度体现在我们在遇到重大危机的时候并没有改变对“和平与发展”这一时代主题的科学判断

对时代主题的判定是一项重要的、事关全局的前提性工作，列宁曾说，只有“首先考虑到各个‘时代’的不同的基本特征（而不是个别国家的个别历史事件），我们才能够正确地制定自己的策略；只有了解了某一时代的基本特征，才能在这一基础上去考虑这个国家或那个国家的更具体的特点”[1]。如果随意地变更对时代主题的判定，会造成一系列严重问题。在现实中，有的人一遇到一些风吹草动就试图改变对“和平与发展”时代主题的正确认识。特别是随着共产党在东欧各国和苏联失去执政地位，在国际局势纷繁复杂的大背景下，有的人开始反思“和平与发展”时代主题的论断。在这种情况下，邓小平同志指出，党中央对国际形势的基本判断是世界正处在大变动时期，两极格局已经终结，各种力量正在分化组合，但是“和平与发展”仍然是当今世界的两大主题。

---

〔1〕列宁：《打着别人的旗帜》，《列宁全集》第二十六卷，人民出版社 1990 年版，第 143 页。

可以说，没有务实的态度是没有这种定力的，也是讲不出这种话的。还有比较严重的一次，1999 年 5 月 7 日，美国轰炸机在未经联合国授权的情况下投掷了三枚导弹击中了位于塞尔维亚贝尔格莱德樱花路 3 号的中华人民共和国驻南斯拉夫联盟大使馆。当场炸死 3 名中国记者，炸伤数十人。这件事情在全国产生了很大影响，中国许多地方都爆发了大规模的反美示威活动，许多人自发前往美国大使馆进行抗议。这件事情的发生也促使很多人开始反思"和平与发展"的时代主题，认为是"和平与发展"讲多了，不能再讲"和平与发展"了。在这种情况下，党中央本着务实的态度明确指出还是坚持"和平与发展"时代主题的科学判断。江泽民同志说："历史经验告诉我们，群众充分发动起来以后，必须加强领导和引导工作。邓小平同志说过，不论发生了什么事情，只要不是大规模的外敌入侵，我们都要紧紧扭住经济建设这个中心不放。……我们国家发展了、昌盛了、强大了，就能在国际斗争中赢得更大主动权，就能立于不败之地。""稳定是压倒一切的，继续保持稳定的局面要坚定不移。""讲稳定，这是最大的大局。"[1]

（三）务实的态度体现在依据时代主题的变化来制定和调整我们的各项具体方针政策

在"和平与发展"成为时代主题的大背景下，我们在制定各项具体方针政策的时候也本着务实的态度，尽量摒弃以往的战争思维、革命思维。例如，在对外开放政策上，邓小平同志在 1978 年 10 月接见外国代表团时就说，我们实行开放政策，要根据新的情况来确定新的政策。为

---

〔1〕江泽民：《同仇敌忾，团结御侮》，《江泽民文选》第二卷，人民出版社 2006 年版，第 327 页。

此，1980 年 8 月，全国人大常委会批准在广东、福建两省的深圳、珠海、汕头、厦门设立经济特区。1984 年 5 月，中共中央、国务院批转《沿海部分城市座谈会纪要》，确定开放天津、上海、大连、秦皇岛、烟台、青岛、连云港、南通、宁波、温州、福州、广州、湛江和北海 14 个沿海港口城市。1985 年 2 月，又批准将长江三角洲、珠江三角洲和闽南厦漳泉三角地区划为沿海经济开放区。1992 年，又开放 5 个沿江城市和三峡库区；开放了 4 个边境和沿海地区省会城市；开放了 13 个沿边城市，鼓励发展边境贸易和与周边国家的经济合作；开放了 11 个内陆省会城市。2001 年 12 月 11 日，中国正式成为世贸组织的第 143 名成员，这为中国经济在全球化进程中参与制定规则、拓展发展空间提供了重要平台。2013 年中国又提出建设“丝绸之路经济带”和“21 世纪海上丝绸之路”，“一带一路”的提出明确了我国对外开放的新方向，从制度和内容上进一步提高了我国的对外开放水平，更加密切了同世界其他国家的沟通和联系。

“一带一路”

此外，我们不仅根据“和平与发展”的时代主题制定政策，还根据这一主题调整、修改那些过时的、不合时宜的战略策略。例如，表现在和平发展道路上，传统的观念认为社会主义与资本主义是不相容的，发展社会主义就要埋葬资本主义。在“和平与发展”的时代主题下，我们党认识到与资本主义国家长期共存是必须面对的现实，需要逐渐改变相互对立的态度，改善与资本主义国家的关系，积极吸收资本主义国家的一切优秀成果。1985 年 6 月 4 日，邓小平同志在中央军委扩大会议上阐述了中国外交方针的两大战略转变，其中第二个转变就是要改变“一条线”战略，开始实行独立自主的外交政策。20 世纪 90 年代初期，我们一方面积极发展同周边国家的关系，推动睦邻外交；另一方面，打破西方国家的“制裁”，恢复和稳定与西方国家的关系。此后，中国以更加积极的姿态参加一系列地区性多边组织，开展多形式、多层次、多渠道的区域性对话和合作。不仅对外的战略策略上有调整、修改，对内的战略策略也有调整和修改。其中，最典型的表现就是“一国两制”构想的提出和实施。用和平的方式处理香港、澳门、台湾问题，允许资本主义在一个小范围内的存在，一方面有利于保持这些地区的繁荣稳定，另一方面又有利于与相关国家关系的维护和改善，同时也是对世界和平与稳定的重要贡献。这些都是务实态度的重要体现。

四、根据民情进行务实决策

人民群众是历史的创造者，是决定党和国家前途命运的根本力量。从中国共产党的历史经验来看，什么时候本着务实的态度认识了民情，什么时候就能调动广大人民群众的积极性，什么时候党和国家的事业就比较顺利；反之，则必定遭受损失。例如，在大革命后期，以陈独秀为代表的中央领导人忘记了占人口最大多数的人民群众，忘记了农民，只重视工人阶级，结果大革命失败了。在土地革命时期，我们又犯了急性病，不但不要农民，甚至连小资产阶级、中产阶级也不要了，结果我们党变成了“空壳司令”，队伍越来越小，从 30 万人剩下不到 3 万人。相反，在抗日战争中，我们建立了最广泛的抗日民族统一战线，最广泛地团结和依靠最广大的人民群众，把各个民族各个阶级的爱国群众都团结起来了，不仅取得了抗日战争的胜利，还取得了解放战争的胜利，最终建立了中华人民共和国。

中国道路的成功也与务实地认识民情密切相关，可以说没有科学地把握民情，没有准确地抓住人民群众的主体以及各个不同群体的突出特点并采取有针对性的领导措施，就没有中国道路的成功。

（一）务实的态度体现在能够抓住人民群众中的“普通劳动者群体”这个主体

人民群众不是抽象的，而是具体的。要想领导人民群众，就必须对人民群众有深刻的认识。这里我们党的务实态度体现在紧紧抓住了人民群众中的主体——普通劳动者群体。为什么说普通劳动者群体是主体呢？一个方面的原因是普通劳动者群体占据着人口的绝大多数。关于这一点，邓小平同志在改革开放之后曾郑重地指出：“改革首先是从农村做起的，农村改革的内容总的说就是搞责任制，抛弃吃大锅饭的办法，调动农民的积极性。为什么要从农村开始呢？因为中国人口的百分之八十在农村，如果不解决这百分之八十的人的生活问题，社会就不会是安定的。工业的发展，商业的和其他的经济活动，不能建立在百分之八十的人口贫困的基础之上。农村改革经过三年的实践证明是成功的。现在农村面貌一新，百分之九十的人生活改善了。”[1]从这段话中能够看出，改革开放之所以能够取得很大成绩，能够很快突破并带动其他领域中的改革与抓住占人口总数百分之八十的农民这些普通劳动者密切相关。这一思路并不是改革开放之后才形成的，在新民主主义革命时期，我们党已经认识到普通劳动者群体对于中国社会的重大意义。例如，毛泽东同志就说，在半殖民地半封建的中国，农民和工人这些普通劳动者群体占人口的大多数，这是中国社会的基本国情。“中国有百分之八十的人口是农民，这是小学生的常识。因此农民问题，就成了中国革命的基本问题，农民的力量，是中国革命的主要力量。农民之外，中国人口中第二个部分就是工人。中国有产业工人数百万，有手工业工人和农业工人数千万。没有各种工业工人，中国就不能生活，因为他们是工业经济的生产者。”[2]

另一个方面的原因是普通劳动者群体之所以是主体，是根据他们所起的作用来看的。各种经验告诉我们，普通劳动者群体的问题是解决其他一系列社会问题的关键和枢纽。例如，在革命时期，中国共产党认为普通劳动者群体，特别是普通劳动者群体中的农民群体问题的解决程度制约着其他被压迫阶级阶层问题的解决。毛泽东同志在 1926 年就指出，“农民问题乃国民革命的中心问题，农民不起来参加并拥护国民革命，国民革命不会成功”[3]。在改革开放之后，在中国道路的发展过程中，中国共产党人依然以务实的态度坚持这样一种认识。例如，江泽民同志曾郑

---

〔1〕邓小平：《政治上发展民主，经济上实行改革》，《邓小平文选》第三卷，人民出版社 1993 年版，第 117 页。

〔2〕毛泽东：《新民主主义论》，《毛泽东选集》第二卷，人民出版社 1991 年版，第 692 页。

〔3〕毛泽东：《国民革命与农民运动》，《毛泽东文集》第一卷，人民出版社 1993 年版，第 37 页。

重指出，历史事实无数次告诉我们，什么时候我们党把农民问题解决得好，调动了他们的积极性、主动性、创造性，革命、建设、改革就顺利进行、蓬勃发展。今天，我们进行改革开放和社会主义现代化建设，更加需要农民的广泛参与和支持，更加需要充分发挥农民的积极性、主动性、创造性，更加需要不断巩固和发展工农联盟。否则，要取得改革开放和社会主义现代化建设的胜利是不可能的。也正因为如此，习近平总书记在 2015 年庆祝“五一”国际劳动节暨表彰全国劳动模范和先进工作者大会上的讲话中指出：“党和国家要实施积极的就业政策，创造更多就业岗位，改善就业环境，提高就业质量，不断增加劳动者特别是一线劳动者劳动报酬。要建立健全党和政府主导的维护群众权益机制，抓住劳动就业、技能培训、收入分配、社会保障、安全卫生等问题，关注一线职工、农民工、困难职工等群体，完善制度，排除阻碍劳动者参与发展、分享发展成果的障碍，努力让劳动者实现体面劳动、全面发展。”〔1〕

（二）务实的态度体现在深刻把握了人民群众中各个不同群体的主要特点

要想领导人民群众，除了从人数上把握住其主体外，还必须对人民群众中各个不同群体的主要特点有深入的了解。这里，离开了务实的态度同样是做不到的。例如，普通劳动者群体的主要特点是什么呢？我们党的回答是，他们的主要特点是重视“利益诉求”。邓小平同志在《解放思想，实事求是，团结一致向前看》中指出，只讲牺牲精神，不重视物质利益就是唯心论，并且对少数先进分子可行，对绝大多数人不行。

---

〔1〕习近平：《解决好人民群众最关心最直接最现实的利益问题》，《习近平谈治国理政》第二卷，人民出版社 2017 年版，第 364 页。

他说："为国家创造财富多，个人的收入就应该多一些，集体福利就应该搞得好一些。不讲多劳多得，不重视物质利益，对少数先进分子可以，对广大群众不行，一段时间可以，长期不行。革命精神是非常宝贵的，没有革命精神就没有革命行动。但是，革命是在物质利益的基础上产生的，如果只讲牺牲精神，不讲物质利益，那就是唯心论。"〔1〕对普通劳动者群体来说，他们之所以如此重视利益诉求，从根本上来说与他们经济上、政治上、文化上的因素密切相关，正是经济上的匮乏、政治上的不民主、文化上的落后思想决定了他们必然重视各种各样的利益诉求。具体表现为，经济上，比较重视自己的眼前利益，看不到或者忽视整体利益和长远利益，追求绝对平均主义；政治上，往往缺乏远大的眼光，容易为眼前事物所迷惑；文化上，受传统落后的思想意识影响很深，表现为狭隘的地方主义、自由主义、无政府主义、极端民主化等等。

对党员干部群体来说，他们的主要特点是重视"理性认同"。理性认同就是指认同是理性的或者说其更多的是理性选择的结果。就好比"没有无缘无故的爱，也没有无缘无故的恨""爱是需要理由的"。党员干部群体和劳动者群体是不同的。作为一名党员干部，一般来说都比普通劳动者具有更高的觉悟和坚定的意志；一般来说都要比普通劳动者更讲理想、讲大局、讲奉献，更讲全心全意为人民服务，更讲个人利益服从集体利益，更讲局部利益服从全局利益。他们之所以在思想上、意志上更有觉悟、更加坚定，正是因为他们的认识是建立在"理性认同"基础上的。例如，陈云作为无产阶级革命家，是中国共产党和中华人民共和国主要领导人之一。他曾经就以亲身经历来谈"理性认同""理性选择"的过程，"拿我自己来说，我的背景就非常复杂。我先是相信吴佩孚

〔1〕邓小平：《解放思想，实事求是，团结一致向前看》，《邓小平文选》第二卷，人民出版社 1994 年版，第 146 页。

的，后来相信国家主义，后来又相信三民主义，最后才相信共产主义，因为经过比较，认识到共产主义是最好的主义。我们说这种人复杂是复杂的，但他从自己的经验中真正了解共产主义，本质也是纯洁的。青年是纯洁的，但纯洁的不仅仅是青年，老头子也可以是很纯洁的”[1]。那么如何不断地增加理性认同呢？答案是不断地学习，特别是学习哲学。陈云同志在 1981 年 3 月《对起草〈关于建国以来党的若干历史问题的决议〉的几点意见》中还指出：“延安整风时期，毛泽东同志提倡学马列著作，特别是学哲学，对于全党的思想提高、认识统一，起了很大的作用。毛泽东同志亲自给我讲过三次要学哲学，……在党内，在干部中，在青年中，提倡学哲学，有根本的意义。现在我们的干部中很多人不懂哲学，很需要从思想方法、工作方法上提高一步。只有掌握马克思主义哲学，思想上、工作上才能真正提高。”[2]

对知识分子群体来说，他们的主要特点是重视“情怀”。何谓“情怀”？有人说，它不是很具体的东西，看不见摸不到，但能触及心灵，让人深层感受到。还有人说，“无限的远方，无数的人，都与我有关”，这就是情怀。这是从文学的角度对“情怀”的描述。实际上情怀并不神秘，它就是一种深沉的感情。在历史上主要表现为两个方面，一个方面是爱国主义。爱国主义是一个历史的范畴，在社会发展的不同时期有不同的内容。在新民主主义革命时期，爱国主义主要表现为进行推翻帝国主义、封建主义、官僚资本主义反动统治的斗争。在改革开放新时期，爱国主义主要表现为献身于建设社会主义现代化事业，献身于促进祖国统一，献身于实现中华民族伟大复兴。另一个方面是追求民主，追求自

---

〔1〕陈云：《论干部政策》，《陈云文选》第一卷，人民出版社 1995 年版，第 111 页。

〔2〕陈云：《对起草〈关于建国以来党的若干历史问题的决议〉的几点意见》，《陈云文选》第三卷，人民出版社 1995 年版，第 285 页。

《新青年》

由。中国知识分子群体具有强烈的民族使命感，民主和自由一直都是他们追求的崇高目标。自从五四新文化运动提出“民主”和“科学”两大口号以来，追求民主和自由一直鼓舞着广大知识分子。改革开放之后，我们党进行了诸多民主实践，把加强民主法治建设摆到了事关社会主义现代化成败的高度，不断推进社会主义民主法治的发展和完善。无论是爱国主义还是民主、自由，这些作为一种深层的感情，都是动员和鼓舞广大知识分子团结奋斗的光辉旗帜。

（三）务实的态度体现在针对各个不同群体的主要特点采取有针对性的领导措施

在把握各个不同群体主要特点的基础上，进一步采取有针对性的领导措施，这里离开了务实的态度同样是不行的。下面仅以党员干部群体和普通劳动者群体为例来说明。例如，对党员干部群体来说，由于这个群体的主要特点是重视“理性认同”，因此我们党在改革开放以来的领导措施中重点就是想尽办法增加其理性认同。表现在干部教育政策方面，1983 年至 1987 年的整党运动，1999 年至 2000 年的“三讲”教育活动，2005 年至 2006 年的保持共产党员先进性教育活动，2008 年至 2009 年的深入学习实践科学发展观活动，2010 年至 2012 年创先争优活动，2013

年至2014年的党的群众路线教育实践活动，2015年的“三严三实”专题教育，2016年的“两学一做”学习教育活动以及党的十九大报告提出的在全党开展“不忘初心、牢记使命”主题教育。当然，不同时期的教育活动要解决的问题是不同的。例如，1983年至1987年的整党运动以统一思想、整顿作风、加强纪律、纯洁组织为基本任务，广大党员干部在思想上政治上行动上同党中央保持一致，清理了“文化大革命”时期的“三种人”，使党的组织进一步纯洁；1999年至2000年的“三讲”教育活动，以“讲学习、讲政治、讲正气”为主要内容，进一步提高了党员尤其是领导干部的政治素质，加强了党性修养；2005年至2006年的保持共产党员先进性教育活动，以进一步加强党的执政能力建设和党的先进性建设，以贯彻“三个代表”重要思想为主要内容；等等。这些干部教育活动对于增加党员干部的理性认同发挥了重要作用。

对于普通劳动者群体来说，他们的主要特点是重视切身利益，那么改革开放以来我们党的领导措施中也特别注重这方面的相关政策。例如，表现在土地政策上，改革开放之后，中国共产党从广大农民要求发展生产、脱贫致富的现实需要出发，在土地政策上实行家庭联产承包、统分结合的双层经营管理体制。1980年颁布的《中共中央关于进一步加强和完善农业生产责任制的几个问题》进一步肯定了包产到户。随后几年中央连续发布“一号文件”，基本构建了“土地集体所有、家庭承包经营、长期稳定承包权、鼓励合法流转”的农村土地制度框架。1991年，党的十三届八中全会发布的《中共中央、国务院关于进一步加强农业和农村工作的决定》第一次明确规定：把以家庭联产承包为主的责任制、统分结合的双层经营管理体制，作为我国乡村集体经济组织的一项基本制度长期稳定下来。1993年11月5日中共中央、国务院发布实施的《关于当前农业和农村经济发展的若干政策措施》指出，为了稳定土地承包关系，在原定的耕地承包期到期之后，再延长 30 年不变；提倡在承包期内实行“增人不增地、减人不减地”的办法；在坚持土地集体所有和不改变土地用途的前提下，允许土地的使用权有偿转让。在 2017 年党的十九大报告中，为了适应广大人民群众的新要求、新关切，更是提出要完善承包地“三权分置”制度，在第二轮土地承包到期后再延长 30 年，等等。

第七章
实干的精神

空谈误国，实干兴邦。中国的今天，是中国人民干出来的！虽然实干精神是中华民族的传统美德，但它在当代中国却实现了一次波澜壮阔的价值复兴。正如 2012 年 12 月习近平总书记在广东考察工作时所说："面向未来，全面建成小康社会要靠实干，基本实现现代化要靠实干，实现中华民族伟大复兴要靠实干。"党的十八大以来，习近平总书记多次强调实干的重要性，他在庆祝改革开放 40 周年大会上再次指出："伟大梦想不是等得来、喊得来的，而是拼出来、干出来的。"可以说，若论中国今天的成功，绝离不开"实干"这个价值共识。

什么是实干？首先需要肯定的是，实干绝不是踏实做事这么简单。在当今时代，实干的内涵变得十分丰富，它更加贴近于一种技艺高超的治世之道，或特征鲜明的政治文明。因而，实干就不仅仅是一个能动概念，而是一个强调实践原则的文化概念。在这个意义上，"实干"包含着四个层次：第一，从战略上，要坚持调查研究，全面客观地认识事物的本质，从而作出合理且长远的规划与部署；第二，从执行上，要注重计划与政策的具体实施细节，避免陷入形式主义，杜绝"金玉其外，败絮其中"的面子工程，努力让该做的事做完、做实、做好；第三，从态度上，要敢于直面矛盾、勇往直前，万不可避重就轻、临阵退缩，特别是对于一些难啃的"硬骨头"，要有咬定青山不放松、不达目的不罢休的大无畏气魄；第四，从目标上，要努力创造"实绩"，既要考虑到老百姓当下的现实困难，给出有针对性的回应与解决，又要顾及社会发展的长远目标，运筹帷幄而决胜千里，更要妥善处理"当下"与"长远"的关系，统筹兼顾，万不可顾此失彼。

一、基于调查研究科学决策

实干不是蛮干。中国共产党人讲求的实干，一定要有计划，有目标，有愿景，有一个“会干”的头脑。当然，这可不是信手拈来、凭空捏造的东西，更不是拍拍脑袋就能够决定的东西。相反，“实干”一定要尊重客观规律，从事物发展的基本认识中作出科学合理的决策。只有这样，实干的“愿景”才有走向“现实”的可能。

一般来说，认识事物发展的客观规律就是要客观地而不是主观地，发展地而不是停滞地，全面地而不是片面地，系统地而不是零散地，普遍联系地而不是孤立地观察事物、分析问题、解决问题，在矛盾双方对立统一的过程中把握事物发展规律。这个道理很简单，但想做好却非常难。为什么这么说？第一，人自身的思维能力总是有限的，并不是每一个人都能像伟大的战略家一样洞悉全局，准确抓住事物的本质，并有效地加以利用。第二，客观事物的展开方式也是局限的，并不是所有的东西都随时随地暴露着自身的本质。相反，大多数事物的本质都是深藏在纷乱复杂的表象之下，必须经过反复的挖掘与持久的追寻才能为人所得。因此，无论是从人的主观角度，还是从客观世界的角度，认识事物发展规律都不是一件易事。这也就说明，对于大多数实干的人而言，认识事物的本质更多的是谈方法，而不是谈原理。

那么，如何才能认识事物的本质？如何才能认识事物发展的客观规律？答案很简单：调查研究。调查研究是一个认识世界的过程。人的正确思想不是从天上掉下来的，不是头脑里固有的，而是从实践中来的。毛泽东同志说：“你要知道梨子的滋味，你就得变革梨子，亲口吃一吃。”[1]从学理上，这就是要求人主动地介入客观世界。古人讲“纸上得来终觉浅，绝知此事要躬行”“耳闻之不如目见之，目见之不如足践之”等，说的就是这个道理。尤其是对于干事创业的人来说，想作出合理的规划、正确的决策，往往需要大量客观、真实、有效的信息。这就更需要向实践求知，善读社会这部书，进一步加强调查研究，问计于基层，问计于群众，在耳闻、目见、足践之中见微知著、管窥全豹，获得真知灼见，形成正确思路，作出科学判断。当然，在市场经济时代，调查研究的环节及成果也已经进入市场，并成为一项特殊的服务。大多数公司在开发一款新产品之前都会向咨询公司寻求帮助，以求获得全面的市场信息，从而准确地切入消费者心理，开发出成功的商品。这就是调查研究的市场表现形式，同时也说明了这个环节的必要性。

此外，调查研究作为一种认识世界的基本方法要遵循三个原则：一是实事求是，二是持之以恒，三是与时俱进。所谓实事求是，就是要避免自己的偏见，根据心理学的最新研究，人们在作决策的时候更喜欢证明自己，而不是作出正确的判断，在一个政党或社会组织中，这种倾向更为明显。尤其在获悉准确意见的基础上，要避免对正确的信息视而不见，或主观地截取自己的倾向性信息来利用，这样会极大地陷入狭隘。所谓持之以恒，是说调查研究是一个过程性方法，它不是一劳永逸的，而需要重复和持续。我们说，调查研究要从多层次、多方位、多渠道出发，但“多”这个概念是一个指向无限的概念，因此，只要有角度上或内容上的创新，调查研究的过程永远不嫌多。所谓与时俱进，是说要适应新形势新情况（特别是当今社会信息网络化）的特点，进一步拓展调研渠道、丰富调研手段、创新调研方式，学习、掌握和运用现代科学技

〔1〕毛泽东：《实践论》，《毛泽东选集》第一卷，人民出版社 1991 年版，第 287 页。

术的调研方法，如问卷调查、统计调查、抽样调查、专家调查、网络调查等，并逐步把现代信息技术引入调研领域，提高调研的效率和科学性。

但是，大多数人在做起调查研究的工作时往往会出现这样的情况——不调查还好，一旦调查起来，问题就会越来越多，收都收不住，更谈不上研究了。其实，遇到这个问题并不奇怪，甚至是不可避免的。我们知道，世界是普遍联系的。对事物的认识越深，越会发现事物之间的关系已经成为事物本质的一部分，任何一个事物都由一个庞大的系统构成，同时也是一个更庞大的系统的一部分。因而，调查研究的工作做得好了，必然会以点带面，牵扯出更加广泛、更加普遍、更加隐蔽的问题。这就要求我们在践行实干的原则时准确地认识事物的本质，用系统的观点认识世界，用全面协调、统筹发展的方式改造世界。

任何系统都是一个有机的整体，它不是各个部分的机械组合或简单相加，而是超越各个部分具备了全新的性质。早在古希腊，哲学家亚里士多德就提出了“整体大于部分之和”的观点，这是一个建立在经验观察之上的论断，但已经描述了系统论观点的原始表征。而在全球化进程趋近完整的今天，现代社会已经进入大经济、大生产的时代，社会发展的各个要素和各个环节都已经非常成熟，体现出庞大的系统性与彼此依赖性。因此，无论哪一环脱节，都会导致整个社会系统运行的中断；哪一环薄弱，都会成为社会发展的“瓶颈”，影响人类生活、工作的正常进行。于是，我们提倡用系统论的视角来指导实干，不仅在于认识系统的特点和规律，更要利用这些特点和规律去控制、管理、改造系统，甚至创造一个全新的系统，并使它的存在与发展合乎人类生存发展的现实需要。

习近平同志很早就提出了一个“经济大合唱”[1]的观点。他认为，

〔1〕习近平：《提倡“经济大合唱”》，《摆脱贫困》，福建人民出版社 1992 年版，第 11 页。

“经济大合唱”就是要讲协调，讲配合。光有主旋律，不讲同心协力不行。搞内耗和摩擦更不行，需要调动各个部门、各个方面的积极性。既然是大合唱，各个部门就要自觉配合，主动协调。这不是简单的“1+1=2”，我们要的是“1+1>2”，也就是我们通常所说的“整体功能效益”。其实，将“经济大合唱”的观点放大，我们实干的过程也具有“大合唱”的本质特征。因而，讲求实干不再是一个人的事情，而是一个创建全新系统，并让这个系统中的所有人一起把事情干好的过程。

反过来看，系统中也好，组织中也好，各个要素都具有相对的独立性，又是整体中的一个部分，不能独立于整体之外，也不能和其他要素割断关系。在系统论的视角上，我们才能“站高望远”，作出全局谋划，总领发展方向，所谓“见骥一毛，不知其状；见画一色，不知其美”，说的就是这个道理。因而，我们在追求实干的过程中必须树立这样一种意识：大合唱中，找准自己的位置，做好自己的事情。

具体来说，在追求实干的过程中，需要注重从三个方面入手：一是切实增强全局意识。“不谋全局者，不足谋一域。”要摈弃狭隘的小团体观念，克服各自为政、各行其是的错误做法，共同推进全面协调、可持续发展。二是充分发挥各个部门的自主性和积极性。维护全局利益，并不是否定局部利益，而是在维护全局利益的前提下，立足自身优势，发挥主观能动性，加快自身的发展步伐，共同促进全局更快更好地发展。三是坚持局部服从全局，搞好统筹兼顾。兼顾各方面的利益，处理好各种矛盾。总的来说，真正求实干、会实干的人心中要树立“一盘棋”的思想，自觉地把实干这件事情放到大局中去思考、去谋划、去把握。只有这样，我们的各个方面、各项工作才能协调有序，整体推进。

如上所述，科学决策要求有一个系统而全面的视角，但有的时候，一个人的认知总是有局限的，这是认识规律使然，无法改变，因而我们必须在决策中提高集体领导的水平，避免个人主观意见的狭隘。对于集体领导，毛泽东同志在《党委会的工作方法》中专门讨论过。

集体领导的第一条，就是“善于当班长”，也就是班长要善于统筹，但必须少数服从多数。善于当班长，不是一言堂，更不是一把手说了算。书记和委员之间的关系是少数服从多数。二是“团结不同意见的人”，即团结多数。集体领导就要善于团结，毛泽东同志提出了三个团结问题：团结和自己意见相同的人；团结和自己意见不相同的人；还要团结犯过很大错误的同志。三是“胸中有数”，即调查分析。正确的决策源于调查分析，调查要掌握基本数据，分析要把握量的变化状态和趋势。四是“划清界限”，即准确判断。实行正确集体领导的一个基本前提就是对事物要作出准确判断，即毛泽东同志当时提出要划清正确与错误、成绩和缺点的界限，对这两个界限要进行具体分析。哪些是正确的和错误的，哪些是成绩和缺点，要清楚掌握比例。既不能过高估计，也不能估计过低。否则，集体决策就会犯错误。五是“抓紧”。发现问题、研究问题，尤其是解决问题都要抓紧。抓而不紧，等于不抓，抓紧重在落实。再好的决议和决策、方案和措施等，不抓紧落实等于一纸空文。所以，毛泽东同志强调，不抓不行，抓而不紧也不行。

二、坚持钉钉子精神抓落实

计划与蓝图，并非堆砌广厦的砖瓦；愿景与激情，亦非成事立业的阶梯。没有苦干实干，再好的蓝图只能是镜中花、水中月。千里之行，始于足下，认真走好脚下的每一步，才是成功的真正开始。简而言之，干事创业，关键在于落实。习近平总书记强调：“抓落实来不得花拳绣腿，光喊口号、不行动不行，单单开会、发文件不够，必须落到实处。抓落实，是党的政治路线、思想路线、群众路线的根本要求，也是衡量领导干部党性和政绩观的重要标志。”[1]

《孙子兵法》有“谋定而后动，知止而有得”，意思是说，经过周密的谋划之后展开行动，并且在合适的时机收手，才会有所收获。这体现了“行动至上”的两个原则：善行，知止。目前，实干的蓝图有了，剩下的问题则是把蓝图一步步变为现实。蓝图是什么？蓝图是人类的意识产品，让蓝图成为现实，就是人类通过行动将意识“物化”的过程，是改造世界的过程，也是实践的过程。马克思说过：“一步实际运动比一打纲领更重要。”[2]“我不主张多提口号，提倡行动至上”[3]。自古以来，评论者众，而行动者寡。再美好的愿望，再宏大的设想，如果不付诸行动都只是空想。同时，我们提倡“行动至上”的目的是反对“坐而论道”的旁观者做派，推崇“起而行之”的实干家精神。因此，“善行”是创业干事的根本。

同时，我们虽然提倡“重在行动，贵在落实”，但也要明确行动的目的是把设想和决策变为现实，而不是为了决策而决策，为了行动而行动。简而言之，行动也要动脑子，要懂得“知止”。对于实干者而言，任何蓝图都是乌托邦，再合理的规划都需要通过实践来调整完善。因此，坚持实践第一的观点，就是要不断推进实践基础上的理论创新。在“善行”与“知止”的问题上，很多人都喜欢走极端，无法做到客观冷静地

---

〔1〕《以认真学习贯彻习近平新时代中国特色社会主义思想 坚定维护以习近平同志为核心的党中央权威和集中统一领导 全面贯彻落实党的十九大各项决策部署情况为主题进行对照检查》，《人民日报》2017 年 12 月 27 日。

〔2〕马克思：《哥达纲领批判》，《马克思恩格斯选集》第三卷，人民出版社 2012 年版，第 355 页。

〔3〕习近平：《为官一场　造福一方》，《摆脱贫困》，福建人民出版社 1992 年版，第 77 页。

作出决断。例如，在创业征程起步之际，各项工作都需谨慎开展，但也要灵活机动地调整既有策略。这里，所谓“灵活”，并不是说阳奉阴违，而是面对突如其来的变故能够冷静地处理，不至于陷入盲目与混乱；所谓“谨慎”，也不是说做起事来畏首畏尾，思前想后，不该做的事情不做，该做的事情也没做，而是在客观冷静地分析之后，敢于创新，大胆行动。在大多数时候，对“善行”与“知止”间关系的协调，对两者交锋时火候的把握，直接影响到整个事业的成败，因而也是中国共产党人在实干中尤需注意的问题。

回顾历史，我们会发现“实干”一直都是中国共产党的光荣传统。长期以来，中国共产党在革命、建设、改革各个历史时期的所有成就，都是实干出来的。中国的国家独立与民族解放，是无数革命先辈一枪一弹打下来的；社会主义的宏伟大厦，也是无数劳动者一砖一瓦垒起来的。我们靠着“节衣缩食、勒紧裤带”的实干精神，在一穷二白的新中国建立起完整的工业体系；鼓起“杀出一条血路”的改革勇气，用短短数十年走过西方国家二三百年的历程。饱经沧桑的中国共产党之所以能走出苦难、走向辉煌，靠的不是空想清谈，而是实干苦干。正是因为一代一代中国共产党人的埋头苦干和接力奋斗，中华民族的伟大复兴才展现出如此光明的前景，伟大的中国梦才越来越接近实现。实践证明，唯有实干，宏伟目标才能变为现实；唯有实干，党的各项方针政策才能落到实处。前事不忘，后事之师。中国特色社会主义进入新时代，国家和社会的全面改革已经上路，与其高谈阔论指点江山，不如继承真抓实干的优良传统，把求真务实的精神置于心中。如果落实工作抓得不好，再好的方针、政策、措施也会落空，再伟大的目标任务也实现不了。这里的宝贵经验就在于“一分部署，九分落实”。

通常我们说“部署”与“落实”同样重要，二者缺一不可，那为何又有“一分”“九分”之分呢？其实，这一说法原是习近平总书记的重要见地。他认为，所谓“任务”，就是统一部署并协调一些重大问题，然后再把工作任务分解下去逐一落实。由于“部署”与“落实”的层级结构不同，因而习近平总书记将其生动地概括为“一分部署，九分落实”。

对于“落实”，有几个原则需要把握。第一，落实之道，贵在求实。精神上讲求务实，行动上讲求实干，结果上讲求实效，从内而外，自然而然，将落实融入心中，才能真正干出实事。第二，落实之贵，重在坚持。坚持是一个沉重的概念，落实工作更需要坐得住冷板凳，持之以恒，把该做的工作做好。尤其对于干事创业的先行者来说，每一项工作都需要坚持，既需要把手头的工作做好，还要有意识地跟进，有目的地反馈，甚至主动自觉地自查，让工作一项一项地完成，一件一件地落实，一年一年地见效。第三，落实之重，见于灵活。落实工作不能照抄照搬，而要把部署与执行综合起来考虑，结合创业实际来创造性地开展工作，要善于从落实中学习、开拓、发散、反省，让原本死板的落实工作“活”起来。总之，只有求真务实，真抓实干，才能真正干出有益于党和人民事业发展的实事，真正做出经得起实践、人民、历史检验的实绩。

对于真正的实干者而言，抓落实是一个“技术活儿”，是体现我们党和我们国家管理能力与组织能力的重要指标。大多数人认为，决策部署作出以后，剩下的工作就在于“狠”抓落实，但在实际工作中，却往往出现抓不具体、抓不到位、抓不出实效的情况，到头来是有力无处使，有手无处抓。归根结底，这个问题可以划分为两个层次：一是缺乏“真抓”的工作作风，二是缺乏“会抓”的本领方法。对于这个问题，习近平同志作了一个深刻的类比，他认为：“抓落实就好比在墙上敲钉子：钉不到点上，钉子要打歪；钉到了点上，只钉一两下，钉子会掉下来；钉个三四下，过不久钉子仍然会松动；只有连钉七八下，这颗钉子才能牢固。”[1]“逢墙乱钉，碰到容易脱落或者开裂的墙面时，还要想办法修补墙面，打好敲钉子的基础。”[2]

首先，“钉不到点上，钉子要打歪”，这说明抓落实要抓到点上、以点带面，盯住事关全局的重点工作，把力量凝聚到点上。对于干事创业的先行者来说，可供取用的精力与资源并不多，这更说明仅有的力量应该用在刀刃上，着力解决涉及全局的突出问题，以点带面，推动全局，避免这里抓一下，那里敲一点，浅尝辄止、朝三暮四。

其次，“钉到了点上，只钉一两下，钉子会掉下来；钉个三四下，过不久钉子仍然会松动；只有连钉七八下，这颗钉子才能牢固”。这说明抓落实要一抓到底，常抓不懈，更要一步一个脚印，步步为营，有板有眼。抓落实要成为新常态，要成为工作作风；抓落实不能满足于牵着别人走，而要鼓励在具体工作中自觉地践行落实，直到“落实”成为一种文化。

最后，抓落实还要结合实际，因地制宜。这就是说，敲钉子不能靠蛮力，碰到墙面开裂要知道补墙，碰到墙内钢筋要知道换地方，碰到墙面易碎要预想到有裂缝，未雨绸缪，三思而后行。如果没有考虑具体情况一意孤行，依葫芦画瓢、生搬硬套，难免会增加落实的难度，甚至威胁到正常工作的顺利进行。

总之，用习近平总书记的话说，抓落实就要有“咬定青山不放松”的韧劲、不达目的不罢休的狠劲，真正把各项工作落到实处、抓出实效。

然而，原则是主观的、内在的要求，但在客观的、外在的要求上，又该如何把握呢？如何才能打破“落实执行不够有力、不够有效”的困

〔1〕〔2〕习近平：《抓落实如敲钉子》，《之江新语》，浙江人民出版社 2007 年版，第 241 页。

局？其中有两个要点值得关注：一是政策保障，二是机制保障。

所谓政策保障，是指采取措施，保障“落实”。第一，从人力资源上，实行务实的干部选拔任用机制，突破过去“由少数人在少数人中选人”的局限性，提高选人用人公信度，大力选拔一批有思想、有激情、有韧劲、敢担当、工作作风务实的干部。第二，开展整风专项行动。针对机关干部中存在的“庸、懒、散”的工作作风，开展专项行动，制定相关行政问责办法，细化问责具体措施，针对工作作风情况进行大规模明察暗访，对违纪人员给予免职、通报批评、离职培训、取消评优资格等处罚，有效促进和带动落实环境的改善和行政效能的提升。第三，实施联合联动的大督查工作机制。为了改变单一督查、力量分散、各自为政的“小督查”状态，可以考虑创建多部门协同的“大督查”工作机制，建立起集纪检监察效能、督查督办、考核奖惩为一体的联动工作新方法。从而整合督查资源，增强督查工作的针对性和实效性，提高督查工作的权威性，为行使纪律执行权、深化责任追究提供政策法律依据。

所谓机制保障，是指建立机制，推动“落实”。第一，将基层治理中的网格型责任模式吸收引入，将需要部署的重点工作层层细化分解，做到从上级领导、责任部门到配合部门无缝隙衔接、网格化、全覆盖的目标责任体系，从而实现任务清、目标清、责任清、时限清。第二，建立坐标型推进模式，构建重点工作横向推进、难点工作纵向推进相结合的模式，对常规性重点工作及时分解立项，真正做到目标、任务、人员、措施、要求、进度全明确，每项工作有布置、有检查、有反馈，全程跟踪督办，确保所有确定的重点项目不落空、不拖延。对领导重视程度高、群众关注度高、落实难度大的工作，采取“一竿子插到底”的“一线工作法”，实行专门督办，要求责任部门限期办结，并通过媒体公布处理进展情况，接受媒体和公众的共同监督。第三，建立宝塔型监督模式，探索建立社会监督、民主监督与媒体监督相结合的新模式。其中，塔基是社会和人民的监督，用社会和人民的力量评价权力的运行情况。塔身是媒体监督，围绕民生问题，强化媒体的正面监督。媒体通过明察暗访，对群众反映的不落实的事和不落实的人进行深度采访，反面曝光，跟踪报道，形成震撼效果，促进各职能部门工作作风的转变。塔顶是第三方监督组，类似于“陪审团制度”，从社会各界随机挑选有责任心的监督组，对行政过程中的效能低下、执行不力、责任意识淡薄、不作为、慢作为、乱作为等问题进行监督，织就一张点线结合、深化落实的行政效能建设标准化监督网络。

三、敢于直面问题勇于担当

改革开放以来，我国经历了干事创业的试水期，面对复杂多变的社会与经济环境，我们坚守高尚的历史使命感与责任感，摸着石头过河，扶着墙头寻路，逐渐找到了适合中国自己的发展方式。通过这个漫长与艰辛的过程，我们也意识到干事创业要敢于直面困境，善于解决问题，勇于承担责任。尤其在当下时局，我国已进入全面深化改革的攻坚期，这更要求我们要敢于啃“硬骨头”、敢于涉险滩，大胆尝试、大胆突破，不断把改革引向深入。如果遇到难题就裹足不前，用问题不好解决给自己找借口，实干也就无从谈起了。

因而，我们在谈“实干”的同时，不能忘记谈“担当”。

什么是担当？担当是一种形态，是一种不断进取、敢于面对、寻求超越的心理共鸣。这意味着要坚守敢为天下先的宏伟志向和信心，敢于走别人没有走过的路，在攻坚克难中追求卓越。既然如此，担当就绝不是口头的功夫，需要实实在在的底气和意志。

所谓担当的底气，就是我们真抓实干、毫不退缩的底气。毫不退缩的背后是强大的自信，强大的自信背后是深厚的实力。能力水平是担当的根基，勇于担当不是逞匹夫之勇，而是要有着眼大局的视野、创造性地解决问题的能力。于是，勇于担当首先要从自己做起，只有练就了“金钟罩”“铁布衫”，才能面对困境，心如止水。

所谓担当的意志，就在于胸怀大志，为国为民。“担当”的最高体现，就是牺牲自我，为国为民，这是中国传统文化中的家国情怀，也是现代国家精神中的大局意识。真正的实干者，永远并行于两个价值体系之间，一是成就自我，二是成就国民。在理想的情况下，二者合二为一，但在特殊情形下，实干的个人的最终选择决定了担当精神的绽放与沉默。俗话说，大事难事看担当，顺境逆境看襟怀。艰难险阻面前，为党分忧、为民解难；雷霆万钧面前，肩负重担、冲锋陷阵；大是大非面前，维护真理、一心为民。这才是勇于担当的最高体现。

如果说勇于担当是“实干”的价值观，那么直面问题则是“实干”的方法论。

“实干”的核心在于直面矛盾、解决问题，而它的前提则是要能够发现矛盾，抓住问题。当前，我国社会发展进入新时代，经济运行进入新常态，对于干事创业的先行者，既是机会，又是挑战。新时代意味着新趋势，新常态意味着新规则。从一个方面看，其中有很多是预示未来发展方向的新要素，也有很多是可供利用的新资源与新机遇，只是它们现在还处于萌芽状态，但只要我们能够慧眼识珠，将来就会成为新主流。从另一个方面看，其中也暴露了一些新矛盾、新问题，或者有些老问题还没来得及解决，就变换形式演变成了新问题。因此，这就要求我们要善于发现矛盾，抓住问题，以便能够积极应对化解。

若要发现矛盾，首先要正视矛盾，理解矛盾。矛盾不是什么坏东西，相反，它是事物发展变化的基本动力。我们常常说人能够推动事物的发展变化，其作用机理就是人类能够利用主观能动性来发现矛盾、积极面对、调整修正、化解矛盾。在这个过程中，矛盾会以各种各样的表现形式出现，而这些表现形式就是“问题”。矛盾和问题是一体两面的东西，因而我们发现了问题，其背后一定存在矛盾；我们抓住了一个事物的矛盾，也就发现了它存在的问题。因而，我们强调要增强问题意识、坚持问题导向，首先就要承认矛盾的普遍性、客观性，就是要善于把认识和化解矛盾作为打开工作局面的突破口。

也就是说，事物就是在我们不断发现矛盾、解决问题之中发展和前进的。从这个角度讲，问题暴露得越早、越充分，我们解决问题的主动性越大，今后努力方向就会更明确。如果遇到问题不解决，表面上看是没有矛盾，一片和谐，但实际上并未触及工作的核心，反倒孕育了危机。随着中国社会逐渐走向成熟，社会发展呈现出多层次与多维度，其中存在的矛盾与问题也十分隐蔽、复杂。因此，面对复杂的矛盾局势，我们首先要做到抓准问题、扭住不放，这也是勇于担当的两个重要表现。

第一，要抓准问题。抓问题就是抓矛盾；而抓准问题，就是说要抓住问题的本质，也就是要抓住主要矛盾。对此，我们首先要洞悉全局，对各种矛盾及其表现形式了然于胸，同时又要优先解决主要矛盾和矛盾的主要方面，以此带动其他矛盾的解决。

当下，中国特色社会主义进入新时代，我国社会主要矛盾已经转化为人民日益增长的美好生活需要和不平衡不充分的发展之间的矛盾。主要矛盾的转化，首要的意义就是对中国社会发展的全新阶段性特征进行了概括。比如，当今中国的经济依然保持中高速增长，综合国力与人民群众生活水平都有较大提升，经济总量稳居世界第二。与此同时，中国人均国内生产总值仍处在中等收入阶段，城乡之间、地区之间发展差距仍然较大，发展质量和效益还不高，实体经济还不够强，生态环境保护任重道远，民生领域还有不少短板，发展不平衡不充分的一些突出问题尚未解决，等等。正是在正确认识和准确把握中国基本国情的前提下，深入分析和认识社会主要矛盾的阶段性转化才具有伟大意义。在此基础上，党的十九大提出的新时代坚持和发展中国特色社会主义的十四条基本方略、建设现代化经济体系的六大任务，建设美丽中国的四大举措等等，看似只有百余字，实际上它们背后都是对各个领域的发展特征及主要矛盾的核心概括，这些概括本身就是一个以点带面，以主要矛盾带动次要矛盾从而得到系统解决的总体方案。习近平总书记用牵住“牛鼻子”生动地概述了这个道理。其实，在任何工作中，没有主次，不加区别，眉毛胡子一把抓，是绝对做不好工作的。

第二，要扭住不放。找到了主要矛盾，剩下的问题就是扭住不放，直到矛盾的解决。这个环节需要我们勇于担当，锲而不舍，从实际出发，什么问题突出就重点解决什么问题，什么问题紧迫就抓紧解决什么问题，找准靶子，有的放矢。我们要充分认识到，改革开放以来，我国取得了辉煌的业绩，也解决了很多重大的问题，但是，依然有大量的问题尚未解决，而且剩下的这些问题大多是些难啃的“硬骨头”，这就要求我们决不能临阵退缩，而要以“逢山开路，遇水搭桥”的智慧和勇气，冲破各种障碍与藩篱，担当起为国为民冲锋陷阵的重任。

说起扭住不放，我们中国人的这股子倔劲儿还真是有源可溯。比如，20世纪五六十年代，我国面对严峻的国际形势，在条件十分艰苦的情况下，果断作出了研制“两弹一星”的战略决策。老一辈科学家和广大研制人员靠的就是这种扭住不放的实干精神，突破了一个又一个技术难关，从原子弹到氢弹的试爆，中国仅用2年零8个月[1]，取得了中华民族为之自豪的伟大成就。

氢弹模型

让我们将目光聚焦在氢弹。如果说将原子弹比作火柴，那么氢弹就是窜天猴。中国试爆氢弹成功之后，在全世界范围内引起了巨大反响。不同于原子弹技术得益于苏联的部分支援，氢弹的试爆全程都采用了自主技术，而且技术指标很高，定位于武器级、小型化、独立模式。这就证明了中国使用和西方完全不同的技术，起点非常高。与此相对的是当时国内科研环境的艰苦。1960年到1962年，中国正处在三年困难时期，每人每月的粮食定量被压缩，即使是负责国家尖端军事项目的科研骨干也不例外，许多人甚至由于营养不良得了浮肿病。事实上，根据曾经参与氢弹研究的人回忆，当时与核弹技术展开拉锯战的情形非常常见。单

[1] 作为对比，同一过程美国历时7年零4个月，苏联耗时4年，英国花了4年零7个月，法国用了8年零6个月。

调的生活，不分昼夜地工作，仅此而已。然而，就是在这种持续的单调与乏味之下，老一辈科技工作者的担当精神得到了十足的放大。他们默默无闻，艰苦奋斗：没有条件，创造条件；没有仪器，自己制造；缺少资料，刻苦钻研。就是这样，他们以惊人的毅力和速度从无到有、从小到大，创造出“两弹一星”的惊人业绩。

与“两弹一星”精神相近的，是中国的载人航天精神。载人航天凝聚了人类探索未知宇宙的探索精神，也凝结了无数科学工作者的勤劳、智慧。同时，载人航天又是一个庞大的系统工程，和“两弹一星”一样，需要人们以“一生”的执着来创造与追求。在长期的奋斗中，我国航天工作者不仅创造了非凡的业绩，而且体现了深刻的担当意识，铸就了“特别能吃苦、特别能战斗、特别能攻关、特别能奉献”的载人航天精神。

其实，我们不难发现“两弹一星”与“载人航天”两种担当精神的共同之处。如果说“两弹一星”向全世界展现了我国的科技实力，奠定了我国在国际舞台上不容轻视的重要地位，那么，载人航天工程的实施则进一步向世人展示了我国强大的综合国力。如果说“两弹一星”曾经极大地鼓舞了中国人民的志气，振奋了民族精神，那么，载人航天工程的实施则将进一步增强我国人民实现民族复兴的信心与勇气，推动全面建成小康社会的前进步伐。

这两个伟业，发生在不同的历史时期，却有着相同的价值回响。它们共同回答了一个问题，当代中国的成功到底是怎么来的？

四、务求实效作为根本标准

注重实效，是对“实干”的检验标准。所谓实效，既要以人民为中心，坚持把人民群众的根本利益放在首位，自觉用人民群众的根本利益来检验自己的工作和政绩，又要超越驾驭复杂局面的时局，真正做出经得起历史检验的实绩。因而，我们追求实干要注重实效，实干的成果是否积极，需要“历史”与“人民”的双重检验。

实干的先行者，要树立起严格的自律标准。在任何时候任何情况下，都要始终坚持以人民为中心，把最广大人民的根本利益放在首位，自觉用最广大人民的根本利益来检验自己的工作和政绩，做到凡是为民造福的事就一定要千方百计办好，凡是损害广大群众利益的事就坚决不办。我们的一切工作，必须以最广大人民的根本利益为最高标准。检验我们一切工作的成效，最终都要看人民是否真正得到了实惠，人民生活是否真正得到了改善，人民权益是否真正得到了保障。面对人民对美好生活的新期待，我们不能有丝毫自满和懈怠，必须再接再厉，使发展成果更多更公平惠及全体人民，朝着共同富裕的方向稳步前进。接受人民群众的检验，既是坚持群众路线的一个组成部分，也是全心全意为人民服务的内在坚持。

不可否认，在发展的过程中，的确有些共产党员的思想觉悟不高，将人民群众视为利益无关者甚至利益对立者，实在是犯了大忌。当年黄炎培问毛泽东同志，中国共产党如何能够找出一条新路，跳出历代统治者从艰苦创业到脱离群众的周期律。毛泽东同志当即回答，我们已经找到新路，我们能跳出这周期律。这条新路，就是民主！只有让人民来监督政府，政府才不敢松懈。中国共产党的革命实践也证明，群众路线是党的生命线，断了这条线，党的生命也就完结了。周恩来同志早在50多年前就告诫过全党：不怕战争失利，最怕战争失了人心！失掉民众，这是万劫不复的。如果我们不注意密切联系群众，那么，在革命战争的艰难岁月里，我们党同人民群众建立起来的血肉相连的关系就会失去。政之所兴在顺民心，政之所废在逆民心，在和平时期，脱离群众的危险比之战争年代有过之而无不及，因而更是我们需要注意的。

然而，也有些党员干部并不是刻意背离群众意愿，而是无意识地走到了人民群众的对立面。面对这种问题，我们需要做的就是换位思考。换位思考的第一步是深入群众，倾听老百姓的愿望，体会老百姓的感受，亲历老百姓的生活，体验老百姓的艰辛。于是，与群众打成一片了，就自然会发现问题所在，挡都挡不住；自身成为群众的一员了，才会了解群众所盼，才能将自身利益与群众利益结合起来，把工作做到老百姓的心坎上；把满足群众需要作为创业的目的了，才能真正利国利民，受到老百姓的拥戴。所谓民生无小事，民忧是大事，对待人民群众所关注的根本问题，无论大小，只要是合理的，都要用最短的时间、最高的效率、最好的质量进行解决办理，才能取信于民，真正让人民满意。相反，办小事是办大事的基础，不把群众的小事放在心上，自然就丧失了人民的支持，大事也就想办也办不了了。

总之，干事创业要想通过群众的检验，必须践行“从群众中来，到群众中去”的基本原则，把心思和精力真正放在为老百姓办事上。其中，一是要想群众之所想，二是要想群众之所未想。这要求实干者们心中具有一把历史标尺，能够超越当下，目及远方。从历史的高度上看，在中国特色社会主义道路上实现中华民族伟大复兴，就是无比壮丽的崇高事业，需要一代又一代人的艰苦创业。今天，历史的接力棒传到了我们手里，这意味着历史和人民既赋予了我们重任，这要求我们必须心怀崇高的信仰，坚守我们心中最为强大的精神支柱。每个人都有自己的追求，追求的东西远，则成为信仰；追求的东西近，则成为目标。因而，在历史的坐标系中划定实干的指向，既要有当下奋斗所及的目标，又要有持久斗争所求的信仰，并尽可能地保持两者的统一。那么，这种统一要如何实现？核心就在于将人民群众作为最高的价值基点，因为人民群众是我们存在的必要前提与唯一理由。只要我们永不动摇信仰、永不脱离群众，我们就能无往而不胜。

然而，有时候，群众所急需的，却不是长远有利的；有时候，群众所无视的，恰恰是从长远看最为珍贵的。作为干事创业的先行者，我们需要具备一种能力，即“立足当下向上看”的能力。“立足当下”是说对群众现实情况深入了解，对群众的所思所想理解透彻，甚至做到比群众还要了解群众；“向上看”是一种理想的现实主义，它是从群众的无限可能性中看到现实性与必然性的能力，也就是看到群众现实情况的发展变化，看到群众所思所想的观念转变，甚至看到群众的未来需求。要实现这一点，首先就需要因地、因时、因事、因人而异地开展工作，不断提高驾驭复杂局面的能力，既要掌握“一把钥匙开一把锁”的方法，又要具有“一栋房子不只有一扇门”的观念，只有把群众工作作为干事创业的最高目标，才能真正做出经得起历史检验的实绩。

中国共产党人讲求实干，要做到“在其位，谋其政”。中国共产党是为人民执政的，每个党员干部都要有执政为民的高度使命感和责任感。然而，的确有些干部思想觉悟并不高，比如片面追求政绩，搞所谓形象工程、政绩工程；曲意迎合领导，好大喜功，劳民伤财；不顾现实条件，无视客观规律，不问市场和效益、无视群众利益；半途而废、人走政息；等等。当然，有的领导干部不解，担心自己在位期间如果不做出些成绩，问心有愧。其实，这种想法是曲解了“成绩”，将“成绩”僵化了。我们说，“成绩”处于一种运动的状态——好成绩不见得是持久的，一旦出现问题，它的性质就变了，我国在环境治理领域的“终身追责”制度就是建立在这个理论基础之上的。即便不出现问题，也要注意到好的成绩绝不是一个人的功劳，而是前人工作的积累。相反，即使当下的成绩并不明显，也不代表所做的工作没有价值，很有可能只是成绩的表现还不显著而已。因而，"'潜'与'显'就构成了一种辩证关系。'潜'是'显'的基础，'显'是'潜'的结果，后人的工作总是建立在前人基础之上的，如果大家都不去做铺路石，不甘于默默无闻地奉献，'显绩'就无从谈起，就成了无本之木、无源之水，即使有'显绩'，充其量也只是急功近利的'形象工程'。"[1]这就是说，我们既不能因为改革发展取得的成绩、得到的赞扬而骄傲自满，更不能躺在前人的功劳簿上睡大觉。

毛泽东同志在青年求学时就曾说过：读史，是智慧的事。历史是从昨天走到今天再走向明天，历史的联系是不可能割断的，人们总是在继承前人的基础上向前发展。古今中外，概莫能外。总之，实干的成果要接受历史的检验，就是说干工作要具有历史视野。什么是历史视野？就是从现实、发展、联系、超越的角度综合考察问题，仅此而已。

在这一点上，习近平总书记的亲身经历可以说为中国共产党人的实干精神作出了最佳阐释。在20世纪80年代，适逢改革开放大潮，宁波余慈地区的乡镇企业开始蓬勃发展。由于地理上宁波与上海相近，两地可以形成经贸共同体。然而，这一美好愿景的实现受到杭州湾天堑阻隔，导致两地货运交通必须绕道杭州，成为阻碍地方经济发展的重要因素。早在20世纪80年代末，已经有人提出建设杭州湾跨海大桥的设想。

2002年，习近平同志调任浙江省委书记，正好赶上杭州湾跨海大桥开工在即。虽然经过缜密的前期论证，但杭州湾大桥项目还是受到了当时很多人的质疑。因而，刚到浙江的习近平同志也不得不面临着巨大的压力。社会上的质疑声主要集中在两个方面：其一，工程难度大，杭州湾与亚马孙河口、恒河河口并称世界三大强潮海湾，风急浪高、潮流紊

---

〔1〕习近平：《"潜绩"与"显绩"》，《之江新语》，浙江人民出版社2007年版，第108页。

乱，在这样的海域建桥，世界上尚无先例；其二，工程投入高，杭州湾跨海大桥项目总投资 134.54 亿元，由于工程难度大，预算无先例参考，如遇工程难题，轻则投入倍增，重则项目废止。因而，一些不明事理的人疯传杭州湾大桥项目是领导追求政绩搞出的所谓形象工程、政绩工程，也有人指责项目本身是迎合领导心意的，其实劳民伤财。

然而，习近平同志顶住了压力，对杭州湾跨海大桥项目给予了重要支持与关注。大桥自 2003 年奠基到 2008 年通车，习近平同志曾先后 6 次亲临大桥工程视察指导，对大桥建设倾注了大量心血。2008 年 5 月 1 日，杭州湾跨海大桥建成通车，它是当时世界上最长的跨海大桥，也是我国跨海大桥建设史上的一座里程碑。大桥通车运营后，各项指标处于优良等级。以杭州湾跨海大桥建成后评价报告为基础形成的“大桥宝典”对国内同类项目极具借鉴意义，站在技术先驱工程的肩膀上，舟山跨海大桥、青岛海湾大桥、嘉绍跨海大桥、港珠澳大桥等相继启动。中国人从此渡海不用舟，天堑变通途。

2014 年 6 月，习近平总书记在北京举行的国际工程科技大会上作主旨演讲，对杭州湾跨海大桥项目给予了高度评价，并向世界各国工程专家推介大桥工程。他说：“我在浙江省工作了 5 年，亲历了全长 36 公里的杭州湾跨海大桥的修建。这一工程不仅促进了当地从交通末梢到交通枢纽的飞跃，更通过物流、资金流、信息流的汇聚和扩散影响了经济社会发展各个领域，促进了苏浙沪经济圈发展。”[1]

杭州湾跨海大桥是一个世纪工程，也是一个战略意义明显的项目。当然，大桥项目的高收益与高回报注定了它的高风险，这也是项目当初饱受质疑的重要原因。然而，事实证明，杭州湾跨海大桥项目的战略意

〔1〕习近平：《让工程科技造福人类、创造未来——在 2014 年国际工程科技大会上的主旨演讲》，《人民日报》2014 年 6 月 4 日。

义得到了确证。大桥建成后，宁波至上海的陆上距离缩短了约 120 公里，改变了宁波在环杭州湾地区交通末端的地位；环杭州湾乃至浙江全省的生产力布局发生重大变化，长三角经济再次腾飞。大量的数据表明，杭州湾跨海大桥工程经受住了人民和历史的检验。

杭州湾跨海大桥

杭州湾跨海大桥的建成不仅是中国亮相给世界的一项辉煌工程，更打破一“湾”之隔，实现了几代人的百年梦想。杭州湾跨海大桥的卓越成就，体现了实干的成果通过人民和历史检验，见证了在创造历史的过程中接受历史检验的真谛。

第八章
组织的保证

中国道路走得对、走得通、走得好，是因为中国共产党的坚强领导，是因为得到了13亿多中国人民的大力支持和广泛参与。能够把这么多人、资源、因素组织起来，共同为国家富强、民族振兴、人民幸福而不懈努力，形成持续强大良性的总体效应，其中有什么魔力，这是世界上很多人关心的话题。中国共产党是一个拥有强大力量的马克思主义政党。党的强大力量来自何处？应当说，来自高质量的党组织。2018年7月3日，习近平总书记在全国组织工作会议上指出："党的全面领导、党的全部工作要靠党的坚强组织体系去实现。""我们党是按照马克思主义建党原则建立起来的，形成了包括党的中央组织、地方组织、基层组织在内的严密组织体系。""进入新时代，开启新征程，我们必须更加注重党的组织体系建设，不断增强党的政治领导力、思想引领力、群众组织力、社会号召力，把党员组织起来，把人才凝聚起来，把群众动员起来，为实现党的十九大提出的宏伟目标团结奋斗。"党的组织领导与中国特色社会主义、中华民族伟大复兴是内在一致的，必须坚持和加强党的全面领导，充分发挥党在同级各种组织的核心作用，尽力调动全体人民群众的积极性、主动性、创造性，就能为党的事业顺利发展提供最强有力的组织保证，切实推动中国特色社会主义实践深入发展并不断成功。

一、始终坚持完善党的领导

沧海横流，方显英雄本色。现当代政治的规律充分表明，有没有一个强有力的执政党和相应的正确政策，能不能形成带领人民前进的主心骨，直接决定着国家和社会的发展前景。中国道路是党历尽艰辛开辟出来的，没有共产党就没有社会主义新中国，就没有改革开放。中国共产党是中国特色社会主义事业的领导核心，中国道路离不开中国共产党的坚强领导，坚持和加强党的全面领导是中国道路的必然要求。中国共产党的领导地位，是在领导中国人民进行革命、建设、改革的长期实践中形成的，是历史的选择、人民的选择。党政军民学，东西南北中，党是领导一切的。中国特色社会主义最本质的特征是中国共产党领导，中国特色社会主义制度的最大优势是中国共产党领导，党是最高政治领导力量。《中华人民共和国宪法》序言中确定了党的领导地位，2018 年新修订的宪法把“中国共产党领导是中国特色社会主义最本质的特征”写入宪法总纲第一条第二款，深刻揭示了中国共产党领导与中国特色社会主

中国特色社会主义最本质的特征是中国共产党领导

义之间内在的统一性，对于更加理性地认识和把握党的领导具有重大意义，对于加强和改善党的领导具有重要而深远的指导作用。

马克思、恩格斯指出："共产党人不是同其他工人政党相对立的特殊政党。他们没有任何同整个无产阶级的利益不同的利益。他们不提出任何特殊的原则，用以塑造无产阶级的运动。"〔1〕中国共产党是中国工人阶级的先锋队，同时是中国人民和中华民族的先锋队，是中国特色社会主义事业的领导核心，代表中国先进生产力的发展要求，代表中国先进文化的前进方向，代表中国最广大人民的根本利益；坚持社会主义道路、坚持人民民主专政、坚持中国共产党的领导、坚持马克思列宁主义毛泽东思想这四项基本原则，是我们的立国之本。这些是《中国共产党章程》的规定，也是多年来已经形成和不断强化的社会共识，是中国道路不可缺少的重要内涵。抓好党员干部队伍，充分发挥党员干部的模范带头作用，就能抓住"关键少数"，保证中国道路的正确前行。中国共产党是世界上最大的政党。大就要有大的样子。这就需要发挥各级党组织的作用，需要每个党员特别是领导干部都要强化党的意识和组织观念，自觉做到思想上认同组织、政治上依靠组织、工作上服从组织、感情上信赖组织。

民心是最大的政治，正义是最强的力量。党不管党，失之于软、失之于松、失之于散，不仅干不成任何事情，而且即便取得些许成绩也毫无意义。党的十八大以来，我们坚持党要管党、全面从严治党，严肃查处一些典型违纪违法案件，强调严明政治纪律和政治规矩，营造了旗帜鲜明讲政治、从严从紧抓纪律的良好氛围，党内政治生态明显好转，展现了党自我革命的勇气和力量。我们要求各级党组织扛起全面从严治党的政治责

〔1〕马克思、恩格斯：《共产党宣言》，《马克思恩格斯选集》第一卷，人民出版社2012年版，第413页。

任，以严肃问责推动责任落实，层层传导压力，强化党员日常管理监督，拧紧管党治党的螺丝，以党的伟大自我革命推动伟大的社会革命。

以习近平同志为核心的党中央统筹推进“五位一体”总体布局、协调推进“四个全面”战略布局、持续推进“四个伟大”，解决了许多长期想解决而没有解决的难题，办成了许多过去想办而没有办成的大事，改革发展稳定、治党治国治军、内政外交国防各项工作都取得了明显成效，中国发展无论是在量上还是在质上都取得了一系列新突破。这些来之不易的成就的取得，是以坚持和加强党的全面领导、充分发挥党的领导优势为前提的，充分体现了坚持党要管党、全面从严治党的实践经验。

确立习近平总书记党中央的核心、全党的核心地位，全党“四个意识”明显增强。社会主义领袖是人民根本利益的坚定代表者、维护者。坚决维护党中央权威、保证全党令行禁止，关系党和国家前途命运，关系最广大人民根本利益。坚持党的领导，必须坚持党中央权威和集中统一领导，自觉认同维护党中央领袖的威信。党的十八届六中全会明确习近平总书记的领导核心地位，是全党共同意志和人民共同心声的及时反映，对于维护党的团结和集中统一领导、提高党的创造力凝聚力战斗力具有全局性意义。在此基础上，全党鲜明强调增强政治意识、大局意识、看齐意识、核心意识，坚定执行党的政治路线，贯彻党的路线方针政策和党中央的决策部署，在思想上政治上行动上同党中央保持高度一致。党的十九届三中全会审议通过了《中共中央关于深化党和国家机构改革的决定》和《深化党和国家机构改革方案》，强调健全党对重大工作的领导体制机制，强化党的组织在同级组织中的领导地位，更好发挥党的职能部门作用，统筹设置党政机构，推进党的纪律检查体制和国家监察体制改革，这对于全党自觉坚持和维护党的领导地位是十分重要的。新修订宪法在国家主席任职规定上作出修改，保持中国共产党、中华人民共和国、中国人民解放军领导体制的一致性。实践充分证明，党的总书记、党的中央军委主席、国家主席、国家中央军委主席的任职规定保持一致，是符合我国国情、保证党和国家长治久安的制度设计，是保证中国共产党、中华人民共和国、中国人民解放军领导人“三位一体”的制度安排，有利于维护领导核心的最高权威。

深入学习贯彻习近平新时代中国特色社会主义思想，始终保持高度的理论自觉和理论自信。针对从站起来、富起来到强起来的一系列深层次问题，习近平总书记围绕坚持和发展中国特色社会主义，提出了为什么要坚持和发展中国特色社会主义、怎么坚持和发展中国特色社会主义等一系列原创性时代性思想，深化了对共产党执政规律、社会主义建设规律、人类社会发展规律的认识，形成了体现马克思主义与当代中国实际相结合的最新理论成果，使我们党的理论和实践创新占据了更高的历史制高点。要深刻领会和掌握习近平新时代中国特色社会主义思想的重大意义、丰富内涵、精神实质和实践要求，“四个自信”的立场才会更加坚定稳固，思想理论上的自觉才会更加强化，由此也使党和国家各项工作有了更加明确有效的指导，为应对经济社会持续健康发展、开创改革发展稳定新局面提供了必需的思想理论基础。

打铁必须自身硬。党的十八大以来，以习近平同志为核心的党中央深刻认识党风廉政建设和反腐败斗争的严峻形势，把全面从严治党纳入“四个全面”战略布局，从制定和执行中央八项规定破题，坚决反对“四风”，解决了新形势下作风建设抓什么、怎么抓的问题，并坚持无禁区、全覆盖、零容忍，重拳“打虎”“拍蝇”“猎狐”，掀起了力度、广度、深度空前的反腐败斗争，推动了党风、政风、社会风气好转。党的十九大以来，以习近平同志为核心的党中央一以贯之、坚定不移推进全面从严治党，党内政治生态展现新气象，强化不敢腐的震慑，扎牢不能腐的笼子，增强不想腐的自觉，反腐败斗争取得压倒性胜利，全面从严治党取得重大成果。党的十九大对反腐败斗争形势作出的判断是——“反腐败斗争压倒性态势已经形成并巩固发展”。从形成“压倒性态势”到取得“压倒性胜利”，这是党中央对当前反腐败斗争形势的重大判断，充分体现以习近平同志为核心的党中央全面从严治党的决心和信心。

解决深层次问题，党领导经济社会发展能力呈现新高度。发展是解决中国一切问题的关键，党的领导作用发挥得如何必须体现为经济社会发展的实效，体现为人民群众的切身利益。党中央冷静判断、科学决策，强调担当实干，把握新的历史条件下的挑战与机遇，推出实施涉及方方面面具有创新性的重大战略和政策措施，积极落实新发展理念，统筹推进“五位一体”总体布局、协调推进“四个全面”战略布局，推进国有企业、财政税收、社会保障、生态环境、科技创新等重大改革，在国内经济发展放缓、全球经济发展低迷的条件下开拓了发展新局面，交出了经济新常态下结构调整、转型升级、共同治理的合格答卷，充分体现了党总揽全局、协调各方的坚强领导作用。

开展严肃党内政治生活，推进学习教育常态化制度化。党的坚强领导的基础在于经常有效的党内政治生活的健康化。党中央制定了《关于新形势下党内政治生活的若干准则》等一系列党内法规制度，明确了党内政治生活的新要求，增强党内政治生活的政治性、时代性、原则性、战斗性，为从根本上改进党内政治生态提供了保障。全党开展“学党章党规、学系列讲话，做合格党员”学习教育活动，并使之常态化制度化，从集中性教育延伸为经常性教育，促使党要管党方针的严格落实、党的基层组织的有力夯实。在加强和规范党内政治生活上，党的政治建设、思想建设、组织建设、作风建设、纪律建设、制度建设等也得到了全面推进，党的政治生态得到明显改善。

二、民主决策机制科学高效

在《左传·襄公三十一年》中有这样一则故事：郑国民众到乡校聚会，议论执政者的施政措施。郑国大夫然明建议主持国政的子产把乡校毁掉。子产认为，人们聚在乡校，只不过议论一下施政的好坏，没有什么了不起。他们赞成的，我们就推行；他们反对的，我们就改正。为什么要毁掉它呢？他认为，只有尽力做好事才能减少民怨，从未听说依仗权势能够防止民怨的。1300 多年后，唐代思想家、文学家韩愈仍然对子产予以高度肯定，专门写下《子产不毁乡校颂》，其中说："川不可防，言不可弭，下塞上聋，邦其倾矣。"他认为，如同江河不可壅堵，言论也是不可禁止的。禁止言论，必然导致"下塞上聋"，最终危及的是国家政权。他以周王朝的兴衰为鉴戒，惋惜子产的执政方式只施之于郑国，赞赏他的执政理念与执政措施，"诚率是道，相天下君，交畅旁达，施及无垠"。

党的路线方针政策关系人民群众的切身利益，决策的正确与否事关重大。毛泽东同志指出："政策和策略是党的生命，各级领导同志务必充分注意，万万不可粗心大意。"〔1〕他还说："没有民主，就不可能正确地总结经验。没有民主，意见不是从群众中来，就不可能制定出好的路线、方针、政策和办法。"〔2〕决策的科学性和正确性，是以充分发挥人民群众的作用为基础的。作为执政党，应该始终牢记权力的来源和本质所在，

〔1〕毛泽东：《关于情况的通报》，《毛泽东选集》第四卷，人民出版社 1991 年版，第 1298 页。

〔2〕毛泽东：《在扩大的中央工作会议上的讲话》，《毛泽东文集》第八卷，人民出版社 1999 年版，第 294 页。

充分发挥人民群众的积极性、主动性和创造性，保证人民依法实行民主选举、民主决策、民主管理、民主监督，努力做到问政于民、问需于民、问计于民，确保每一项决策的出台和落实都科学高效。

从共产党的历史经验来看，忽视民主、不实行民主的后果是极其严重的。东欧剧变、苏联解体的教训尤其深刻。齐奥塞斯库在罗马尼亚实行家庭统治，全国 12 个重要部门除了妇联和少先队，其他领导职务都由他一人兼任。在苏共党内，从斯大林后期开始，高度集权专制的倾向越来越严重。戈尔巴乔夫的专权、专断、破坏党内民主，达到历届苏共领导人之最，“竟然可以独自确定苏共的领导人，从而确定一个大国的领导人，确定自己意志的执行者”。邓小平同志在 1992 年针对西方搞“和平演变”和东欧剧变，曾经明确指出：“关键是我们共产党内部要搞好，不出事，就可以放心睡大觉。”[1] 从英国、美国等国家曾经引以为傲的民主实践来看，近些年来也出现了党派人为掣肘、大众情绪偏激、社会利益难以表达、社会动荡因素难以有效控制、金融及相关风险放大积累等固有弊端。联系苏东的经验教训，回味邓小平同志的这一论断，反思当今世界的民主实践，其中最重要的一点应该就是，如果能够真正建立实施一个民主的机制，就能够通过正确调动全党全社会的力量来使党的事业顺利推进，就能够确保党的执政地位长久牢固，就能够使党自身的发展越来越健康，越来越富有活力。

中国共产党的决策机制，十分注重加强调查研究，在实践中总结经验，使最终决策符合实际。1930 年，毛泽东同志在《反对本本主义》一文中指出：“你对于某个问题没有调查，就停止你对于某个问题的发言

[1] 邓小平：《在武昌、深圳、珠海、上海等地的谈话要点》，《邓小平文选》第三卷，人民出版社 1993 年版，第 381 页。

权。”[1]“调查就像‘十月怀胎’，解决问题就像‘一朝分娩’。调查就是解决问题。”[2]邓小平同志曾经说过：“我们改革开放的成功，不是靠本本，而是靠实践，靠实事求是。农村搞家庭联产承包，这个发明权是农民的。农村改革中的好多东西，都是基层创造出来的，我们把它拿来加工提高作为全国的指导。”[3]2017 年 12 月 25 日至 26 日，在中共中央政治局召开的民主生活会上，习近平总书记指出：“调查研究是我们党的传家宝，是做好各项工作的基本功。要在全党大兴调查研究之风，推动全党崇尚实干、力戒空谈、精准发力，让改革发展稳定各项任务落下去，让惠及百姓的各项工作实起来，推动党中央大政方针和决策部署在基层落地生根。”回顾历史可以看到，人民群众是我们一切智慧力量的最终源泉，是我们克服一切困难的根本保障。有人形象地说，革命胜利是人民的小推车推出来的，社会主义建设是人民的汗水铸起来的，改革开放是人民群众在实践中闯出来的。坚持和发展中国特色社会主义，必须发挥好人民群众的主体作用。“知屋漏者在宇下，知政失者在草野，知经误者在诸子。”相信群众、调动群众、依靠群众，作决策、干事情、推改革都让人民群众充分参与监督，把问政于民、问需于民、问计于民的工作做在前面，做足做深做实，从人民群众的实践中汲取智慧营养，才能使各项工作更具科学性、针对性、实效性。

---

〔1〕毛泽东：《反对本本主义》，《毛泽东选集》第一卷，人民出版社 1991 年版，第 109 页。

〔2〕毛泽东：《反对本本主义》，《毛泽东选集》第一卷，人民出版社 1991 年版，第 110 — 111 页。

〔3〕邓小平：《在武昌、深圳、珠海、上海等地的谈话要点》，《邓小平文选》第三卷，人民出版社 1993 年版，第 382 页。

根据地百姓给前线送军粮

中国在建立实施民主决策机制的过程中，强调完善重大问题决策的规则和程序，实现从经验决策向科学决策的转变。决策是一个活动过程，既包括对行动方案的选择，也包括决策目标和方案的实施。错误的决策往往是少数人主观随意作出的，其后果是严重的。科学决策要求决策者在尊重客观规律的基础上进行决策，强调从实际出发，综合运用现代科学的新成果和新手段，客观地把握决策对象的条件及变化，用科学的思维方法对客观对象进行具体分析，在此基础上对未来做出预测、判断和抉择。领导者在进行决策时，不仅要按照一定程序来进行，而且要尽可能根据科学高效的原则减少一切不合理环节，在必要时可以采用简化程序。在决策的过程中，要注意优化每一个环节，在各种决策方案中进行选优。在社会主义国家，重大决策关系人民群众的切身利益，不能搞个人说了算，而是要事先建立完整的决策规则和程序，严格按照民主程序和科学方法来进行，把人民群众的作用真正纳入决策程序中去。进行重大决策征求意见时，把需要征求意见的决策内容，根据征求意见的范围提前告知征求意见的对象，给参与征求意见和决策的群众充分的时间。

合理确定征求意见的对象，扩大征求意见的范围，解决征求意见面偏窄、人数偏少的问题。征求意见的形式可采取调查研究、座谈讨论、交流协商、专家咨询、个别谈话等多种方式，广泛听取和收集各方面对重大决策的意见、建议。有一个市在所辖578个行政村全面推行“4+2”工作法。凡是村级重大事务和与农民群众切身利益相关的事项，都要按照“4+2”工作法决策、实施，其基本程序包括“四议两公开”。“四议”是指村党支部会提议、村“两委”会商议、党员大会审议、村民代表会议或村民会议决议；“两公开”是指决议公开、实施结果公开。这种工作方法从机制上增强了决策的合法性、合理性和可操作性，保障了群众的知情权、参与权、表达权和监督权，把决策、管理、监督和落实融为一体，构建起充满活力的基层管理新机制。

中国在建立实施民主决策机制的过程中，强调建立多层次全方位的沟通协商机制，支持保证人民当家作主。美国政治学家沃林提出：“民主是一项关注普通公民的政治性潜能的工程，即是说，关涉的是公民们通过自主地发现公共利益以及实现这些公共福利的行动方式，从而成为政治存在物的可能性。”[1]个人的力量和智慧总是有限的，科学的决策离不开群众的智慧，基层民主决策必须走群众路线。开展经常性调研和重大问题决策前作专题调研，广泛征求和听取群众意见和建议，可以避免决策的盲目性、随意性，避免忽略一些重大民情民意。要确定重大事项的范围，列出重大事项清单，事先通过座谈会、讨论会、意见征询会等形式，畅通群众表达意见的渠道，组织大家对事项的可行性、解决的办法以及未来的发展方向等进行思考、讨论，使民主讨论的合理意见成为决策时应考虑和吸纳的重要内容。完整的决策过程不是一个单向进行的过

〔1〕［美］塞拉·本哈比：《民主与差异：挑战政治的边界》，中央编译出版社2009年版，第32页。

程，而是伴随着一系列反馈活动、形成不同层次的“回路”。事物是不断发展的，人的认识是有限的，在决策的执行中往往会发现原方案中存在不够周密的地方，或者因为客观情况的变化使原先的决策变得不太符合，这就需要严密地监视方案实施的情况，及时发现原方案与客观实际之间存在或新产生的矛盾，并把这方面的信息及时输送给决策者，以便对决策作必要的修改和补充，这就是决策中的反馈。在决策的各个阶段都必须进行这种反馈活动。毛泽东同志曾说：“如果没有民主，不了解下情，情况不明，不充分搜集各方面的意见，不使上下通气，只由上级领导机关凭着片面的或者不真实的材料决定问题，那就难免不是主观主义的。”〔1〕近年来，浙江省某县普遍开展“民情沟通日”活动，在发展基层民主、健全基层群众自治制度，保障群众民主权利、维护群众的经济社会利益、解决群众关心的民生问题，化解基层矛盾、维护社会稳定、促进社会和谐，密切党群关系、加强基层组织建设、巩固党在基层的执政基础和实施乡村振兴方面，都发挥了很好的作用。

中国在建立实施民主决策机制的过程中，强调对决策过程的监督制约，最大限度避免决策失误。习近平总书记指出，民主集中制“是科学合理而又有效率的制度”。决策科学化的意义在于控制决策的风险和成本，提高决策的合理性、可行性，而决策的民主化则使重大决策权力运用的过程和结果在民主的监督之下，为决策的科学化提供最可靠和最有效的体制保证。如果群众参与不充分，角色认同不充分，决策过程成为一个“黑箱”，就会导致参与决策的人员是在不知情、不了解事物的全部、全过程及其内在联系的情况下进行讨论和票决，这就不可避免地会出现盲断、乱断、误断、错断或者随声附和、随大溜的现象，甚至导致

〔1〕毛泽东：《在扩大的中央工作会议上的讲话》，《毛泽东文集》第八卷，人民出版社 1999 年版，第 294 页。

群众对于关系自身利益的重大决策漠不关心。在这种情况下，出现各种各样的决策失误就是难以避免的了。山东省某市全市每个村都设立“村民说事室”，每月固定5日、15日、25日3天时间，由镇干部、村干部在各村的“村民说事室”接待和受理村民所说的生产生活中的急难事、邻里之间的纠纷事、影响和谐稳定的苗头事、帮贫扶困的实事，以及村务管理的好办法、“金点子”等。具体包括“问、说、议、办、评”5项工作内容。这是加强基层民主监督的好形式，已经在不少地方得到了推广。

中国改革发展中形成的问政于民、问需于民、问计于民不仅是对决策程序的完善和回归，而且也为决策有效执行奠定了群众基础。如果决策是从群众中来的，是为群众服务的，群众自然而然会实心实意拥护，就不怕得不到执行。只有这样，才能从根本上解决一些地方决策执行不给力的问题。某省政府设立“诤言奖”，最高悬赏5万元公开征集对经济社会发展的意见和建议，以及对政府工作的监督和批评。活动开展头半年，就征集到2000多条“诤言”，其中不少促成了政策的完善调整，也使各项工作落实的情况得到明显改善。这个消息告诉我们一个道理，只要把人民群众放在应有的位置，充分吸收人民群众的智慧，人民群众不会对事关自身利益的重大决策漠不关心，不会置合理的决策于不顾，他们才是决策执行最可靠的保障。

我们经常看到，政策供给与执行之间出现错位，重政策设计、轻政策执行，政策难以落实到位。有时候是政策大而化之，抽象的原则多，具体的措施少，在实际操作中很可能难以体现。有时候是政策上都有规定，从上到下逐级传达到位，但执行效果却无检查、无反馈，甚至无人过问，无人负责，客观上导致政策的“空转”或低效率。久而久之，政策就会成为一种可有可无的“摆设品”。我们经常看到，一些地方、一些部门不是缺少政策和措施，但只是挂在墙上和嘴边，实际工作中却是另外一套，这样的政策和措施没有丝毫约束力和威信，这样的地方和部门的工作质量和效率也是可想而知的。其中的原因有很多，但最根本的恐怕还是缺乏人民群众的支持和参与，无论是政策和措施的制定，还是执行监督，都没有充分发挥人民群众的主体作用，也就使人民群众对其不关心，当然难以取得预期的效果。

问政于民、问需于民、问计于民最重要的意义，是给人民群众以说话的机会，使他们的意愿能够在决策及其执行中得到合理体现。群众意愿的表达，必须通过一定的渠道和平台，没有相应的渠道沟通而空谈发扬民主，只能是上下两张皮，一方面是大谈民主，另一方面仍旧是闭门决策。应当看到，当前群众意愿表达的渠道仍然存在着许多不尽如人意的方面，平台太少、场合不多、中转环节过多、时效差等问题严重制约和阻碍了人民群众积极性的发挥。当群众的意愿没有得到充分表达，意见没有得到充分吸收时，他们的支持度和参与度当然会降低。某省这些年来大力开展“走访群众听民声，深入基层解难题”活动，共派出工作组 2.6 万余个，23 万名机关干部走进基层，走访群众 94 万余人，为民办实事 8 万余件，呈现出心齐气顺、政通人和、生动活泼、安定和谐的良好局面。这种做法表面上看是走访方式和干部作风的改变，实质上收到了群众意见得到充分重视整合的良好效果。

权力的行使要用在正地儿，失去监督的权力是最可怕的。孟德斯鸠认为，“一切有权力的人都容易滥用权力，这是万古不易的一条经验。有权力的人们使用权力一直到遇有界限的地方才休止”[1]。目前来看，在监督方面存在一些问题。监督对象和内容不全面，重点不突出，对下级监督多，对同级、上级监督少，特别是对党内的高级领导干部、对一把手

〔1〕［法］孟德斯鸠：《论法的精神》（上），商务印书馆 1961 年版，第 154 页。

缺乏有效的监督。微观监督多，宏观监督少，有的只注重具体的违纪违法案件的查处，而忽视了对方针政策和民主集中制的贯彻执行等方面的监督。监督程序不具体，可操作性不强，过于讲原则、笼统和简单化，针对性不强。对个人监督多，对组织监督少，被动监督多，主动监督少，自上而下监督容易，自下而上监督困难。事后监督，确切地说是被动监督或惩处监督多，而事前、事中监督，即经常性监督存在明显不足，等到出现严重问题时再来监督已经来不及了。在完善现有监督体系的过程中，重视发挥人民群众的作用，把权力的行使始终放在人民群众的眼皮下，全程接受人民群众的监督。在各级党委政府及相关部门深入广泛开展问政于民、问需于民、问计于民活动，防止权力的滥用，主动让人民群众监督权力，保证权力的行使符合人民群众的利益。

在国家监察体制改革试点基础上，2018 年 3 月 11 日，第十三届全国人民代表大会第一次会议通过《中华人民共和国宪法修正案》，将宪法第三章“国家机构”中增加第七节“监察委员会”，明确中华人民共和国各级监察委员会是国家的监察机关。明确了监察委员会的组成、任期、职权等。中华人民共和国国家监察委员会是最高监察机关。国家监察委员会领导地方各级监察委员会的工作，上级监察委员会领导下级监察委员会的工作。国家监察委员会对全国人民代表大会和全国人民代表大会常务委员会负责。地方各级监察委员会对产生它的国家权力机关和上一级监察委员会负责。监察委员会依照法律规定独立行使监察权，不受行政机关、社会团体和个人的干涉。监察机关办理职务违法和职务犯罪案件，应当与审判机关、检察机关、执法部门互相配合，互相制约。宪法相关条文也根据监察委员会的职责作了相应修改。可以说，中国特色国家监察体系的建立和运行是民主监督机制的明显完善，必将对强化权力监督产生重要作用。

从近些年来的经验看，中国的决策和监督体系具有独特的特点和优势。每一项重大决策，每一个重要文件，每一个重要法规，每一条重要措施，从确立议题、开展调研、加强论证、形成草案、多次修改、完成定稿、征求意见到最后通过，在每一个环节都开展了大量的调研，召开各个方面、各个层次的座谈会，听取吸纳各方面的意见和建议，做好沟通思想、协调关系、理顺情绪、化解矛盾的工作，凝聚广泛共识，形成最大合力，这种大量的反复的科学论证的机制充分体现了民主与集中的辩证关系，是被长期实践证明为符合中国国情、行之有效的科学决策体系。与西方竞选轮替式的民主国家相比，中国之治的效果非常明显。在自由选举式民主中，政党和国家很难有一个长期确定的目标，大政方针要靠周期性的选举来汇聚民意而定，而且每届政府都有变化。在社会分裂、共识不再、利益冲突，政党为斗争而争斗的情况下，选举民主普遍遇到困难，很难产生有效连续的政策和得力的领导，出现无休止的口舌之争甚至政府关门是经常性的事情。这种乱象与民主本身没有什么关系，恰恰说明西方式民主从根基上讲就存在必须纠正的重大缺陷，走向死胡同也是必然的。

三、动员宣传工作广泛高效

马克思指出：“批判的武器当然不能代替武器的批判，物质力量只能用物质力量来摧毁；但是理论一经掌握群众，也会变成物质力量。理论只要说服人，就能掌握群众；而理论只要彻底，就能说服人。所谓彻底，就是抓住事物的根本。而人的根本就是人本身。”[1]无产阶级政党十分注意发动人、说服人的工作，在推进每一项工作时，首先考虑到的就是能否吸引足够的人民群众参与进来，充分发挥人民群众的积极性、主动性。

一个政党的行动纲领再好，许下的诺言再好，如果不能为人所理解所践行，就会落空。在革命、建设和改革的关键时期，不管出台和实施任何一项重要方针政策，都需要事先做深入细致的思想政治工作，发挥种种舆论工具的作用，凝聚人心、统一思想和步调。我们党一直非常重视也非常善于做这项工作。1945 年 4 月，毛泽东同志在党的七大预备会议上强调："要知道，一个队伍经常是不大整齐的，所以就要常常喊看齐，向左看齐，向右看齐，向中看齐。我们要向中央基准看齐，向大会基准看齐。看齐是原则，有偏差是实际生活，有了偏差，就喊看齐。”毛泽东同志此时大力提倡看齐意识是对于党的领导的长期历史经验的深刻总结，同时具有强烈的现实针对性。中国共产党成立以来就十分注重党的集中统一领导，注重党员干部队伍的思想、路线、行动的看齐统一。大革命的几起几落，充分表明有一个正确坚强的党中央领导的极端重要性。遵义会议后，党明确确立了毛泽东同志在党内的领导地位，但是由于种种原因，党内历史上的教条主义、主观主义、自由主义、宗派主义等思想的影响并没有完全清除，思想上政治上组织上统一的任务需要深入。而随着党的队伍的不断壮大，大批爱国人士和青年学生涌入延安，加入党组织，给我们党带来了新鲜力量，但也不可避免使党内思想更加复杂多样，党的思想理论教育的任务显得十分突出。

随着抗日战争向胜利阶段的转变，党亟须在分析形势、确定方针的基础上，继续团结一切可以团结的力量，争取光明的前途，彻底打败日

〔1〕马克思：《〈黑格尔法哲学批判〉导言》，《马克思恩格斯选集》第一卷，人民出版社 2012 年版，第 9—10 页。

本侵略者，建立一个独立、自由、民主、统一与富强的新中国。党的七大就是在这样的历史背景下召开的。大会确定了“放手发动群众，壮大人民力量，在我党的领导下，打败日本侵略者，解放全国人民，建立一个新民主主义的中国”的路线，通过了新的党章，选举了新的中央委员会。大会明确将毛泽东思想确立为党的指导思想，为全党的团结统一奠定了思想基础。党的七大的胜利召开，为党在新民主主义革命的关键时期统一思想和步调、最终夺取抗日战争和解放战争的胜利作了充分主动的准备。在这一意义上讲，毛泽东同志在大会前后多次强调的看齐意识，为全党牢牢抓住关键时期的历史机遇、促使革命力量的团结统一提供了必要的思想武器。

新中国成立以来，特别是改革开放以来，增强看齐意识同样成为凝聚党的力量、促使党的事业不断前进的重要前提。我们党直面党员群众关心的重大理论和实际问题，及时制定完善与现实条件相适应的路线、方针、政策，统一全党的思想和行动。党还十分强调理论创新，不断推动马克思主义与中国实际的结合，推动党在指导思想上的与时俱进，加强全体党员干部的思想理论武装。经常讲学习，使全体党员干部团结在党的旗帜下，不断解放思想、实事求是、与时俱进，使全党能够始终发挥集中统一领导的特点和优势，齐心协力战胜来自各个方面的挑战和风险，党和国家的面貌、人民群众的生活水平不断迈上新的台阶。事实充分证明，重视做好思想动员工作，促进党的队伍的团结统一，不断加强和改进党的自身建设，中国共产党就能无难而不克、无往而不胜。

中国特色社会主义是中国共产党人开拓的一条体现中国特色、坚持社会主义方向和原则的科学道路，是在实践中被证明为解决中国发展问题的唯一正确道路。在坚持和发展中国特色社会主义这个问题上，全党一定要始终保持清醒头脑、毫不动摇。在我们巨大的成就面前，国内外各种敌对势力从来没有偃旗息鼓，继续以各种形式散布各种错误言论，用“普世价值”、民主社会主义、历史虚无主义、抽象人权论等思潮蛊惑人心，是需要时刻警惕和防范的。在关乎旗帜、道路、制度的重大原则问题上，在大是大非面前，不能随意非议、掉入陷阱。习近平总书记指出：“实现‘两个一百年’奋斗目标，需要全社会方方面面同心干，需要全国各族人民心往一处想、劲往一处使。如果一个社会没有共同理想，没有共同目标，没有共同价值观，整天乱哄哄的，那就什么事也办不成。我国有 13 亿多人，如果弄成那样一个局面，就不符合人民利益，也不符合国家利益。凝聚共识工作不容易做，大家要共同努力。为了实现我们的目标，网上网下要形成同心圆。什么是同心圆？就是在党的领导下，动员全国各族人民，调动各方面积极性，共同为实现中华民族伟大复兴的中国梦而奋斗。”〔1〕

正是因为如此，党的十八届六中全会通过的《关于新形势下党内政治生活的若干准则》指出：“全党必须坚决捍卫党的基本路线，对否定党的领导、否定我国社会主义制度、否定改革开放的言行，对歪曲、丑化、否定中国特色社会主义的言行，对歪曲、丑化、否定党的历史、中华人民共和国历史、人民军队历史的言行，对歪曲、丑化、否定党的领袖和英雄模范的言行，对一切违背、歪曲、否定党的基本路线的言行，必须旗帜鲜明反对和抵制。”“全党必须自觉防止和反对个人主义、分散主义、自由主义、本位主义。对党中央决策部署，任何党组织和任何党员都不准合意的执行、不合意的不执行，不准先斩后奏，更不准口是心非、阳奉阴违。属于部门和地方职权范围内的工作部署，要以贯彻党中央决策部署为前提，发挥积极性、主动性、创造性，但决不允许自行其是、

〔1〕习近平：《在网络安全和信息化工作座谈会上的讲话》，《人民日报》2016 年 4 月 26 日。

各自为政，决不允许有令不行、有禁不止，决不允许搞上有政策、下有对策。”党的十九大以来，党中央又先后修订或制定《中国共产党纪律处分条例》《中国共产党支部工作条例（试行）》等，强调把党的政治建设摆在首位，牢固树立“四个意识”，坚定“四个自信”，做到“四个服从”，旗帜鲜明讲政治。全体党员干部将这些要求时刻铭记在心、落实到位，自觉从思想和行动深处树立落实看齐意识，就能充分激励新动力新作为。

四、严密组织体系超级高效

小学课本上有一则故事《天鹅、梭子鱼和蚂蚁》。池塘边，一辆满载的小车陷进淤泥，天鹅、梭子鱼和蚂蚁打算共同把车拉出淤泥，拉到大路上。他们找来绳索，开始拉车。天鹅拼命往天上飞，梭子鱼用力往水里游，蚂蚁使劲往后拖，结果小车纹丝不动。这个故事表明，如果没有组织性，大家各做各的，只会做无用功。

黑格尔说，如果从普遍性分离了的个别性原则以现实性的特有形式出现，公开地把持并管理国家（而个别性原则正是国家的隐患），那么这就更加直接地暴露出作为（抽象）理论的普遍体与实践有关的普遍体的对照或差异了，这也显示出直接个别性的目的摆脱普遍秩序而获得的完全解放和直接的个别性对于普遍秩序的嘲笑。看看今天一些国家的民主乱象，看看当今世界为了个人利益而不顾廉耻的各种言行，看看人类社会在麻木不仁中丢弃了多少优秀传统，可以说黑格尔的这段描述是具有先见之明的。

哈佛大学要在校园内修复一座桥。讨论了 4 年后，2012 年桥的修复工程开始启动，预定工程为期两年。结果两年过去了，工程并没有结束，负责人说需要延期一年。但是 2015 年他们说工程还没有结束，需要延长 1 年。2016 年，也就是 4 年过去了，他们就说工程什么时候结束待定。如今这个工程快结束了，实际花费是预算的 3 倍不止，施工时间也延长了 3 倍。

2018 年 1 月，一段中国工人在火车站施工的视频走红美国，将跑车送上太空的企业家埃隆·马斯克忍不住在社交网络上发出感慨：中国在先进基础设施上的发展要比美国快 100 多倍！原来，他看到并转发了一则英国《独立报》报道的新闻《中国工人 9 小时内建成火车站》。报道称，在中国福建省，1500 名工人在 9 个小时内建成了一个火车站。这个大型建筑项目使用了 7 辆大型路用列车和 23 台挖掘机。施工过程严密有序、准确高效，如同军队一般。报道还称赞了中国在多个项目上的建设速度，包括有"超级天眼"之称的 500 米口径球面射电望远镜、天荒坪水电站和广州大剧院，而美国基础设施现状被诟病已久。例如因设备老化，亚特兰大哈茨菲尔德—杰克逊国际机场、肯尼迪机场分别在 2017 年和 2018 年经历了停电、灭火系统水管破裂等事故，导致大批旅客滞留，凸显了美国基础设施升级的迫切需要。马斯克对这一问题评论道："更高的安全标准、环境要求和劳动力成本只是小部分原因，更深的原因在于官僚作风盛行，以及私有行业根据项目成本的百分比拿回报，因而总是将成本最大化。"

案例：从港珠澳大桥等大项工程建设看中国强大的组织能力

改革开放以来，中国在经济快速发展过程中不断加大基础设施投资，建设了很多惠及民生的大型工程，极大改善了神州大地的面貌。港珠澳大桥即是其中的杰出代表。

港珠澳大桥集桥、岛、隧于一体，是世界最长的跨海大桥。从 2004 年 3 月港珠澳大桥前期工作协调小组办公室成立，到 2009 年 12 月 15 日正式开工建设，大桥从规划、设计、建设到通车前后历时十几年的时间跨度，无数的技术创新，一个又一个的世界之最，港珠澳大桥的建设创造了奇迹，被英国卫报评为“新的世界七大奇迹”之一。大桥于 2018 年 10 月 24 日 9 时正式通车运营。它把港珠澳三地的陆地通行，从 4 个小时缩短到了 30 分钟，直接形成珠海—香港—澳门联为一体的半小时时空圈。

港珠澳大桥全长 55 公里，由海中部分主体工程、两个口岸人工岛、三条连接线组成。两个口岸人工岛分别是珠澳口岸人工岛和香港口岸人工岛，三条连接线分别是珠海连接线、澳门连接线和香港连接线。其中，海中部分主体工程总长约 29.6 千米，包括 22.9 千米长的桥梁段和 6.7 千米长岛隧工程，也就是西人工岛，东人工岛和 5664 米长的海底隧道。

港珠澳大桥是目前内地建设标准最高的桥梁，设计使用寿命 120 年，抗台风 16 级，主梁用钢达 42 万吨（可建 60 座埃菲尔铁塔），桥墩共计 224 个，浅水区桥墩间距 85 米，深水区桥墩间距 110 米，是世界建筑史上里程最长、投资最多、施工难度最大、最长的跨海大桥。由于地理条件极其复杂和工程的浩大繁重，港珠澳大桥的建设难度是难以想象的。数不胜数的技术难关既考验着中国桥梁隧道工程技术能力，也考验着综合国力和系统组织实力。

> 港珠澳大桥建成开通，有利于三地人员交流和经贸往来，有利于促进粤港澳大湾区发展，有利于提升珠三角地区的综合竞争力，对于支持香港、澳门融入国家发展大局，全面推进内地、香港、澳门互利合作具有重大意义。港珠澳大桥的建设创下多项世界之最，体现了一个国家逢山开路、遇水架桥的奋斗精神，体现了综合国力、自主创新能力、系统管理能力，体现了勇创世界一流的民族志气。这是一座圆梦桥、同心桥、自信桥、复兴桥。大桥建成通车，进一步坚定了对中国特色社会主义的道路自信、理论自信、制度自信、文化自信，充分说明社会主义是干出来的，新时代也是干出来的！

以神州大地上时时涌现的重大工程的成功组织完成为标志体现的这种中国特有的强大组织能力可以说是无处不在的，正是新中国成立 70 年来、改革开放 40 年来中国道路成功的一个重要密码。我们党按照民主集中制的根本组织原则和领导制度，建立了从中央到地方以至基层的党的完整的领导体系，保证全党成为一个有组织的整体，保证全党的统一行动，实现党的统一领导。中央组织部 2018 年最新党内统计数据显示，截至 2017 年年底，中国共产党党员总数为 8956.4 万名，比上年净增 11.7 万名。党的基层组织 457.2 万个，比上年增加 5.3 万个。数据显示，党员队伍结构更加优化，基层党组织覆盖面进一步扩大。2013 年实施发展党员总量调控以来，党员总量年均净增幅控制在 1.5% 以内。2017 年，全国发展党员 198.2 万名，比上年增加 7.1 万名。全国机关、事业单位党组织覆盖率为 99.7% 和 95.2%，国有企业党组织覆盖率为 92.8%。187.7 万个非公有制企业已建立党组织，覆盖率为 73.1%；30.3 万个社会组织已建立党组织，覆盖率为 61.7%。[1]

一个组织体系的强大不仅靠数量，更重要的是靠质量，靠协作服从。党章规定，任何党员不论职务高低，都不能个人决定重大问题；不允许任何领导人实行个人专断和把个人凌驾于组织之上。党章之所以这样规定，是由党的性质、任务和民主集中制组织原则所决定的，也是总结了党内政治生活中正反两方面的经验教训。党员个人服从党的组织，少数服从多数，下级组织服从上级组织，全党各个组织和全体党员服从党的全国代表大会和中央委员会，是全党必须遵循的组织纪律。有了这种严格的组织纪律性，才能把党的理论和路线方针政策不折不扣地传导到全党全社会，工作的高效也就可想而知了。

这种覆盖社会各个领域各个层级的强大执政组织体系，既维护党中央权威和集体统一领导，维护党的团结统一，又力求调动发挥基层组织的积极性，支持党的各级组织独立开展各项日常工作；既坚持了科学执政、民主执政、依法执政的一般要求，使党的行为更加符合经济社会发展的客观规律，又结合了中国特色社会主义的具体实际，反映了党情国情的现实状况；既有政治上、思想文化上的凝聚统一，在不断的思想政治教育中消除前进的阻力，又有行动上的步调一致，上下齐心协力；既有对共同利益、社会利益的反映和维护，也有对具体利益的充分尊重。这种有效的执政组织体系，是在我们党的长期历史过程中逐步形成和不断得以巩固加强的，能够最大限度消除各种阻力、产生合力，是完全适应社会主义初级阶段的经济基础和社会关系的，是世界上其他任何国家任何政党都难以比拟的独特组织优势。

正是依靠这种严密强大的组织体系，我们党能够始终密切联系群众，

---

〔1〕中共中央组织部：《二〇一七年中国共产党党内统计公报》，《人民日报》2018 年 7 月 1 日。

能够集中力量办大事，在人民群众中具有很强的动员能力、号召能力、组织能力和执行能力，党的路线方针政策能够得到及时的贯彻落实。特别是在一些重大问题面前、在一些危急关头、在一些大是大非上，我们党能够始终正确判断形势、及时决策，经受了来自各方面的严峻考验。在倾全国之力抗震救灾、举国办奥运等这样的大事要事中，在加强作风建设、严厉惩治腐败分子、加强专题集中教育等活动中，都能很清楚地看到党的执政组织体系的强大作用。中国共产党能办成许多别国别党办不成的事情，与这种组织有方有力不无关系。

五、统一战线调动各方力量

统一战线是中国共产党凝聚人心、汇聚力量的政治优势和战略方针，是夺取革命、建设、改革事业胜利的重要法宝，是增强党的阶级基础、扩大党的群众基础、巩固党的执政地位的重要法宝，是全面建成小康社会、加快推进社会主义现代化、实现中华民族伟大复兴中国梦的重要法宝。中国人民在长期的革命、建设、改革进程中，结成了由中国共产党领导的、以工农联盟为基础的，有各民主党派、无党派人士、人民团体、少数民族人士和各界爱国人士参加的，由全体社会主义劳动者、社会主义事业的建设者、拥护社会主义的爱国者、拥护祖国统一和致力于中华民族伟大复兴的爱国者组成的，包括香港特别行政区同胞、澳门特别行政区同胞、台湾同胞和海外侨胞在内的最广泛的爱国统一战线。

1922 年中国共产党第二次全国代表大会通过的党章已经规定“党的一切运动都必须深入到广大的群众里面去”。正因为始终坚持密切联系群众，始终坚持扩大统一战线，调动最广泛的社会力量，中国共产党才成功地解决了中国革命、建设、改革中的各种复杂问题，在不同的历史阶段都制定了合乎实际的路线方针政策，取得了革命、建设和改革事业的一个又一个伟大胜利。

统一战线是新民主主义革命胜利的基本经验之一，是中国共产党一贯坚持的原则。早在井冈山斗争中，以毛泽东同志、朱德同志为代表的中国共产党人就开始成功地实践这一原则，效果斐然。在毛泽东同志到井冈山之前，袁文才、王佐已经在这一带活动，是井冈山的“山大王”，他们所领导的武装组织，没有正式的名称，在人们的眼中被看作一股土匪。而毛泽东同志要想在井冈山立足，就必须争取他们。毛泽东同志心中清楚，地方武装对外来力量是格外警惕的，不能盲目前进。于是，他以礼相待，先给袁文才写了一封信，争取他对引兵井冈山的支持。然而，袁文才用书信委婉拒绝了，他写道：“毛委员，敝地民贫山瘠。犹江池难容巨鲸，片林不栖大鹏，贵军驰骋革命，应另择坦途。敬礼！袁文才叩首。”接信后，毛泽东同志决定去与袁文才见面。为了取得袁文才、王佐的信任，他没有带枪，带去的人也很少。袁文才见此状，一颗悬而未决的心放了下来，立即对毛泽东同志有了好感。毛泽东同志这样去，是冒着一定危险的，因为他对袁文才并没有多少了解。这次会见体现了毛泽东同志诚信待人，从而取得了袁文才的信任。毛泽东同志第一次与袁文才见面后，便决定赠送袁文才 100 支枪。这使袁文才认识到，毛泽东同志的到来非但不是吞并自己，反而帮助自己发展。袁文才当即表示包下工农革命军的粮饷供应，并赠给银圆 1000 块。在取得袁文才的信任后，袁文才的态度对王佐也产生了至关重要的影响。1928 年 2 月，毛泽东同志将袁文才、王佐部队改编为工农革命军第一师第二团，袁文才任团长兼第一营营长，王佐任副团长兼任第二营营长，何长工为党代表。客观地说，毛泽东同志领导的中国工农革命军上井冈山后能够很快立足，井冈山革命根据地能很快形成、巩固和发展，与袁文才、王佐的支持是分不开的。

1939 年 10 月 4 日，毛泽东同志为中共中央刊物《共产党人》撰写了发刊词，其中明确强调："统一战线问题，武装斗争问题，党的建设问题，是我们党在中国革命中的三个基本问题。正确地理解了这三个问题及其相互关系，就等于正确地领导了全部中国革命。而在十八年党的历史中，凭借我们丰富的经验，失败和成功、后退和前进、缩小和发展的深刻的和丰富的经验，我们已经能够对这三个问题做出正确的结论来了。就是说，我们已经能够正确地处理统一战线问题，又正确地处理武装斗争问题，又正确地处理党的建设问题。也就是说，十八年的经验，已使我们懂得：统一战线，武装斗争，党的建设，是中国共产党在中国革命中战胜敌人的三个法宝，三个主要的法宝。这是中国共产党的伟大成绩，也是中国革命的伟大成绩。"

在民族解放的滚滚洪流中，《团结就是力量》这首歌曲得以创作，传遍大江南北，使得亿万人民群众心连心。"团结就是力量，团结就是力量。这力量是铁，这力量是钢，比铁还硬，比钢还强，向着法西斯蒂开火，让一切不民主的制度死亡！向着太阳，向着自由，向着新中国发出万丈光芒！"这些歌词虽然简单，但它独特的旋律所揭示的深刻道理，一经诞生就获得了强大的共鸣，成为团结中华民族抗击日本侵略的号角和心声，为全世界法西斯罪恶势力敲起了丧钟。解放战争时，在国民党统治区也大大流行，成为"反内战、反饥饿、反独裁"的有力武器，起到了激发人民革命精神、鼓舞作战士气的重大作用。这首歌在国际上也有很大的影响，越南的胡志明主席对这首歌就非常喜爱，曾在不同场合提议大家唱《团结就是力量》。直到今天，每当我们唱起这首歌，心中就会产生为共同事业而努力奋斗的激情。

中国特色社会主义事业是人类历史上亘古未有的伟大事业，需要每一个中国人为之努力奉献，需要大力强化协作精神，就像毛泽东同志所说的那样："团结一切可以团结的力量。"

中国特色社会主义进入新时代，统一战线的作用更加突出。习近平总书记指出："人心向背、力量对比是决定党和人民事业成败的关键，是最大的政治。统战工作的本质要求是大团结大联合，解决的就是人心和力量问题。这是我们党治国理政必须花大心思、下大气力解决好的重大战略问题。"[1]2017 年 3 月 10 日，习近平总书记参加新疆代表团审议时说，要像爱护自己的眼睛一样爱护民族团结，像珍视自己的生命一样珍视民族团结，像石榴籽那样紧紧抱在一起。在党的十九大报告中，他再次用这个极其形象的比喻来说明加强民族团结的重要性。对于统一战线其他方面的工作，习近平总书记也十分关注，作出了非常形象、到位的阐述。

2015 年 5 月 18 日至 20 日，中央统战工作会议在北京召开，习近平总书记发表重要讲话。他指出："这些年来，在党中央领导下，统一战线高举爱国主义、社会主义旗帜，牢牢把握大团结大联合的主题，增进对中国特色社会主义的道路自信、理论自信、制度自信，促进政党关系、民族关系、宗教关系、阶层关系、海内外同胞关系和谐，巩固和发展团结、奋进、开拓、活跃的局面，为推动经济社会发展、维护社会和谐稳定、促进祖国统一作出了重要贡献。""在革命、建设、改革各个历史时期，我们党始终把统一战线和统战工作摆在全党工作的重要位置，努力团结一切可以团结的力量、调动一切可以调动的积极因素，为党和人民

〔1〕习近平：《深刻认识做好新形势下统战工作的重大意义》，《十八大以来重要文献选编》（中），中央文献出版社 2016 年版，第 556 页。

事业不断发展营造了十分有利的条件。”对于如何全面做好新时代统战工作，他提出了明确要求：“做好新形势下统战工作，必须善于联谊交友。联谊交友是统战工作的重要内容，也是统战工作的重要方式。党政领导干部、统战干部要掌握这个方式。我们搞统一战线，从来不是为了好看、为了好听，而是因为有用、有大用、有不可或缺的作用。说到底，统一战线是做人的工作，搞统一战线是为了壮大共同奋斗的力量。民主党派、无党派、民族、宗教、新的社会阶层、港澳台海外等各方面统一战线成员达数亿之多。可以肯定地说，只要把这么多人团结起来，我们就能为实现‘两个一百年’奋斗目标、实现中华民族伟大复兴的中国梦增添强大力量。从某种意义上说，统一战线工作做得好不好，要看交到的朋友多不多、合格不合格、够不够铁。多不多是数量问题，合格不合格、够不够铁是质量问题。俗话说：‘一人为仇嫌太多，百人为友嫌太少。’交朋友的面要广，朋友越多越好，特别是要交一些能说心里话的挚友诤友。想交到这样的朋友，不能做快餐，而是要做佛跳墙这样的功夫菜。对党外人士，要多接触、多谈心、多帮助，讲尊重、讲平等、讲诚恳，不随意伤害对方自尊心，不以势压人。同党外人士交朋友当然会有私谊，但私谊要服从公谊。要讲原则、讲纪律、讲规矩，不能把党外人士当成个人资源，而要出于公心为党交一大批肝胆相照的党外朋友。”〔1〕这一系列重要论述，不仅充分肯定了统一战线的重要作用，而且对于如何切实用好这一重要法宝，抓住统战工作中的重点，掌握统战工作的方法和艺术，都作出了明确的阐析。

中国人民政治协商会议是中国人民爱国统一战线的组织，是中国共产党领导的多党合作和政治协商的重要机构，是我国政治生活中发扬社

---

〔1〕习近平：《深刻认识做好新形势下统战工作的重大意义》，《十八大以来重要文献选编》（中），中央文献出版社 2016 年版，第 562 — 563 页。

会主义民主的重要形式，是国家治理体系的重要组成部分，是具有中国特色的制度安排。团结和民主是中国人民政治协商会议的两大主题。政协不是权力机关，不是决策机构，而是各党派团体和各族各界人士发扬民主、参与国是、团结合作的重要平台，发挥作用不是靠强制约束力，而是靠政治影响力。在政协的全体会议上，在常委会议上，在双周协商座谈会上，在专题协商会上，在提案办理协商会上，以及在调研中、在座谈中等各种场合，人民政协所展现的“中国式商量”越来越散发出人民民主的魅力。在新时代最广泛的统一战线大道上，中国共产党与各民主党派长期共存、互相监督、肝胆相照、荣辱与共，不断画出最大的同心圆，中国道路必将越走越顺、越有底气。实践充分证明，统一战线已经成为中国特色社会主义的一大政治特色和优势，成为千方百计促使新时代各种社会关系和谐的重要平台，充分发挥好这一政治特色和优势是坚持和发展中国特色社会主义的题中应有之要义。

第九章
战略的定力

人们常说，方向决定道路、道路决定命运，但如果没有坚强的战略定力作保证，没有认准方向、排除万难、一抓到底的韧劲和狠劲，再正确的道路也无法在历史中展开其现实性。中国共产党人不仅能够自觉认识并把握人类社会发展规律，更能够化蓝图为伟大实践、取得伟大成果、成就伟大事业，其关键要诀之一便在于战略定力的有效支撑。

一个政党、一个国家、一个民族要始终立于不败之地，不断开辟前进道路，必须具有强大的战略定力。正如习近平总书记指出的："战略问题是一个政党、一个国家的根本性问题。战略上判断得准确，战略上谋划得科学，战略上赢得主动，党和人民事业就大有希望。"[1]实现我们的战略目标绝非一朝一夕之功，必须进行具有许多新的历史特点的伟大斗争。在应对重大挑战、抵御重大风险、克服重大阻力、解决重大矛盾的过程中，我们必须始终保持战略定力。

一、根本问题保持战略定力

战略定力是当代共产党人战略思维的重要组成部分，是对中华民族以及共产党人在实践中不断累积的战略智慧的传承和发展。中国共产党之所以能够领导人民不断取得胜利，一个重要原因是在不同的历史阶段我们党能够在社会基本矛盾、基本路线等根本问题的判断上保持战略定力。

---

〔1〕习近平：《在纪念邓小平同志诞辰110周年座谈会上的讲话》，《人民日报》2014年8月21日。

“愚公移山”石雕

中国古代寓言故事愚公移山便很好地体现了中华民族对“定力”的认知和践行。河湾上的智叟讥笑愚公阻止他挖山，说：“你简直太愚蠢了！就凭你残余的岁月、剩下的力气连山上的一棵草都动不了，又能把泥土石头怎么样呢？”北山愚公闻之长叹，说：“你的心真顽固，顽固得没法开窍，连孤儿寡妇都比不上。即使我死了，还有儿子在呀；儿子又生孙子，孙子又生儿子；儿子又有儿子，儿子又有孙子；子子孙孙无穷无尽，可是山却不会增高加大，还怕挖不平吗？”面对愚公展现出的“定力”，智叟无话可答。后来毛泽东同志便用愚公移山的故事来比喻共产党人与帝国主义、封建主义两座大山做永不放弃、持之以恒、艰苦卓绝的斗争的定力。中华民族绵延坚韧、自强不息，历来不畏苦难，不懈奋斗，在改造自然和人类社会的伟大实践中始终保持战略定力，既展现出了钢铁般的强大意志，更蕴含着“任凭风浪起，稳坐钓鱼船”的淡定从容。

马克思则用其革命的一生向人们诉说着“定力”的精神力量。17 岁的马克思就曾说：“如果我们选择了最能为人类而工作的职业，那么，重担就不能把我们压倒，因为这是为大家作出的牺牲；那时我们所享受的就不是可怜的、有限的、自私的乐趣，我们的幸福将属于千百万人，我们的事业将悄然无声地存在下去，但是它会永远发挥作用，而面对我们的骨灰，高尚的人们将洒下热泪。”〔1〕这一为人类谋福利的立场一经确立便伴随马克思一生，矢志不渝。马克思虽然一生穷困潦倒，但始终以“定力”坚守着初心，他用穿透历史的遒劲思想鞭笞了资本主义扭曲的制度，为人类事业的进步指明了科学之路，将自己的一生献给了共产主义事业。

在革命年代，也正是有了久经锤炼的定力支撑，中国共产党才开辟了新民主主义革命道路，进而完成了“站起来”的伟大飞跃。以毛泽东同志为代表的老一辈无产阶级革命家，在炮火纷飞的动荡时局中以亲身实践为我们阐释了战略定力的深刻内涵。早在革命年代，面对共产国际脱离实际的指挥以及“左”倾错误思想的干扰，毛泽东同志便坚定地说，“中国革命斗争的胜利要靠中国同志了解中国情况”〔2〕，本本主义“完全不是共产党人从斗争中创造新局面的思想路线”〔3〕。新中国成立以后，毛泽东同志同样以战略定力坚守着国家利益。当面对苏联要求在中国设立长波电台、建立“共同舰队”等损害国家主权的无理要求时，他断然拒绝。在美国侵犯朝鲜，国家安全稳定遭到威胁时，他又毅然作出抗美援朝的决定。

---

〔1〕马克思：《青年在选择职业时的考虑》，《马克思恩格斯全集》第一卷，人民出版社 2002 年版，第 459 — 460 页。

〔2〕毛泽东：《反对本本主义》，《毛泽东选集》第一卷，人民出版社 1991 年版，第 115 页。

〔3〕毛泽东：《反对本本主义》，《毛泽东选集》第一卷，人民出版社 1991 年版，第 116 页。

在“富起来”的建设年代，在以邓小平同志为核心的党的第二代中央领导集体的带领下，共产党人同样以非凡的战略定力为支撑，独立自主、坚定不移地走了符合中国国情的社会主义发展之路，才开辟了中国特色社会主义道路。在谈到社会主义的基本原则时，邓小平同志告诫我们：“反对资产阶级自由化还是要讲。我们搞改革开放，把工作重心放在经济建设上，没有丢马克思，没有丢列宁，也没有丢毛泽东。老祖宗不能丢啊！”〔1〕对于中国特色社会主义道路的坚持，邓小平同志在南方谈话中则语重心长地说：“基本路线要管一百年，动摇不得。只有坚持这条路线，人民才会相信你，拥护你。谁要改变三中全会以来的路线、方针、政策，老百姓不答应，谁就会被打倒。”〔2〕

时代是思想之母。战略定力正是当代共产党人以强烈的问题意识直面时代问题而提出的重要战略思想，是对中华民族和以往共产党人战略智慧的凝练总结和创新升华。当下，经过几代中国共产党人的砥砺奋进，中国特色社会主义进入了新时代，这是我国发展新的历史方位，是要实现中华民族伟大复兴“强起来”的时代。可以说是机遇前所未有，挑战也前所未有。新时代给当代中国共产党人提出了新的历史课题。站在新的历史方位上，紧抓矛盾、立足问题，就必须直面党面临的执政考验、改革开放考验、市场经济考验、外部环境考验的长期性和复杂性，深刻认识党面临的精神懈怠危险、能力不足危险、脱离群众危险、消极腐败危险的尖锐性和严峻性，深刻认识增强自我净化、自我完善、自我革新、自我提高能力的重要性和紧迫性。面对多重挑战和叠加风险，要交出一

〔1〕邓小平：《总结经验，使用人才》，《邓小平文选》第三卷，人民出版社 1993 年版，第 369 页。

〔2〕邓小平：《在武昌、深圳、珠海、上海等地的谈话要点》，《邓小平文选》第三卷，人民出版社 1993 年版，第 370 — 371 页。

份不负历史使命，令党、国家、人民都满意的答卷，我们就更加需要坚强的战略定力。为此，习近平总书记首次明确提出“战略定力”概念，并将其自觉应用在政治、经济、文化、社会、党建、国际战略等各个领域，更是在实践中将战略定力落到了实处。战略定力思想无疑是当代共产党人在理论和实践上的重要创新，是习近平新时代中国特色社会主义思想的有机组成部分，是我们在新时代中国特色社会主义大道上继续开拓前进的思想动力和精神保证。

二、立足规律科学判断趋势

党的十八大以来，习近平总书记在一系列重要讲话中多次使用了“定力”“战略定力”“政治定力”。这些用语以前在党的文献中极少出现，是习近平总书记富有个性风格的新语言。它们之间有着高度关联性，经常交互出现在不同场合的讲话中，所涉及的领域十分广泛，所包含的思想十分丰富。

然而，战略定力思想并不会无缘无故产生，它不仅传承于历史，更有着深刻的理论和现实基础。坚持实事求是的思想路线，从客观实际出发制定战略，从中国所处的历史阶段和客观条件出发拟定方略，战略定力的重要作用就自然而然地凸显出来，相关思想和重要论述也就应运而生。早在 1990 年，习近平同志在《从政杂谈》中便写道：“作出决策之前，先听他个八面来风，兼听各种意见，深入了解所面临问题的本质，找出其规律，谋而后断；一旦作出决议，在解决问题过程没有结束之前，不作主体更改。”可见习近平同志关于战略定力的思想早在那时就已具备雏形。习近平同志关于战略定力的论述不断积累，相关思想不断深化，已然在指导我们“进行具有许多新的历史特点的伟大斗争”的过程中发挥重要作用。

我国当前基本国情、最大的实际就是我国仍处于并将长期处于社会主义初级阶段，世界最大的发展中国家的地位也没有发生改变。但在“不变”的同时，我们的主要矛盾却已然发生了转化，即“人民日益增长的物质文化需要同落后的社会生产之间的矛盾”已转化为“人民日益增长的美好生活需要和不平衡不充分的发展之间的矛盾”。站在新的历史方位上，我们不仅需要把握历史前进规律，在中国梦的总体战略目标上保持战略定力，还必须在对内把握新常态的规律、对外把握大国关系演变规律上保持战略定力。

（一）从战略总体目标上看，需要把握历史前进规律，对实现中华民族伟大复兴的中国梦，保持战略定力

当代中国是向着民族复兴的目标不断奋进的大国。从国家发展战略目标的角度看，战略定力是坚持实现中国梦这一战略目标的定力。实现这一目标并不是一个轻而易举的过程，前进的道路不可能一帆风顺，迎接我们的必然有各种困难和多重挑战。这需要经过几代人的艰苦奋斗，需要“我们既要有‘乱云飞渡仍从容’的战略定力，又要有‘不到长城非好汉’的进取精神”[1]；需要我们以长远的战略眼光看待这个战略目标，保持对中国梦的战略定力和坚定信念而决不动摇，坚定不移走自己的路，朝着自己的目标前进。可见对于中国梦的战略定力来自对社会历史过程的前进和曲折性规律的把握。习近平总书记指出：“人类社会发展的历史证明，无论会遇到什么样的曲折，历史都总是按照自己的规律向前发展，

〔1〕习近平：《在纪念毛泽东同志诞辰120周年座谈会上的讲话》，《人民日报》2013年12月27日。

没有任何力量能够阻挡历史前进的车轮。”[1]

对中国梦的战略定力来自共产党人的充分自信。习近平总书记参观《复兴之路》展览后，在谈到中国梦时连说了三个“一定能实现”，并且指出，“我们比历史上任何时期都更接近、更有信心和能力实现中华民族伟大复兴的目标”。这充分体现出党的中央领导集体带领人民迈向伟大战略目标的坚定决心和高度自信。对中国梦的战略定力来自中华民族的整体利益。这个梦想凝聚了几代中国人的夙愿，体现了中国人民的共同利益，是每一个中华儿女的期盼。中国被动挨打、积贫积弱、任人宰割的近代史决定了我们不能偏离这个目标。不想重演历史，不想重蹈覆辙，就必须坚定不移地朝着这个目标迈进。带领广大人民去实现中华民族伟大复兴是中国共产党人应当承担的历史责任。

（二）为实现国家发展总体战略目标，对内应把握经济新常态的发展规律，保持战略定力

习近平总书记将当前中国经济发展所呈现的规律和阶段性特征归纳为新常态。2014 年 5 月 9 日、10 日，习近平总书记到河南考察时指出：“我国发展仍处于重要战略机遇期，我们要增强信心，从当前我国经济发展的阶段性特征出发，适应新常态，保持战略上的平常心态。”习近平总书记在吉林调研时又强调，要适应和把握我国经济发展进入新常态的趋势性特征，保持战略定力，增强发展自信。

中国经济呈现出新常态的基本规律体现为三个特点，四个机遇。三个特点表现为：“一是从高速增长转为中高速增长。二是经济结构不断优

---

〔1〕习近平：《顺应时代前进潮流　促进世界和平发展——在莫斯科国际关系学院的演讲》，《人民日报》2013 年 3 月 24 日。

化升级，第三产业、消费需求逐步成为主体，城乡区域差距逐步缩小，居民收入占比上升，发展成果惠及更广大民众。三是从要素驱动、投资驱动转向创新驱动。”[1]

四个机遇表现为：一是新常态下，中国经济增速虽然放缓，实际增量依然可观。中国的经济规模大，即使是7%左右的增长，无论是速度还是体量，在全球也是名列前茅的。二是新常态下，中国经济增长更趋平稳，增长动力更为多元。中国经济更多依赖国内消费需求拉动，避免依赖出口的外部风险。三是新常态下，中国经济结构优化升级，发展前景更加稳定。消费对经济增长的贡献率提高，服务业比重增加，高新技术产业和装备制造业增速提高。四是新常态下，中国政府大力简政放权，市场活力进一步释放。

新常态下的战略定力就是面对短期经济增速的小波动，不必大惊小怪、惊慌失措，要有战略定力，从长远看问题，找办法。习近平总书记说：“准确把握我国不同发展阶段的新变化新特点，使主观世界更好符合客观实际，按照实际决定工作方针，这是我们必须牢牢记住的工作方法。”[2]同理，在新常态下，应当有新常态的工作方针和应对策略。党的十八大以来，习近平总书记多次在中央经济工作会议上强调要“坚持稳中求进工作总基调，把握经济大势，保持调控定力，坚持底线思维”，“把我们的战略定力、我们对经济发展的信心通过稳定的政策传导给全社会”。“稳”就是不再简单追求GDP增长速度，不以GDP论英雄，让经济运行处于合理区间内。既要保住稳增长、促就业“下限”，也要防止通胀突破“上限”。稳住经济运行，确保增长、就业、物价不出现大

〔1〕习近平：《谋求持久发展　共筑亚太梦想——在亚太组织工商领导人峰会开幕式上的演讲》，《人民日报》2014年11月10日。

〔2〕习近平：《辩证唯物主义是中国共产党人的世界观和方法论》，《求是》2019年第1期。

的波动，金融不出现区域性、系统性风险。“求进”重点是通过创新调控方式精准发力，不断推进经济发展方式转变，加快经济结构调整和深化改革开放，让创新驱动发展更快地取得新成效。稳下来的目的是“进”，通过主动适当放缓为转变发展方式、优化经济结构、转变增长动力创造条件，赢得时间和机会。

（三）为实现国家发展总体战略目标，把握好大国关系演变规律，保持战略定力

战略定力同样也要建立在对国内外大势的尖锐洞察和敏锐判断上。当前，中国成为全球第二大经济体，中国越来越接近世界舞台的中央，在新的历史阶段，中国综合实力的进一步提升，必然要引起现有的国际格局和国际秩序的变化。习近平总书记指出，从历史上看，新兴大国出现必然带来国际格局调整，必然遭到守成大国遏制。这也是我国在今后较长时期内将面临的重大挑战。我们要充分认识这种战略变化的客观必然性，把握好大国关系演变的特点，保持战略清醒和战略定力。

在这样的背景下，针对国际格局调整与国际秩序重建问题，习近平总书记提出要把握好大国关系演变规律，保持战略清醒和战略定力。这个战略定力的基础就是构建新型大国关系，避免中国在发展过程中与其他大国产生不可调和的冲突。中国与俄罗斯之间走向结伴而不结盟、共同繁荣的共同发展之路，中俄关系升级为全面战略协作伙伴关系。习近平总书记还多次到访欧洲，提出“共同努力建造和平、增长、改革、文明四座桥梁，建设更具全球影响力的中欧全面战略伙伴关系”〔1〕。习近平同志提出的“新型大国关系”的外交战略，推动中俄、中美、中欧关系取得

〔1〕习近平：《在布鲁日欧洲学院的演讲》，《人民日报》2014 年 4 月 2 日。

新进展，为当今国际关系体系增加了迫切需要的稳定性的同时，也增加了中国处理国际事务的战略定力。

总之，战略定力思想是共产党人秉承实事求是的思想路线提出的重要战略理论。而要进一步挖掘战略定力的思想精髓进而提升自觉增强和主动应用战略定力的能力，还应当结合政治定力以及中国独立自主的道路来加以探析。

三、政治定力确保战略定力

政治定力是共产党人坚定政治信念、政治立场，把握政治方向、原则的重要体现，同时对共产党人来说，也是基本的政治要求和纪律。有了政治定力，遇到各种困惑和面临各种干扰时能够保持清醒头脑，在遇到各种诱惑时能够坚决抵御。政治定力是战略定力的基础，始终把握政治大局和明确政治大方向，才不会偏离战略目标，才能够不断地按照战略规划一步一步走向成功。战略定力是政治定力的表现之一，在处理战略问题，分辨和设定战略目标时，政治定力起到关键性作用，政治定力决定了战略决策、战略规划的根本方向，以及战略定力的持续性和稳定性。

（一）政治定力是政治信仰

辩证唯物主义认为物质决定意识，但意识对物质有反作用，并且这种主观能动性能够通过思想与实践的结合，自觉地反作用于客观世界，对客观世界产生巨大作用。对于共产党人来说，这种主观能动性主要体现为共产主义信仰在改造精神世界的同时，通过实践对物质世界的改造。

习近平总书记经常强调，“革命理想高于天”，这就是精神变物质、物质变精神的辩证法。

政治定力最根本的来源就是政治信仰和理想信念。习近平总书记在2013 年全国组织工作会议上指出，检验干部理想信念是否坚定，主要看干部是否能在重大政治考验面前有政治定力。这种检验与革命战争年代不同，革命战争年代能够通过流血牺牲进行检验，而在现今，政治定力的检验不是一次两次能够完成的，而是要通过不断的长期的重复的检验来判断其政治定力，有时候甚至需要一辈子。

理想信念动摇是最危险的动摇，一旦理想信念出现滑坡，那么政治定力也就随之消失殆尽。一个共产党员能否经得住政治考验首先要看他是否能树立牢固的宗旨意识。中国共产党的根本宗旨是全心全意为人民服务，党的群众路线是党的生命线和根本工作路线，这些基本政治原则是我们党在长期斗争中形成的，也是我们党在长期革命、建设、改革过程中找到的不断制胜的法宝。对马克思主义的坚定信仰首先要看是不是坚持了历史唯物主义，是不是坚持了中国共产党人在长期实践中形成的马克思主义群众观。

（二）政治定力是防腐拒变的“闸门”

内因是决定事物发展的根据，党的建设无疑是决定中国特色社会主义事业成败的内在决定性因素，而政治定力便是关乎党的建设成效的内在关键。政治信仰、理想信念是政治定力的核心。只要切实做到铸牢政治信仰、坚定理想信仰、强化政治定力，共产党人全心全意为人民服务的光辉便永不褪色，也绝不可能受困于金钱、权力乃至美色的“围猎”。

在新形势下，党的建设面临着一系列新情况新问题新挑战。腐败问题、“四风”问题等都是人民群众反映强烈的突出问题，也是严重损害党的执政根基的痛点。蜕化变质的干部之所以患上缺钙“软骨病”，被各种“乱花”迷住双眼，甚至滑入犯罪的深渊，说到底就是没有牢牢守住政治定力，没有坚守共产党人的政治追求和政治方向所致。正如习近平总书记所指出的，在这样的复杂环境中，保持理论上的清醒、增强政治上的定力是很要紧的。

保持理想初心、强化政治定力是防腐拒变的“闸门”，闸门一旦松懈，毒害党员干部思想的有害物质便会涌动而来。不仅党的先进性无法保持，更会丢失人心这一最大的政治。因此，习近平总书记特别强调，“我们要把理想信念教育作为思想建设的战略任务，保持全党在理想追求上的政治定力”[1]。他还特别要求中央委员会要自觉做坚定理想信念的表率，以此来增强政治定力和政治敏锐性，以此来提高抵御各种风险和经受各种考验的能力。

（三）政治定力是责任担当

政治定力还体现为在急难险重任务面前，在复杂困难的局面面前，共产党人特别是领导干部能够对工作极端负责，勇挑重担，迎难而上，吃苦在前，享受在后。没有坚定的理想信念，没有相当的政治定力，很难承担起责任。习近平总书记多次强调，坚持原则、敢于担当是党的干部必须具备的基本素质。担当大小，体现着干部的胸怀、勇气、格调。

---

〔1〕习近平：《在庆祝中国共产党成立 95 周年大会上的讲话》，《人民日报》2016 年 7 月 2 日。

改革驶入深水区

中国共产党自成立之始就担负着拯救这个苦难深重的国家和民族的重担，直到今天作为一个长期执政的大党，仍然不能有丝毫懈怠和退缩。习近平总书记在北京大学师生座谈会上的讲话中指出："建设富强民主文明和谐的社会主义现代化国家，是我们的目标，也是我们的责任，是我们对中华民族的责任，对前人的责任，对后人的责任。"

当前，全面深化改革进入攻坚期和深水区，全面从严治党向纵深发展，各项工作遇到的难度和复杂性不断加大，要破除利益固化的藩篱，就需要勇闯险滩、啃"硬骨头"。在这个过程中，必须不断强化改革责任担当，提高促改革的能力和定力，对于看准了的事情，就要拿出政治勇气来，坚定不移地干。政治定力既是不断向前披荆斩棘、不断突破障碍的动力，又是坚定信心、增强勇气的压舱石。

（四）政治定力是坚强的意志力

政治考验的不仅仅是困难和挑战，在和平建设时期，更多的是各种各样的诱惑。随着改革开放的不断深入和社会主义市场经济体制的不断完善，物质文化生活不断丰富，各种思想文化不断碰撞激荡。作为长期执政的党的干部，在手握权力的同时，无时无刻不面临着各个方面、形形色色的诱惑。意志薄弱的干部就会经不住“糖衣炮弹”的攻击，在“权力、金钱、美色”面前思想滑坡，丢失党性，甚至铤而走险、以身试法，走向深渊。正如习近平总书记所说的那样：“如果没有对党忠诚作为政治上的‘定海神针’，就很可能在各种考验面前败下阵来。”[1]

政治定力不是自动产生的东西，而是通过不断磨炼、不断增强党性修养，逐步形成的坚如磐石的意志力。这种意志力首先来源于坚定的理想信念。共产党人的理想信念坚定性决定着政治定力和抗拒各种诱惑的意志力是强还是弱。

想拥有坚强的意志力需要强化自身的修养，党员干部应当以“三严三实”为标准和对照，不断强化自我修炼、自我约束、自我塑造。习近平总书记告诫各级领导干部：“一个人能否廉洁自律，最大的诱惑是自己，最难战胜的敌人也是自己。”[2]中国传统文化历来强调修身自律，克己慎行，身为党员干部更加需要将自我修炼和党性修养结合起来，通过不断自身净化加强政治定力。

坚持慎独慎初慎微慎欲，面对各种诱惑要保持清醒头脑，在面对各种错误思想时，要开展坚决有力的思想斗争以展现政治定力。对于一些背离党的基本政治原则的政治主张和思潮、一些错误的政治生活方式，党员干部的政治定力就体现在政治敏锐性和鉴别力上，能够通过自身政治定力明辨是非，筑牢思想防线，帮助广大群众澄清模糊认识。

---

〔1〕习近平：《做焦裕禄式的县委书记》，《学习时报》2015 年 9 月 7 日。

〔2〕中共中央纪律检查委员会、中共中央文献研究室：《习近平关于党风廉政建设和反腐败斗争论述摘编》，中央文献出版社、中国方正出版社 2015 年版，第 145 页。

四、独立自主坚守中国道路

战略定力坚固于内心，这份主体能动力量一经展开，便化为中国共产党人披荆斩棘开辟出来的道路。这一道路无比艰辛，更无比精彩。习近平总书记在纪念毛泽东同志诞辰120周年座谈会上说，独立自主是我们党从中国实际出发，依靠党和人民力量进行革命、建设、改革的必然结论。独立自主是我们党在革命、建设、改革过程中不断走向成功的基本经验。一个国家，特别是发展中国家，采用何种发展模式，走什么样的道路，关系到这个国家现代化的成败。而适合本国实际的道路，只能由本国人民自己来寻找和决定，不能照搬照抄书本上的教条和别国的经验，更不能让其他国家指手画脚。独立自主，走自己该走的路，这一点上的战略定力丝毫不能动摇。

（一）战略定力表现在对中国特色社会主义道路的坚持不渝上

战略定力的一个主要表现就是坚持走中国特色社会主义道路的定力。坚持走中国特色社会主义道路是因为这条道路是符合中国国情的正确道路。“鞋子合不合脚，自己穿了才知道。”一个国家的发展道路合不合适，只有这个国家的人民才最有发言权。一副药方不可能包治百病，一种模式也不可能解决所有国家的问题。中国特色社会主义道路是马克思主义与中国具体实际相结合的产物，是由中国的历史、文化传统、经济社会发展水平所决定的。

习近平总书记说：“我们要保持战略定力和坚定信念，坚定不移走自己的路，朝着自己的目标前进。”[1]中国近代史证明，依赖外部力量，寄

〔1〕习近平：《青年要自觉践行社会主义核心价值观》，《人民日报》2014年5月5日。

希望于他人，只会沦为附庸，根本无法实现中华民族的伟大复兴。中国特色社会主义这条道路不是共产党诞生之时就有的现成道路，而是通过近代革命史反复验证、通过革命先辈流血牺牲、通过艰难探索而找到的正确道路。改革开放之后，党领导人民通过不断的实践摸索，形成了比较系统的中国特色社会主义理论体系。道路决定命运，找到一条正确的道路十分不易，我们必须坚定不移走下去。习近平总书记指出，我们必须有很强大的战略定力，坚决抵制抛弃社会主义的各种错误主张，自觉纠正超越阶段的错误观念。

当前，我国进入全面深化改革的关键时期。改革进程中出现的各种问题、各种利益诉求、各种思想观念复杂地交织在一起。“要从纷繁复杂的事物表象中把准改革脉搏，在众说纷纭中开好改革药方，没有很强的战略定力是不行的。”〔1〕这个改革的战略定力就是我们不可动摇的中国特色社会主义道路。习近平总书记强调，改革必须“保持战略定力，保持政治坚定性，明确政治定位”。我们党要提高党的执政能力和领导水平，不断提高党把方向、谋大局、定政策、促改革的能力和定力。那么，怎样才能牢牢把握改革开放的前进方向？“改什么、怎么改必须以是否符合完善和发展中国特色社会主义制度、推进国家治理体系和治理能力现代化的总目标为根本尺度，该改的、能改的我们坚决改，不该改的、不能改的坚决不改。我们要坚持党的基本路线，把以经济建设为中心同坚持四项基本原则、坚持改革开放这两个基本点统一于新时代中国特色社会主义伟大实践，长期坚持，决不动摇。”〔2〕

〔1〕中共中央文献研究室：《习近平关于全面深化改革论述摘编》，中央文献出版社 2014 年版，第 19 页。

〔2〕习近平：《在庆祝改革开放 40 周年大会上的讲话》，《人民日报》2018 年 12 月 19 日。

（二）战略定力表现在对和平发展道路的坚定抉择上

从国际战略的角度看，战略定力是坚守核心利益、坚持走和平发展道路的定力。目前，中国作为新兴大国要面对不断变化的复杂外部挑战，同时又要把握大有可为的发展机遇。但是国际上一些人总是按照殖民时代的旧逻辑宣扬“中国威胁论”，死抱“冷战思维”不放，认为强大后的中国要称霸。

习近平总书记旗帜鲜明地指出：“走和平发展道路，是我们党根据时代发展潮流和我国根本利益作出的战略抉择。”〔1〕我们要“加强战略思维，增强战略定力，更好统筹国内国际两个大局”〔2〕。和平发展道路能不能走得通，要看能不能“通过争取和平国际环境发展自己，又以自身发展维护和促进世界和平”〔3〕，在中国与世界各国良性互动中实现共同发展。坚持走和平发展道路首先要发展好自己，靠自身的发展、提升自身的实力、壮大综合国力、改善人民生活来应对挑战，这样才能“赢得主动、赢得优势、赢得未来”。

维护国家的核心利益是中国和平发展战略的有机组成部分。我们要坚持走和平发展道路，但决不能放弃和牺牲我们的正当权益和核心利益。特别是在主权、国家安全和领土完整等核心利益上，任何国家不要指望中国在争端上会拿这些国家利益作交换。如果受到侵犯，中国会不惜动用各种手段来捍卫核心利益。坚守核心利益的战略定力，显示出习近平总书记在捍卫主权和领土问题上的决心，更反映出习近平总书记刚柔并济的执政风格。

---

〔1〕〔2〕〔3〕习近平：《更好统筹国内国际两个大局，夯实走和平发展道路的基础》，《习近平谈治国理政》第一卷，外文出版社 2018 年版，第 247 页。

（三）保持战略定力，就要坚定“四个自信”

保持战略定力的一个主要表现就是坚定“四个自信”。中国近代以来的历史证明，道路决定命运。找到一条正确的道路十分不易，找到了正确的道路就必须坚定不移走下去。保持战略定力，就要坚信中国特色社会主义道路是实现社会主义现代化的必由之路，是创造人民美好生活的必由之路；中国特色社会主义理论体系是指导党和人民沿着中国特色社会主义道路实现中华民族伟大复兴的正确理论，是立于时代潮头、与时俱进的科学理论；中国特色社会主义制度是当代中国发展进步的根本制度保障，是具有鲜明中国特色、明显制度优势、强大自我完善能力的先进制度；中国特色社会主义文化是激励全党全国各族人民奋勇前进的强大精神动力。中国特色社会主义道路既是现实逻辑的产物，也是历史逻辑的产物，而文化自信则给予战略定力以更深层次的灵魂支撑。

文化是一个国家、一个民族的灵魂，文化自信是对自身文化价值的充分肯定。因此，文化自信是更基础、更广泛、更深厚的自信。只有坚定文化自信，我们走自己的道路才具有强大的战略定力。1996 年联合国《人类发展报告》在讨论经济增长与发展问题时，列出了五种有增长而无发展的情况。[1] 其中一种便是无根的增长，即没有文化根基的经济增长，在增长过程中本民族的文化和传统逐渐消失，最终导致增长不具备持续性。中国独特的发展道路必须避免这种情况的出现。

习近平总书记指出：“我们走自己的路，具有无比广阔的舞台，具有无比深厚的历史底蕴，具有无比强大的前进定力。”[2] 中华优秀传统文化

---

〔1〕王付永：《经济发展质量更是一种价值判断》，《深圳特区报》2011 年 4 月 26 日。

〔2〕习近平：《在纪念毛泽东同志诞辰 120 周年座谈会上的讲话》，《人民日报》2013 年 12 月 27 日。

是深厚历史底蕴的重要组成部分。中国特色社会主义道路既是现实逻辑的产物，也是历史逻辑的产物，是与我国的历史和文化传承无法割裂的。2014 年 10 月 13 日，习近平总书记在十八届中央政治局第十八次集体学习时的讲话中指出："我们开辟了中国特色社会主义道路不是偶然的，是我国历史传承和文化传统决定的。"

全面深化改革，实现国家治理体系与治理能力现代化也同样如此。现代化有其共性的一面，要与世界先进国家一样建立现代科技和产业体系、现代国家治理体系，这需要学习和借鉴人类文明的一切优秀成果。但每个国家在现代化过程中又要面临其自身一系列的具有特殊性问题，而解决这些特殊性问题只能从自身寻找答案，从国家和民族的历史与文化中探寻解决问题的钥匙，而不能照搬其他国家的理念和模式。其他国家的理念和模式有其存在的合理性，但这些合理性是根植于这些国家自身的文化和历史传统之中的。习近平总书记指出，解决中国的问题只能在中国大地上探寻适合自己的道路和办法。数千年来，中华民族走着一条不同于其他国家和民族的文明发展道路。

文化自信是其他"三个自信"的基础，在提出"三个自信"后，习近平总书记认为最根本的还要再加一个文化自信。文化是一个国家、一个民族的灵魂，是其根之所系，文化自信是对中华民族 5000 多年优秀文化沉淀的传承和发展，是对自身文化价值的充分肯定。有了这个基础，才能积极借鉴别的国家和民族文化的长处和精华，在不断创造性转化、创新性发展自身文化的同时保持自身的文化定力。习近平总书记指出："优秀传统文化是一个国家、一个民族传承和发展的根本，如果丢掉了，就割断了精神命脉。"[1]党的十九大报告指出："中国特色社会主义文化，源自于中

〔1〕习近平：《在纪念孔子诞辰 2565 周年国际学术研讨会暨国际儒学联合会第五届会员大会开幕会上的讲话》，《人民日报》2014 年 9 月 25 日。

华民族五千多年文明历史所孕育的中华优秀传统文化，熔铸于党领导人民在革命、建设、改革中创造的革命文化和社会主义先进文化，植根于中国特色社会主义伟大实践。”

保持文化定力与践行和培育社会主义核心价值观密切相关。社会主义核心价值观是当代中国精神的集中体现，凝结着全体人民共同的价值追求，其中一些重要内容就源于中华文化，它是对中华优秀传统文化的挖掘和提炼，又是结合当前中国发展现实创造性形成的一套价值体系，是中国当代文化的代表和先进文化的前进方向。保持文化定力要“加快构建充分反映中国特色、民族特性、时代特征的价值体系”，在增强民族凝聚力的同时把当代中国文化创新成果向全世界传播出去，塑造国家形象，提升文化软实力。

总之，历经多年实践积累和理论提升，战略定力已然成为以习近平同志为核心的党中央治国理政的重要思想方法。它不仅蕴含着深刻的思想和丰富的内涵，更代表了一种价值观、一种政绩观、一种政治信念、一种思想境界，甚至更多的东西。

第十章
共享的理念

诚如世界著名历史学家斯塔夫里阿诺斯在《全球通史》中所断言的："21 世纪既不是乌托邦，也不是地狱，而是一个拥有各种可能性的世纪。"当今世界，人类拥有着巨大的向好发展的潜力，同时也面临着前所未有的危机与挑战。在人类物质财富不断积累，科技进步突飞猛进，文明空前发展、繁荣的同时，地区冲突频发、冷战思维和强权政治所造成的全球紧张此起彼伏，恐怖主义、生态破坏、贫富严重分化、重大传染性疾病、难民潮、网络安全等非传统安全威胁持续蔓延。身处这样一个矛盾集中的世界，面对纷繁复杂的国际局势，无论是去做自欺欺人的乌托邦式的幻想，还是去做杞人忧天的悲观预言都是不合时宜的。尽管世界风云诡谲，中国始终认为，和平与发展仍是时代的主题，中国的发展离不开世界，世界的发展离不开中国；世界好，中国才能好，中国好，世界才更好；中国将一如既往地为世界和平安宁作贡献，一如既往地为世界共同发展作贡献，一如既往地为世界文明交流互鉴作贡献。为了让世界和平事业薪火相传，让发展动力源源不断，让文明光芒熠熠生辉，中国的方案是：构建人类命运共同体，实现共赢共享。

一、人类命运共同体的旨向

500 多年前，麦哲伦的船队运用简陋的航海技术完成了人类有史以来真正意义上的环球旅行，并以确凿的证据向世人宣告——世界是圆的。人类历史也由此开始进入"整体世界史"的时代。美国著名专栏作家托马斯·弗里德曼将人类的全球化进程分为三个伟大的阶段：第一个阶段是从 1492 年至 1800 年，被称为全球化的 1.0 版本，这个阶段开启了以国家力量为主导的世界贸易；第二个阶段是从 1800 年至 2000 年，被称为全球化的 2.0 版本，这个阶段由于运输成本与通信成本的下降，跨国公司将世界“变小”了；第三个阶段是从 2000 年开始，全球化进程进入了 3.0 版本，这个阶段世界从“小”进一步缩至“微型”，创新、互联网、工作流软件、上传、外包、离岸经营、技术、内包、信息搜索、轻科技“类固醇”这十大因素汇合成为强大的力量从而将世界碾为平地，世界也由“圆”的、“小”的变为“平”的。在这个平坦的世界里，世界各地的人们相互联系、相互亲近、相互合作，但不幸的是也在相互毁灭。

习近平同志在 2013 年 3 月当选国家主席后首次出访时便提出：“这个世界，各国相互联系、相互依存的程度空前加深，……越来越成为你中有我、我中有你的命运共同体。”在第七十届联合国大会一般性辩论中，习近平主席强调在各国相互关联、彼此影响、利益高度融合的经济全球化时代中，没有一个国家能凭一己之力谋求自身绝对安全，也没有一个国家可以从别国的动荡中收获稳定，世界的问题需要人类共同面对，因为没有哪一个国家能够单独应对全球的各种挑战。全人类需要风雨同舟，世界各国都有发展的权利，同时各国都应从更为广阔的层面来考虑自身的利益，而不能以损害他国利益为代价，因为没有人能够抛开其他人而独善其身。

那么，究竟何谓人类命运共同体呢？习近平主席在 2017 年 12 月 1 日的中国共产党与世界政党高层对话会上的主旨讲话中阐释道：“人类命运共同体，顾名思义，就是每个民族、每个国家的前途命运都紧紧联系在一起，应该风雨同舟，荣辱与共，努力把我们生于斯、长于斯的这个星球建成一个和睦的大家庭，把世界各国人民对美好生活的向往变成现实。”习近平总书记在党的十九大报告中从政治、安全、经济、文化、生态五个维度强调指出，构建人类命运共同体就是要建设一个持久和平的世界、普遍安全的世界、共同繁荣的世界、开放包容的世界、清洁美丽的世界。这五个“世界”为世界的新格局描绘了美好愿景。

持久和平是人类命运共同体的基石砥柱。据不完全统计，人类在过去 5000 多年中，一共发生了 14531 次大大小小的战争，平均每年发生 2.6 次，和平时期仅有 329 年；第二次世界大战后的 37 年中，世界又爆发了大小局部战争 470 余次，世界无战事的时间仅有 26 天。如此频繁的战争行为给人类造成了严重的灾难与损失，据瑞典与印度学者的统计，其损失若折合为黄金，可以铺就一条围绕地球一周宽 150 千米、厚 10 米的黄金带。仅第二次世界大战直接死于战争或因战争而间接死亡的就高达 7000 万人。如此高昂的代价迫使人们不得不重新审视战争这种工具的合理性，如著名战略家李德·哈特所说的，“人类历史打了无数次战争，但大都是劳而无功”。战争是国家政治或者国家战略手段的一种，它的使用直接反映了所处时代的战略思想，第二次世界大战和之前的一系列战争所体现出来的一个显著特征就是战略在价值理性与工具理性上的相脱节，使得将工具理性突出强调到了无以复加的“马基雅弗利主义”盛行，这种主义的信徒们将不择手段视为终身的信条，但这种野蛮的丛林法则却让人遗忘了最初的价值追求，其所造成的全球动荡与灾难可谓罪不可恕，因为战略本身都暗藏着危险，它越是锋利，执驭者越要收敛，尤其是在大转折、大变动的时代，战略家们需要以更加深邃的目光透视战略全局，不仅要看到战时的矛盾更要看到战后的和平，不仅要看到自身的利益更要看到人类共同的福祉，坚决避免因为一时的虚荣、仇恨或者利益而去追逐那些得不偿失的“皮洛士式的胜利”；战略家们需要认真地向历史学习，要收起那些不恰当的欲望和妄想，改变咄咄逼人、自以为是的态度，因为在历史的长河中人类为了一些鸡毛蒜皮的理由而无数次大打出手，但今日看来大体都是劳而无功。两次世界大战让人类对战争的危害有着刻骨铭心的体会，千万生灵惨遭涂炭，幸福家园遭到摧毁，战争的未来不是战斗而是饥饿，不是杀人而是国家的破产和社会组织的崩溃。正如习近平总书记所指出的，和平而不是战争，合作而不是对抗，共赢而不是零和，才是人类社会和平、进步、发展的永恒主题。珍视和平、铸剑为犁、永不再战的理念已深植人心，化干戈为玉帛、以平等协商代替冲突对抗已成为协调国际纠纷的主流方式，持久和平是各国人民朴素而真实的向往，也是构建人类命运共同体的基石砥柱。没有世界的普遍和平与安宁，那么人类命运共同体也只能是水中月、镜中花。因此，各国应该相互尊重、平等协商，坚决摒弃陈旧的零和思维、冷战思维以及强权思维，坚持走对话而不对抗、结伴而不结盟的国家外交新路径，只有各国携手一心、和睦相处，才能共同发展创造一个安定和谐、繁荣美好的世界新家园。

南京大屠杀纪念馆一角

（一）普遍安全是人类命运共同体的重要保障

心理学家马斯洛的需要层次理论认为，安全是人最重要的一种需要之一，只有人的安全需要得到满足时才可能去追求更高级、社会化程度更高的需要，如爱和归属感的需要、尊重的需要以及自我实现的需要。安全，不管是对于个人还是全人类都是头等大事，国际金融危机、粮食安全、能源资源安全、公共卫生安全、网络安全、信息安全和恐怖主义、大规模杀伤性武器扩散、跨国组织犯罪、重大传染性疾病等这些传统与非传统安全问题的交杂还呈现出跨国界、跨种族、跨区域的新特征，这已严重威胁到各国人民的安全。同处一个星球，在安全问题面前任何国家都不能抱着“躲进小楼成一统，管他冬夏与春秋”的态度而置身事外，而应积极作为。努力建设一个远离恐惧、普遍安全的世界是全人类共同的需要，只有在安全安宁的环境下，各国人民方可安居乐业、创新创造。普遍安全需要树立共同、综合、合作、可持续的以新安全观为指导，做到互不猜疑、互不敌视、互惠互利、互相尊重、互相通报，只有携手织密安全网才能使人类的共同命运远离危险和恐惧。

（二）共同繁荣是人类命运共同体的核心要求

世界历史首先就是一部人类的生存史和发展史，对美好生活的向往不仅是中国人民的期盼，也是世界各国人民的美好愿望。当今世界经济发展的一个显著特征就是经济全球化，它使全球的原料、商品、资本、信息、人才等生产要素在全球范围内流通起来，促进了国家和地区间的商品和资本流动，加速了现代科技和文明的进步，同时也加深了各国人民的联系与交往，这为世界经济的增长提供了强劲动力。但是，由于全球增长动能不足、全球经济治理滞后、全球发展失衡等原因，世界经济长期低迷，贫富差距、南北差距问题更加突出，世界上也出现了反全球化的呼声。面对这一困扰世界的问题，习近平主席在世界经济论坛2017年年会的开幕式上指出："我们也要承认，经济全球化是一把'双刃剑'"，但是不应把困扰世界的问题简单归咎于经济全球化，这既不符合事实，也无助于问题解决；世界经济的大海，你要还是不要，都在那儿，是回避不了的。想人为切断各国经济的资金流、技术流、产品流、产业流、人员流，让世界经济的大海退回到一个一个孤立的小湖泊、小河流，是不可能的，也是不符合历史潮流的。因此，在世界经济的汪洋大海中，我们需要适应和引导好经济全球化，需要世界各国风雨同舟、和衷共济，建设开放型世界经济，才能有效应对金融危机的风暴，避开经济衰退的逆流，躲过市场风险的暗礁，搭乘经济全球化这艘巨轮劈波斩浪，让经济增长的成果惠及世界人民；消解经济全球化的负面影响，让它更好惠及每个国家、每个民族。

（三）开放包容是人类命运共同体的显著特征

我们所赖以生存的星球在地理上可以分为七大洲、五大洋，70多亿人口分布在200多个国家和地区，我们有着2500多个民族、5000多种语言，在世界上的不同地域形成了多种文明，如：华夏文明、古印度文明、希腊文明、埃及文明。不同的民族、不同的语言、不同的文明既没有高低之别，更无贵贱之分，他们都凝聚着人类的智慧与贡献。国际政治学者塞缪尔·亨廷顿认为，冷战后世界冲突的根源来自文化方面的差异，主宰全球的将是"文明的冲突"。这种看法确实在某种程度上揭示了文明差异在构建人类命运共同体的过程中所形成的困扰，但仍需看到文明差异的积极因素。习近平总书记强调指出，人类文明多样性是世界的基本特征，也是人类进步的源泉；文明差异不应该成为世界冲突的根源；不同文明要取长补短、共同进步，让文明互鉴成为推动人类社会进步的动力、维护世界和平的纽带。“各美其美，美人之美，美美与共，天下大同”是我国著名社会学家费孝通先生提出的处理不同文化关系的箴言，将其用于国际社会同样合适，人类只有以更加开放包容的心态承认世界文明的差异性，才能在相互的交流中兼收并蓄、取长补短，才能构建一个包容、开放、绚丽多彩的人类文明画卷。

（四）清洁美丽是人类命运共同体的和谐底色

地球是我们赖以生存的家园，数百年来，由于不合理的开发与利用，生态环境遭到了严重的破坏，气候变暖、水土流失、土地荒漠化、土壤盐碱化、生物多样性降低、大气污染、水质污染等环境问题已严重打破了生态系统的稳态，这种稳态一旦被打破，与之相关的物种的生存将会受到致命威胁。正如恩格斯所说，“我们不要过分陶醉于我们人类对自然界的胜利。对于每一次这样的胜利，自然界都对我们进行报复。每一次胜利，起初确实取得了我们预期的结果，但是往后和再往后却发生完全不同的、出乎预料的影响，常常把最初的结果又消除了”[1]。人类命运共同体是生命共同体，也是生态共同体，生态一旦崩溃则地球上任何一个国家都不可能得以幸免，人类不能因为财富、无穷的贪欲而毁掉了自己的生存条件，人类命运共同体应该是一个清洁美丽的、尊崇自然的、绿色和谐的、永续发展的共同体，世界各国只有秉承“只有一个地球—— 一起关心，共同分享”的理念，携手并进，积极落实《巴黎协定》《联合国气候变化框架公约》《京都议定书》等国

〔1〕恩格斯：《自然辩证法》，《马克思恩格斯选集》第三卷，人民出版社 2012 年版，第 998 页。

际环境保护协议，推动世界经济结构转型升级，创新绿色经济、绿色科技才能实现人与自然的和谐相处。

正如托马斯·弗里德曼在《世界是平的》中所说的："历史上总有一些分水岭式的事件，他们带来的变革是彻底的、多层面的，他们的意义在当时也是很难预测的。""构建人类命运共同体"理念一经提出便获得了世界各界的高度认可和欢迎，2016 年 9 月，第七十一届联合国大会通过了关于"联合国与全球经济治理"的决议，并将中国提出的共商共建共享理念纳入其中；2017 年 2 月，联合国社会发展委员会将"构建人类命运共同体"理念写入联合国决议；2017 年 9 月，第七十二届联合国大会第一委员会再次将"人类命运共同体"理念写入联合国决议；2017 年 10 月，"构建人类命运共同体"被写入《中国共产党章程》，成为习近平新时代中国特色社会主义思想的重要组成部分；2018 年 2 月 25 日，在中共中央修改宪法部分内容的建议中，增加了"推动构建人类命运共同体"的内容。在过去的五年多中，习近平总书记把中国方案——"构建人类命运共同体，实现共赢共享"传播到世界各地，深入人心。这一理念为全球生态和谐、国际和平事业、变革全球治理体系、构建全球公平正义贡献了中国智慧和中国方案，为国际合作、全球治理指明了新方向，在人类漫长的历史长河中具有里程碑式的意义。

二、走合作共赢的发展道路

"构建人类命运共同体，实现共赢共享"为人类通往世界繁荣的道路开辟了航向，但要实现这一美好的目标却任重道远，需要国际社会的共同努力。习近平主席在中国共产党与世界政党高层对话会上的主旨讲话中强调，事要去做才能成就事业，路要去走才能开辟通途。构建人类命运共同体是一个历史过程，不可能一蹴而就，也不可能一帆风顺，需要付出长期艰苦的努力。为了构建人类命运共同体，我们应该锲而不舍、驰而不息进行努力，不能因现实复杂而放弃梦想，也不能因理想遥远而放弃追求。他还强调，我们应该坚持你好我好大家好的理念，推进开放、包容、普惠、平衡、共赢的经济全球化，创造全人类共同发展的良好条件，共同推动世界各国发展繁荣，共同消除许多国家民众依然面临的贫穷落后，共同为全球的孩子们营造衣食无忧的生活，让发展成果惠及世界各国，让人人享有富足安康。

2017 年 1 月 18 日，习近平主席在日内瓦万国宫发表了《共同构建人类命运共同体》主旨演讲，深刻阐释了“中国为何要推动构建人类命运共同体”“要构建一个什么样的人类命运共同体”的基本问题，并以高屋建瓴的战略眼光对“怎样构建人类命运共同体”这一关键性问题作了系统的回答，这一主旨演讲不仅诠释了构建人类命运共同体的真谛，还为开辟并保护通往世界繁荣的道路提供了统筹协调、标本兼治的中国方案与中国智慧，得到与会者的高度赞赏。

（一）坚持对话协商，建设一个远离战争、持久和平的世界

人类历史上爆发了无数次战争，每一次战争给人类带来的不是繁荣和进步，而是哀鸿遍野、家园破碎。历史进入了新的阶段，现存的大规模杀伤性武器足以将我们赖以生存的地球摧毁，人类不得不反思战争作为一种政治工具的合理性。事实证明，强权政治、霸权主义、单边主义、入侵战争、经济制裁很难达到预期的目标，这些过时而落后的观念和手

段给人类带去的是灾难和混乱，且并不利于解决国际上的争端与分歧。与之不同的是，中国一直将和平发展、合作共赢作为处理国际问题的原则，通过数十年对内改革、对外开放的努力建设，顺应世界格局演变的趋势，得到了很好的发展。人类命运共同体思想蕴含着中国维护生态和谐与世界和平的智慧，是变革全球治理体系应当遵守的基本价值规范。正如习近平主席所呼吁的，国家之间要构建对话不对抗、结伴不结盟的伙伴关系。大国要尊重彼此核心利益和重大关切，管控矛盾分歧，努力构建不冲突不对抗、相互尊重、合作共赢的新型关系。大国对小国要平等相待，不搞唯我独尊、强买强卖的霸道行为。应该全面禁止并最终彻底销毁核武器，实现无核世界。要秉持和平、主权、普惠、共治原则，把深海、极地、外空、互联网等领域打造成各方合作的新疆域，而不是相互博弈的竞技场。这也为国际社会处理国际问题提供了很好的范例和借鉴。

（二）坚持共建共享，建设一个远离恐惧、普遍安全的世界

在人类的历史长河中，世界各国的安全从来没有像今天这样紧密相连，当今的安全问题早已不是从前那种孤立的、一国的问题，传统的安全问题与非传统的安全问题相互交织，涉及人类的各个方面，给世界人民带来了前所未有的恐慌。例如，在 2017 年 5 月，包括中国、英国、意大利、俄罗斯在内的 150 多个国家和地区遭到一种名为“勒索病毒”的攻击，超过 20 万台电脑被攻陷，损失严重，据相关报道，仅英国就有至少 16 家医院被黑客攻陷，黑客利用“勒索病毒”将医院的电脑全部锁定，以删除所有资料为要挟，勒索每家医院支付近 400 万人民币赎金；中国的高校也成了黑客攻击的重灾区，将近 2600 万名高校学生面临这种

病毒勒索的危险。近年来，全球多个国家都遭遇了大规模的网络攻击，各种信息遭到泄露，很多军事技术一旦落入恐怖分子之手，其后果不堪设想。迄今为止，网络安全所造成的全球恐慌还在继续升级。又如，以2010年的“阿拉伯之春”为导火索，欧洲的难民危机日益严重，当前有超过20万名难民滞留德国，超过60万名难民从德国入境，突如其来的难民潮引发了一些欧洲国家内部严重的社会危机，难民危机是多种复杂因素所造成的恶果，迄今为止仍未寻找到很好的解决办法。类似的造成恐慌和危机的事件还有很多，而这些事件单靠某一个国家或地区是无法解决的，需要国际社会一道努力，以共同、综合、合作、可持续的安全观为指导，坚持共建共享，对人类共同面临的安全问题要治标更要治本；化解冲突和危机需要动员全球力量，各国需要加强协调，只有这样才能为全球撑起一张安全网。

（三）坚持合作共赢，建设一个远离贫困、共同繁荣的世界

习近平总书记指出：“我们应该把人民福祉放在首位。世界上所有国家都享有平等的发展权利，任何人都无权也不能阻挡发展中国家人民对美好生活的追求。我们应该致力于加强发展合作，帮助发展中国家摆脱贫困，让所有国家的人民都过上好日子。这才是最大的公平，也是国际社会的道义责任。”[1]

贫困问题是当今世界最尖锐也是最受关注的社会问题之一。根据联合国的相关数据显示，1990年，约占世界总人口三分之一的人处于极端贫困中；2015年，将近10亿人摆脱了极端贫困；但全球至今仍有近8.36亿人生活在极端贫困中。中国经过40年的改革开放，贫困人口累计

〔1〕习近平：《同舟共济创造美好未来——在亚太经合组织工商领导人峰会上的主旨演讲》，《人民日报》2018年11月18日。

减少 7.4 亿人，许多中国人甩掉了贫困的帽子。2013 年 11 月，习近平总书记提出了“精准扶贫”概念，经过五年多的努力，中国的脱贫攻坚取得决定性进展。而在 2018 年，中国继续加大精准脱贫的力度，减少贫困人口 1000 万以上，力争到 2020 年实现全民脱贫，实现全面小康的目标。这是中国对世界繁荣所作出的巨大贡献。如诺贝尔经济学奖获得者阿玛蒂亚 · 森对贫困所作出的定义，贫困人口缺乏创造收入的能力和机会，贫困意味着贫困人口缺少获取和享有正常生活的能力。在消解全球贫困上，中国同样作出了巨大贡献。从 1950 年开始，中国致力于自身发展的同时，还积极地向亚洲、非洲、拉丁美洲、加勒比、大洋洲和东欧等地区 120 多个发展中国家提供了力所能及的经济和技术援助；当前“一带一路”的建设，也为沿线国家带去了大量的创业就业机会，为世界的共同繁荣作出了不可磨灭的巨大贡献。

象征肯尼亚与中国友谊的“世纪铁路”——蒙内铁路

（四）坚持交流互鉴，建设一个远离封闭、开放包容的世界

“一花独放不是春，百花齐放春满园。”中国的文化是开放包容、宽厚大度的文化，崇尚的是“各美其美，美人之美，美美与共，天下大同”，中国人民总是愿意与人为善、与邻为伴。2017 年 1 月 18 日《中国青年报》刊登了一则故事。

一位日本姑娘与一位中国小伙谈恋爱，姑娘的父母不同意并发狠话：“不回来就没你这个女儿。”而小伙的亲人也表示反对。小伙的奶奶是南京大屠杀幸存者，姑娘征求她的意见：“奶奶，您的孙媳妇是日本人可以吗？”奶奶说：“没关系，没关系。”在奶奶的祝福下，这对跨国恋人终成眷属。

这则故事很好地描绘了中华民族厚德载物、宽厚宽容的民族品格，这种品格深深地融入每个中国人的骨血中。正如习近平主席在世界经济论坛 2017 年年会开幕式上所说的，中国人民深知实现国家繁荣富强的艰辛，对各国人民取得的发展成就都点赞，都为他们祝福，都希望他们的日子越过越好，不会犯“红眼病”，不会抱怨他人从中国发展中得到了巨大机遇和丰厚回报。中国人民张开双臂欢迎各国人民搭乘中国发展的“快车”“便车”。

（五）坚持绿色低碳，建设一个山清水秀、清洁美丽的世界

天人合一、道法自然，与自然和谐相处，寻求永续发展之路是中国人历来所追求的，建设一个生态文明、山清水秀、清洁美丽的世界关乎人类福祉与未来的长远大计。人类同处一个地球，人类只有一个地球，人类命运共同体首先就是生命的共同体也是生态的共同体，由于不合理

的开发利用而造成的生态危机越发严重，生态一旦遭遇不可逆转的崩溃则任何国家和人民都不可能得以幸免。尽管中国承载着巨大的发展压力，但是毅然决然地承担起全球生态治理的责任，将“绿色”列为“新发展理念”的基本内容，作为经济社会发展的根本指南；同时推动经济结构转型升级、创新绿色科技，积极落实《巴黎协定》等国际合作项目。习近平总书记强调人与自然是生命共同体，人类必须尊重自然、顺应自然、保护自然；他还指出，面向未来，中国将贯彻创新、协调、绿色、开放、共享的发展理念，实施一系列政策措施，大力发展清洁能源，优化产业结构，构建低碳能源体系，发展绿色建筑和低碳交通，建立国家碳排放交易市场等，不断推进绿色低碳发展，促进人与自然相和谐。生态保护是一项功在当代、利在千秋的伟业，近年来，中国加大了对生态保护和建设的力度，对湿地的修复、国土的绿化、荒漠的治理、森林的保护使得国家的生态系统得以很好修复。习近平总书记在党的十九大报告中指出，要加快生态文明体制改革，建设美丽中国。在报告中他还强调，我们要建设的现代化是人与自然和谐共生的现代化，既要创造更多物质财富和精神财富以满足人民日益增长的美好生活需要，也要提供更多优质生态产品以满足人民日益增长的优美生态环境需要。必须坚持节约优先、保护优先、自然恢复为主的方针，形成节约资源和保护环境的空间格局、产业结构、生产方式、生活方式，还自然以宁静、和谐、美丽。这不仅能使中国自身的生态环境得以好转，也为世界各国的环保工作提供了宝贵借鉴。

三、追求共享可以得道多助

“一带一路”建设是推动“构建人类命运共同体，实现共赢共享”理念落实落地的重要举措和关键抓手。2017 年 5 月 15 日，习近平总书记在“一带一路”国际合作高峰论坛圆桌峰会上的开幕辞中阐明了“一带一路”倡议的初衷以及通过该倡议所要实现的最高目标，即在“一带一路”建设国际合作框架内，各方秉持共商共建共享原则，携手应对世界经济面临的挑战，开创发展新机遇，谋求发展新动力，拓展发展新空间，实现优势互补、互利共赢，不断朝着人类命运共同体方向迈进。

“共建‘一带一路’是开放的合作平台，秉持的是共商共建共享的基本原则，没有地缘政治目的，不针对谁也不排除谁，不会关起门来搞小圈子，不是有人说的这样那样的所谓‘陷阱’，而是中国同世界共享机遇、共谋发展的阳光大道。”〔1〕2013 年，习近平总书记提出了共建“一带一路”倡议，经过各方共同努力，共建“一带一路”蓝图初步绘就，成果逐渐呈现。“共建‘一带一路’倡议，目的是聚焦互联互通，深化务实合作，携手应对人类面临的各种风险挑战，实现互利共赢、共同发展。在各方共同努力下，‘六廊六路多国多港’的互联互通架构基本形成，一大批合作项目落地生根，首届高峰论坛的各项成果顺利落实，150 多个国家和国际组织同中国签署共建‘一带一路’合作协议。”“事实证明，共建‘一带一路’不仅为世界各国发展提供了新机遇，也为中国开放发展开辟了新天地。”〔2〕

---

〔1〕习近平：《同舟共济创造美好未来——在亚太经合组织工商领导人峰会上的主旨演讲》，《人民日报》2018 年 11 月 18 日。

〔2〕习近平：《齐心开创共建“一带一路”美好未来——在第二届“一带一路”国际合作高峰论坛开幕式上的主旨演讲》，《人民日报》2019 年 4 月 27 日。

根据国家商务部、国家统计局、国家信息中心以及中国一带一路网所发布的2017年度相关统计数据显示，“一带一路”沿线64个国家GDP之和预测为12.0万亿美元，占全球GDP的16.0%；人口总数为32.1亿人，占全球人口的43.4%；对外贸易总额为71885.5亿美元，占全球贸易总额的21.7%。

“一带一路”沿线国家在政治互信上得到进一步加强，多边合作环境得到进一步优化。数据显示，2017年中国与“一带一路”沿线国家的元首互访达43次，与11个国家签署了15份推动双边关系发展的文件，在2017年“一带一路”高峰论坛期间，18个沿线国家的政府首脑访华，并与中国签订了270多项多领域的合作文件。

“一带一路”建设在基础设施合作上取得重大进展。在铁路方面，中欧班列累计开行由2016年的1881列升至2017年的将近7000列，运行路线增至57条，国内开行城市35个，到达欧洲21个国家34个城市；在航空方面，截至2017年5月，中国民航与“一带一路”沿线43个国家实现空中直航，国外航空公司新开了18条“一带一路”国家航线；在港口和国际物流上，截至2017年5月，中国与“一带一路”沿线的36个国家及欧盟、东盟分别签订了双边海运协定，截至2017年11月，中国国家交通运输物流公共信息平台实现与31个港口的物流信息互联共享；在信息高速方面，中国与“一带一路”沿线的12个国家建立了34条跨境路缆和多条国际海缆，在2017年12月3日的第四届世界互联网大会上，中国与老挝、沙特、塞尔维亚、泰国、土耳其、阿联酋等国家的相关部门发起了“一带一路”数字经济国际合作倡议。

“一带一路”沿线国家的经贸往来愈加密切。标准互认和便利化水平、投资合作水平、沿线国家进出口水平均大幅度提高；2017年的前三季度，中国对“一带一路”国家的进出口总额提升了20.1%，沿线国家对华投资新设立公司 2893 家，同比增长 34.4%，实际的投入额是 42.2 亿美元；同时，中国已与沿线 58 个国家签署了各项投资贸易协定，“单一窗口”综合简化率高达 59%。

“一带一路”沿线国家的金融服务水平进一步提高。截至 2017 年年末，亚洲基础设施投资银行成员增至 84 个，其中 42 个为“一带一路”的沿线国家，亚投行批准通过了 20 多个重大项目，其投资总额超过 37 亿美元；由中国外汇储备、中国投资有限责任公司、中国进出口银行、国家开发银行共同出资成立的丝路基金已签约 17 个项目，承诺投资 70 亿美元，支持项目涉及总投资额高达 800 亿美元；在银行方面，6 家中资银行在“一带一路”沿线国家设立了分行、子行、代表处共计 80 多家，中国银联卡覆盖“一带一路”沿线 50 多个国家、400 多万个商户和 40 万台 ATM；中国出口信用保险公司为“一带一路”沿线的 20 多个国家提供了各种类型的保险服务，并与白俄罗斯、格鲁吉亚等国签订合作协议。

“一带一路”沿线国家的旅游与文化合作更加深化。截至 2017 年 7 月，中国已与沿线的 24 个国家实现公民免签或落地签，并向西亚北非、中东欧等相关国家和地区进一步扩大；在文化上，中国与沿线的 53 个国家建立起了 734 对友好城市关系，国家间各类博览会、旅游节、电影节、论坛、联合考古等交流活动使各国的民意交流基础得到进一步夯实。

截至 2017 年年末，中国企业在“一带一路”沿线的 44 个国家共建经贸区 99 个，累计投资总额 307 亿美元，入区企业 4364 家，上缴东道主国家税费 24.2 亿美元，带动当地就业创业岗位 25.8 万个，其中 2017 年的新增投资为 57.9 亿美元，创造产值 186.9 亿美元。

中国政府以这份沉甸甸的成绩单，用无可辩驳的事实向世界证明了中国所倡导并积极推进落实的“一带一路”是一条和平之路、繁荣之路、开放之路、创新之路、文明之路，它为沿线国家以及世界带去的不是灾难而是和平，不是贫困而是繁荣，不是封闭而是开放，不是野蛮而是文明，不是故步自封而是开拓创新；它用实践证明了以“共商、共建、共享”为原则，倡导“团结互信、平等互利、包容互鉴、合作共赢”的“构建人类命运共同体，实现共赢共享”理念的无比正确性以及强大的生命力，随着“一带一路”建设的稳步推进，我们坚信它将为人类的进步事业作出更加伟大的中国贡献。

作为践行“构建人类命运共同体，实现共赢共享”这一理念的重要抓手，“一带一路”建设之所以能够取得如此大的成绩，其成效之所以能够惠及世界，有着深刻的原因和背景。首先，“一带一路”建设符合沿线国家的实际需要。沿线的 60 多个国家中，发展中国家占了大部分，其基础设施的建设水平相对薄弱，经济发展水平也相对滞后，“一带一路”建设在充分尊重各国发展现实的前提下积极推动与沿线各国的发展战略相对接，通过投资合作获得经济高速增长的同时也实现了国家间的优势互补，为沿线国家提供了新的发展机遇。其次，“一带一路”建设顺应了经济全球化、政治多极化、文化多样化的时代潮流。“一带一路”所倡导的是国家间要实现互利共赢的包容性增长，这有效地推动了生产要素在范围更广、水平更高、层次更深的沿线国家进行高效的自由流动和配置，其所践行的区域合作精神有效地维护了开放型世界经济和全球自贸体系，为世界的持久和平与繁荣发展增添了强大的力量。最后，“一带一路”建设更接地气，更加普惠，更加切合实际。与 TPP 、TTIP 谈判不同，“一带一路”建设将重心放在了政策沟通、设施联通、贸易畅通、资金融通、民心相通的“互联互通工程”的建设上，以此为基础寻求与沿线国家在贸易、投资等领域进行合作，这对发展中国家的长远发展而言更具有实际性。

在获得系列重大成就与进展的同时，“一带一路”建设同样面临着不少挑战。例如，国内对“一带一路”建设的动力可持续性问题，建设过程中资源的系统性配置问题，战略投资与回报的不匹配问题，因国际局势变化而引发沿线部分国家发生中途逆转的问题，融资瓶颈大、投资回报期长的问题，沿线个别国家政权不稳的问题，产业配套差、基础设施落后的问题，汇率风险大、缺乏法治保障的问题，恐怖主义威胁的问题等都构成了未来“一带一路”建设的挑战。当前，在“一带一路”沿线国家中仍然存在着不同程度的贸易壁垒，国与国之间的贸易摩擦时有发生，金融支撑能力与交通运输能力仍有待提高和优化，“一带一路”建设已从倡议变为行动，并处于从行动到深耕细作的关键期。为了更好推进“一带一路”沿线国家全方位战略合作的新格局，需要充分调动沿线国家的积极性、抓住关键，精确把握国家间的利益交汇点，进一步优化贸易互联互通基础设施的建设，营造更加便利的贸易投资营商环境，健全沿线国家间贸易合作机制与平台，深化与沿线国家产业的合作，为形成陆海内外联动、东西双向互济的开放新格局而携手并进。

如果要问：为什么中国道路能够在国际社会上取得成功？那么答案就是，追求共享可以得道多助。中国是以负责任的大国身份在共享共赢中践行大道，中国人民不仅希望自己过得好，也希望各国人民过得好；中国人民愿同各国人民一道，推动人类命运共同体建设，共同创造人类的美好未来！当然，“构建人类命运共同体，实现共赢共享”这一崇高的目标需要一代又一代人的艰辛努力，正如习近平总书记所强调指出的，人类文明进步历程从来没有平坦的大道可走，人类就是在同困难的斗争中前进的。再大的困难，都不可能阻挡人类前行的步伐。遇到了困难，不要埋怨自己，不要指责他人，不要放弃信心，不要逃避责任，而是要一起来战胜困难。历史是勇敢者创造的。让我们拿出信心、采取行动，携手向着未来前进。

后　记

时值中华人民共和国成立70周年，回顾新中国成立以来所走过的辉煌历程，我们不禁感叹：在奔腾不息的历史长河中，从未有哪个国家像中国这样，在如此短的时间内迎来了从站起来、富起来到强起来的伟大飞跃，创造了令世人瞩目的“中国奇迹”。中国为什么能？中国共产党到底领导这个泱泱大国走出了一条怎样的发展道路？这条道路背后到底隐藏着什么样的成功密码？这是世界普遍关注和迫切需要知道答案的一个时代课题。

揭示“中国奇迹”背后的必然逻辑，破译中国道路的成功密码，不仅为我们更加自觉和坚定地迈向民族复兴的伟大征程提供战略定力，而且会为发展中国家探索现代化路径提供中国智慧和中国方案，也必将为人类未来发展作出突出贡献。基于这样的考虑，我们组织编写了本书。

本书由我主持编写，负责全书的提纲和总体框架的设计，古荒同志作为副主编协助我做了大量的组稿和统稿工作，同时邀请中共中央党校以及高等院校和党政机关的一批从事理论研究的优秀学者参与撰写工作。具体分工如下：董振华（序言、第三章、第五章），焦佩锋（第一章），王乐（第二章），曹润清（第四章），田辉（第六章），王纵横（第七章），彭劲松（第八章），胡卫、古荒（第九章），廖吉喆（第十章）。

本书去年第一版出版后，受到了学术研究者、理论宣传者、领导干部等的普遍关注，新华社、《光明日报》《解放军报》《学习时报》以及新华网、人民网、光明网等数百家新闻媒体发表了专访、书评和相关报道，一时间“中国道路的成功密码”成为一个热词被广泛传播和使用，产生了非常广泛的社会影响和很好的社会效益。其间，有不少领导干部、专家学者、热心读者面对面或者通过电话、微信、微博、电子邮件等多种方式对本书给予了充分的肯定，也提出了非常中肯的意见和建议，这使我们备受感动，也对他们表示衷心的感谢！基于社会各界对我们的鼓励和支持，为了进一步讲好中国故事，我们对本书进行了修订，以回报大家的关心和支持。由于本书所涉及的问题重大、内容丰富、范围广泛，在编写过程中，我们广泛听取了各方面专家学者的意见和建议，他们无论是在材料的提供、选择，还是在研究的角度、思路等方面都提出了宝贵的意见。同时，我们也参考了中央以及地方各主流媒体的一些理论文章，在这里一并致谢！

最后，我们诚恳地指出，本书作为一本研究中国道路之所以成功必然逻辑的探索性著作，涉及方面相当广泛，需要相当深厚的理论功底和坚实的实践体悟作为支撑，而我们的水平和能力有限，不当之处在所难免，我们恳请读者和有关专家不吝指教！

董振华

2019 年 3 月